发展全过程人民民主
保障人民当家作主

主　编／许安标

副主编／臧铁伟　刘运龙

法律出版社 LAW PRESS · CHINA

北京

图书在版编目(CIP)数据

发展全过程人民民主 保障人民当家作主 / 许安标主编；臧铁伟，刘运龙副主编. -- 北京：法律出版社，2024

ISBN 978-7-5197-8735-6

Ⅰ. ①发… Ⅱ. ①许… ②臧… ③刘… Ⅲ. ①社会主义民主－研究－中国 Ⅳ. ①D616

中国国家版本馆 CIP 数据核字(2024)第006750号

发展全过程人民民主 保障人民当家作主
FAZHAN QUANGUOCHENG RENMIN MINZHU BAOZHANG RENMIN DANGJIA ZUOZHU

许安标 主编
臧铁伟 刘运龙 副主编

责任编辑 姜 杉 李 群 董 昱 张红蕊 赵雪慧
装帧设计 汪奇峰

出版发行 法律出版社
编辑统筹 法规出版分社
责任校对 王 丰 郭艳萍
责任印制 耿润瑜
经　　销 新华书店

开本 710毫米×1000毫米 1/16
印张 25 **字数** 278千
版本 2024年2月第1版
印次 2024年2月第1次印刷
印刷 固安华明印业有限公司

地址：北京市丰台区莲花池西里7号(100073)
网址：www.lawpress.com.cn
投稿邮箱：info@lawpress.com.cn
举报盗版邮箱：jbwq@lawpress.com.cn

销售电话：010-83938349
客服电话：010-83938350
咨询电话：010-63939796

书号：ISBN 978-7-5197-8735-6 **定价**：86.00元

凡购买本社图书，如有印装错误，我社负责退换。电话：010-83938349

本书编委会

主　编

许安标（全国人大常委会法制工作委员会副主任）

副主编

臧铁伟（全国人大常委会法制工作委员会研究室主任）

刘运龙（全国人大常委会法制工作委员会研究室副主任）

撰稿人（以姓氏笔画为序）

马　超　王博文　王媛媛　王　颖　毛　雨

任才峰　刘运龙　许安标　孙镇平　罗焕星

赵　敏　胡　健　郭笑雨

出版说明

党的二十大明确指出，“全过程人民民主是社会主义民主政治的本质属性”，并就“发展全过程人民民主，保障人民当家作主”作出专题部署，提出明确要求，指明了我国社会主义民主政治发展完善应当坚持的原则、立场、方向和任务。

党的十八大以来，以习近平同志为核心的党中央不断深化对民主政治发展规律的认识，提出全过程人民民主的重大理念。这一重大理念，坚持把马克思主义基本原理同中国具体实际相结合、同中华优秀传统文化相结合，深刻总结了我们党成立100多年来领导人民为实现人民当家作主的奋斗历史和实践成果，是对我们党提出的人民民主理论作出的新概括新发展，是对马克思主义民主理论的重大创新性贡献。

习近平总书记指出：“民主是全人类的共同价值，是中国共产党和中国人民始终不渝坚持的重要理念。如何把民主价值和理念转化为科学有效的制度安排，转化为具体现实的民主实践，需要注重历史和现实、理论和实践、形式和内容有机统一，找到正确的体制机制和方式方法。”中国共产党始终高举人民民主的旗帜，坚持人民当家作主是社会主义民主政治的本质和核心，坚持符合中国国情和实际，坚持党的领导、人民当家作主、依法治国有机统一，对发展社会主义民主政治进行了不懈探索实践，找到并建立起真正保障和实现人民当家作主的制度体系。我国实行工人阶级领导的、以工农联盟为基础的人民民主专政的国体，实行人民代表大会制度的政体，实行中国共产党领导的多党合作和政治协商制度、民族区域自治制度、基层群众自治制度等基本政治制度，巩固和发展最广泛的爱国统一战线，形成全面、广泛、有机衔接的人民当家作主制度体系，构建了多样、畅通、有序的民主渠道。实践证明，我国全过程人民民主不仅有完整的制度程序，而且有完整的参与实践。全体人民依法实行民主选举、民主协商、民主决策、民主管理、民主监督，依法通过各种途径和形式管理国家事务，管理经济和文化事业，管理社会事务，实现了过程民主和成果民主、程序民主和实质民主、直接民主和间接民主、人民民主和国家意志相统一，是全链条、全方位、全覆盖的民主，是最广泛、最真实、最管用的社会主义民主。

为深入学习贯彻党的二十大精神，加强对全过程人民民主的理论阐释，讲好中国民主故事，全国人大常委会法工委研究室组织力量对全过程人民民主重大理念提出的重大意义、理论本质、制度安排、实践成果、完善发展进行了系统的梳理研究，力图从其形成的历史脉络、发展现状、推进完善等方面，阐明其提出的理论逻辑、历史逻辑、实践逻辑、制度逻辑和发展逻辑，全面展示我国全过程人民民主“保障人民当家作主”的基因密码，为增强中国特色社会主义政治发展道路自信，完善和发展中国特色社会主义制度、推进国家治理体系和治理能力现代化，夺取全面建设社会主义现代化国家新胜利、实现中华民族伟大复兴的中国梦，在理论上作出绵薄贡献。

本书由全国人大常委会法工委副主任许安标同志担任主编，全国人大常委会法工委研究室主任臧铁伟同志、副主任刘运龙同志担任副主编。参加本书编写工作的同志及分工包括：许安标同志为本书撰写绪论；刘运龙同志负责前言、结语并对本书进行统稿；王博文同志负责“全过程人民民主的重大意义”“全过程人民民主是最广泛真实管用的民主”；赵敏同志负责“全过程人民民主的理论内涵”“数字赋能新时代发展全过程人民民主”；毛雨同志负责“全过程人民民主的制度安排”；任才峰同志负责“党的领导是实现全过程人民民主的根本政治保证”“人民代表大会制度是实现全过程人民民主的重要制度载体”“中国共产党领导的多党合作和政治协商制度是实践全过程人民民主的一种重要形式”“民族区域自治制度是全过程人民民主在民族地区的重要制度安排”；胡健同志负责“社会主义基本经济制度为发展全过程人民民主提供了坚实的经济基础”；王媛媛同志负责“全过程人民民主和人权事业发展”；郭笑雨同志负责“基层群众自治制度是实现全过程人民民主基层实践的直接体现”“全过程人民民主几个环节的具体实践”；孙镇平、马超同志负责“基层立法联系点是新时代发展全过程人民民主的生动实践”；王颖同志负责“加强立法宣传解读　发展全过程人民民主”；罗焕星同志负责“发展全过程人民民主必须坚持的重要原则”“健全完善发展全过程人民民主的制度体系”“进一步完善发展全过程人民民主的法治保障”。

由于作者水平有限，书中难免存在不准确或者不全面之处，恳请读者批评指正。

编　者

2023 年 12 月

前 言

党的二十大明确指出，“发展全过程人民民主”是中国式现代化的本质要求，并对“发展全过程人民民主，保障人民当家作主”作出专题部署，对发展中国特色社会主义民主政治提出更高要求，指明发展方向。

“全过程人民民主”重大理念的提出，起始于全国人大常委会法工委的基层立法联系点。2019 年 11 月，习近平总书记在上海虹桥街道考察全国人大常委会法工委基层立法联系点时，与正在参加法律草案意见建议征询会的社区居民代表进行亲切交流，充分肯定这种民主立法形式，明确指出：“我们走的是一条中国特色社会主义政治发展道路，人民民主是一种全过程的民主，所有的重大立法决策都是依照程序、经过民主酝酿，通过科学决策、民主决策产生的。”〔1〕这是从我们党领导的“人民民主”角度，首次提出它是“一种全过程的民主”，肯定了它在立法决策中的作用。之后，习近平总书记在多个重要场合的讲话中，不断丰富和发展了全过程人民民主的理论内涵。2021 年 7 月，在庆祝中国共产党成立 100 周年大会上的重要讲话中，习近平总书记深刻阐述了党和人民的关系问题，强调“必

〔1〕 习近平：《论坚持人民当家作主》，中央文献出版社 2021 年版，第 303 页。

须紧紧依靠人民创造历史，坚持全心全意为人民服务的根本宗旨，站稳人民立场，贯彻党的群众路线，尊重人民首创精神，践行以人民为中心的发展思想，发展全过程人民民主”，[1] 这是首次把“全过程人民民主”作为一个完整的概念提出来。之后，习近平总书记在许多重要讲话和党的有关文件中，对“全过程人民民主”的重大理念不断作出阐释和丰富发展。2021 年 10 月，在中央人大工作会议上，习近平总书记深刻阐述了我们党关于民主的立场、理念和基本观点，全面系统论述了全过程人民民主这一重大理念，对具体地、现实地践行全过程人民民主提出明确要求。11 月，党的十九届六中全会将“发展全过程人民民主”作为习近平新时代中国特色社会主义思想的重要内容纳入“十个明确”，并强调“发展全过程人民民主，保证人民当家作主”是新时代中国共产党的重要任务之一。2022 年 7 月，在省部级主要领导干部专题研讨班上，习近平总书记强调要“扎实推进全过程人民民主”。10 月，党的二十大明确提出了今后 5 年全过程人民民主制度化、规范化、程序化的要求，谋划了到 2035 年全过程人民民主制度更加健全的目标任务，为发展全过程人民民主指明前进方向。

民主是全人类的共同价值，是中国共产党和中国人民始终不渝坚持的重要理念。中国共产党在领导人民为建立民主自由的新中国奋斗过程中，不断丰富和发展民主的内涵，创造性地提出了人民民主的理论，高举起人民民主的旗帜。在社会主义建设时期，我们坚持中国特色社会主义政治发展道路，特别是党的十八大以来，以习近平同志为核心的党中央不断深化对民主政治发展规律的认识，

---

[1] 《习近平著作选读》（第 2 卷），人民出版社 2023 年版，第 482 页。

提出全过程人民民主的重大理念，是对人民民主理论的新概括新发展。

“全过程人民民主”理论内涵十分丰富。习近平总书记关于人民民主的系列重要讲话和重要论述，全面系统回答了我国社会主义民主政治的本质属性、发展路径、制度保障、实践形式，阐释了我国社会主义民主政治发展的理论逻辑、历史逻辑、实践逻辑、制度逻辑，展现了我国社会主义民主“全过程”的制度优势，揭示了我国社会主义民主“保障人民当家作主”的政治本质，揭露了西方选举民主本质上的虚伪性。

全过程人民民主的重大理念，秉承历史传统，又立足当前中国实际，贯穿着马克思主义的立场观点方法，是对社会主义民主政治建设规律的深刻把握，实现了马克思主义基本原理同中国具体实际相结合、同中华优秀传统文化相结合，是对马克思主义民主理论的重大创新。

全过程人民民主是我们党把马克思主义理论与中国革命实际相结合的产物。马克思、恩格斯在《共产党宣言》中指出：“工人革命的第一步就是使无产阶级上升为统治阶级，争得民主。”〔1〕马克思认为，民主是一个历史范畴，它是人类社会发展到一定阶段的产物；作为一种国家制度，是建立在一定经济基础之上的上层建筑，归根结底服务于经济基础，实质上是一个阶级对另一个阶级的统治，具有鲜明的阶级性。

我们党始终以坚持马克思主义民主理论为指导，并结合中国具

〔1〕［德］马克思、［德］恩格斯：《共产党宣言》，中共中央马克思恩格斯列宁斯大林著作编译局编译，人民出版社 2018 年版，第 49 页。

体实际，创造性提出了“人民民主”的发展目标与任务，回答了发展什么样的社会主义民主政治的问题，并一以贯之付诸实践。我们党自成立之日起，就将自己定性为代表最广大人民根本利益、没有任何自己特殊利益的政党，并领导人民为争得民主、建立一个全新的人民当家作主的社会主义国家进行了不懈奋斗。从我们党的本质属性来看，党的根本宗旨就是全心全意为人民服务，同时由于我们党忠实地践行了这一宗旨，赢得了人民，人民才把权力赋予我们党。毛泽东同志曾经指出：“人民要解放，就把权力委托给能够代表他们的、能够忠实为他们办事的人，这就是我们共产党人。”[1] 党代表的是“全体人民”的根本利益，“党的工作的核心，是支持和领导人民当家作主”。[2] 这就决定了我们党治国理政的全部工作必须坚持“以人民为中心的发展思想”，坚持人民民主，保障人民当家作主。这正是发展全过程人民民主的本质要求。

全过程人民民主传承弘扬了中华优秀传统文化。中华民族经历了 5000 多年没有中断的历史发展进程，创造了灿烂的中华文化，积累了丰富的治国理政经验和智慧。习近平总书记在党的二十大报告中指出：“中华优秀传统文化源远流长、博大精深，是中华文明的智慧结晶，其中蕴含的天下为公、民为邦本、为政以德、革故鼎新、任人唯贤、天人合一、自强不息、厚德载物、讲信修睦、亲仁善邻等，是中国人民在长期生产生活中积累的宇宙观、天下观、社会观、道德观的重要体现，同科学社会主义价值观主张具有高度契合

[1] 《毛泽东选集》（第 4 卷），人民出版社 1991 年版，第 1128 页。

[2] 冷溶、汪作玲主编：《邓小平年谱（1975—1997）》（上卷），中央文献出版社 2004 年版，第 685 页。

性。"[1] 一种思想体系的产生，需要从人类文明既有成果中汲取养分。全过程人民民主重大理念，是习近平总书记以马克思主义民主理论为指导，总结我们党领导革命和治国理政的实践经验，传承中华优秀传统文化对我国人民民主新型政治文明形态的新发展，是对马克思主义民主理论的原创性贡献，体现着习近平文化思想所蕴含的丰富中华优秀传统文化元素。

全过程人民民主传承中国传统政治文化，尊重人民的有益思想，体现了对古代中华民族政治理念与价值的认同。比如，"得民心者得天下""民为贵，社稷次之，君为轻""政之所兴，在顺民心；政之所废，在逆民心""治国有常，而利民为本""善政之要，惟在养民"等。这些尊重人民的进步思想与我们党领导发展全过程人民民主，要求站稳人民立场、把握人民愿望、尊重人民创造、集中人民智慧在本质上具有高度契合性，是我们党强调人民至上的思想文化之源。全过程人民民主坚持国家一切权力属于人民，人民通过各种有效途径积极参与国家和社会管理，参与经济和文化事业管理，实现人民当家作主，是在现代民主意义上对中国民本思想的发扬和创新，具有鲜明的中国文化特色，赋予了现代民主文明以鲜明的中国特色，创造了与不同文化传统相融合的民主文明新形态，丰富了人类政治文明形态，有效弘扬了中华优秀传统文化，增强了人民的历史自信、文化自信。

全过程人民民主有着坚实的革命实践基础和深刻的理论发展内涵。我们党从成立之日起，就致力于为中国人民谋幸福、为中华民族谋复兴。实现和发展人民民主贯穿我们党 100 多年的奋斗历程，

---

[1] 《习近平著作选读》（第 1 卷），人民出版社 2023 年版，第 15 页。

是我们党的不懈追求，承载着党的初心使命。全过程人民民主是我们党领导人民经过长期的革命、建设和改革实践，探索出的一条适合中国现代化发展的民主新路径，是对我们党 100 多年来追求民主、实行民主和发展民主实践的深刻总结，其本质就是实现人民当家作主。

从新民主主义革命时期到新中国成立，以毛泽东同志为代表的中国共产党人根据不同历史时期革命任务的变化，在革命根据地对人民当家作主的制度形式进行了艰辛探索和实践，先后建立了工农苏维埃政权、“三三制”抗日民主政权、人民代表会议、人民代表大会等人民当家作主的政权组织，为新中国国家政权建设积累了宝贵经验。在民主革命实践的同时，毛泽东同志从理论上对民主进行了总结探索，提出了完整的“人民民主”的理论学说，并以之为指导建立了新中国人民当家作主的“人民民主专政”的国家政权，用宪法明确了“中华人民共和国是工人阶级领导的、以工农联盟为基础的人民民主国家”“中华人民共和国的一切权力属于人民。人民行使权力的机关是全国人民代表大会和地方各级人民代表大会。全国人民代表大会、地方各级人民代表大会和其他国家机关，一律实行民主集中制”。标志着人民民主制度在新中国正式建立，实现了人民民主从实践到理论、又从理论到实践的全面发展，实现了中国从几千年封建专制政治向人民民主政治的伟大飞跃。改革开放新时期，我们党坚持发展社会主义民主，健全社会主义法制，不断提高社会主义民主法治化水平，社会主义民主得到长足发展。

党的十八大以来，以习近平同志为核心的党中央，全面总结中国民主政治建设取得的成效经验，坚持人民主体地位，不断推进社会主义民主政治焕发勃勃生机。习近平总书记基于我国和国际社会民主的发展实践与现实，坚持党的根本政治立场，坚持人民至上，推进和发展了“人民民主”，提出了“全过程人民民主”的重大理念，提出了评判一个国家政治制度是否民主的“八个能否”标准，〔1〕指出“一个国家民主不民主，关键在于是不是真正做到了人民当家作主”，明确了四个“要看，更要看”的检验尺度。〔2〕强调指出：“民主不是装饰品，不是用来做摆设的，而是要用来解决人民需要解决的问题的。”“我国全过程人民民主实现了过程民主和成果民主、程序民主和实质民主、直接民主和间接民主、人民民主和国家意志相统一，是全链条、全方位、全覆盖的民主，是最广泛、最真实、最管用的社会主义民主。”〔3〕“人民当家作主是社会主义民主政治的本质和核心，发展社会主义民主政治就是要体现人民意志、保障人民权益、激发人民创造活力，用制度体系保证人民当家作主。”〔4〕由此可见，全过程人民民主的本质就是“人民民主”，就是保障“人民当家作主”，实现路径就是保证人民依法通过各种途径和形式管理国家事务，管理经济文化事业，管理社会事务。这是一条与西方资产阶级政党所推崇的选举民主截然不同的民主道路，是党领导人民所创造的一种全新民主政治形态，有力回应了西方将民主简单化为选举制度的话语霸权和制度陷阱。

全过程人民民主的重大理念，深入总结了我们党100多年来为实现和保证人民当家作主不懈奋斗的宝贵经验，集中概括了党领导

---

〔1〕参见习近平：《论坚持人民当家作主》，中央文献出版社2021年版，第335页。

〔2〕参见习近平：《论坚持人民当家作主》，中央文献出版社2021年版，第335、336页。

〔3〕习近平：《论坚持人民当家作主》，中央文献出版社2021年版，第335、336页。

〔4〕《习近平著作选读》（第2卷），人民出版社2023年版，第530页。

人民发展社会主义民主特别是党的十八大以来民主政治建设的理论和实践成果，深刻阐明了中国式民主的鲜明特色、人民底色和显著优势，深化了党对社会主义民主政治建设规律的认识，丰富和发展了社会主义民主政治理论，弘扬了中华优秀传统文化和社会主义先进文化，谱写了马克思主义民主理论新的时代篇章，开创了马克思主义民主理论发展新境界，是马克思主义民主理论的新飞跃，为新时代我国发展社会主义民主政治、建设社会主义政治文明指明了前进方向、提供了根本遵循。

党的二十大强调："人民民主是社会主义的生命，是全面建设社会主义现代化国家的应有之义。全过程人民民主是社会主义民主政治的本质属性，是最广泛、最真实、最管用的民主。"[1] 并从加强人民当家作主制度保障、全面发展协商民主、积极发展基层民主、发展最广泛的爱国统一战线等方面，对发展全过程人民民主作出部署、提出要求。新时代新征程上，推进发展全过程人民民主，必须坚定不移走中国特色社会主义政治发展道路，坚持党的领导、人民当家作主、依法治国有机统一，坚持人民主体地位，充分体现人民意志、保障人民权益、激发人民创造活力。要不断健全人民当家作主制度体系，扩大人民有序政治参与，保证人民依法实行民主选举、民主协商、民主决策、民主管理、民主监督，发挥人民群众积极性、主动性、创造性，把人民当家作主具体地、现实地体现到党治国理政的政策措施上来，具体地、现实地体现到党和国家机关各个方面各个层级工作上来，具体地、现实地体现到实现人民对美好生活向往的工作上来。要坚持民主集中制的组织活动原则和领导制度，科

---

〔1〕《习近平著作选读》（第1卷），人民出版社2023年版，第30、31页。

学认识和把握民主集中制，坚持民主基础上的集中和集中指导下的民主，把充分发扬民主和正确实行集中有机地结合起来。要不断加强学习、实践，努力掌握和运用实践中形成的各种成熟的民主形式方法，充分发挥我国人民民主制度接地气、聚民智的优势，广泛听取各方面的意见建议，倾听人民呼声，回应人民期待，保证人民的知情权、参与权、表达权、监督权落实到党和国家工作各方面各环节全过程，确保党和国家在决策、执行、监督落实各个环节都能听到来自人民的声音并自觉接受人民监督，切实提升践行全过程人民民主的成效，保障实现人民当家作主。

雄关漫道真如铁，而今迈步从头越。展望未来，我国的全过程人民民主历经曲折探索发展，始终高扬着保障人民当家作主的主旋律，必将伴随着中国式现代化的实现不断发展完善，以崭新的政治文明形态傲然屹立于世界东方，为人类文明发展进步开启中国道路、贡献中国智慧。

目　录

绪 论

深刻认识、切实推进全过程人民民主

全过程人民民主源于我们党追求民主、实行民主和发展民主的深刻总结，既是理念要求，又是制度规则，也是实践行动，具有重大的政治意义、理论价值、实践作用和世界贡献。全过程人民民主包含了丰富的制度内涵，并据此开展了有效的实践运行，形成了显著优势特点。人民代表大会制度是实现全过程人民民主的重要制度载体，要在根本政治制度的运行中生动体现全过程人民民主。人民民主具有广泛性，要在法治轨道上扎实推进各领域各层次的全过程人民民主。

2019 年 11 月，在党的十九届四中全会闭会后不久，习近平总书记到上海考察指导工作，在基层立法联系点虹桥街道办事处的古北市民中心，同当时参加法律草案座谈讨论的社区居民亲切交流并指出："我们走的是一条中国特色社会主义政治发展道路，人民民主是一种全过程的民主。"在庆祝中国共产党成立 100 周年大会上，习近平总书记强调要"发展全过程人民民主"。2021 年 10 月，在首次召开的中央人大工作会议上，习近平总书记对民主问题与全过程人民民主作出深入系统阐述，对发展全过程人民民主提出明确要求。党的十九届六中全会再次强调，全党必须发展全过程人民民主，保证人民当家作主。党的二十大对发展全过程人民民主，保障人民当家作主作出专题部署，强调全过程人民民主是社会主义民主政治的本质属性。深刻认识好、坚持发展好全过程人民民主，是新时代推进民主政治建设的重要内容。我们要从不同维度、多个层面学习领会，吃透基本精神，把握核心要义，明确工作要求。

一、全过程人民民主的政治、理论、实践和国际意义

（一）全过程人民民主充分体现了中国共产党人的奋斗追求

我们党从建立起，就致力于为中国人民谋幸福、为中华民族谋复兴，实现和发展人民民主贯穿党的百年奋斗历程，是我们党的不懈追求，承载着党的初心使命。新民主主义革命时期，以毛泽东同志为代表的中国共产党人认识到“历史给予我们的革命任务，中心的本质的东西是争取民主”[1]，对人民当家作主的制度形式进行艰辛探索和实践。1931 年，在极端艰苦条件下召开的第一次全国苏维埃代表大会，通过了《中华苏维埃共和国宪法大纲》，规定苏维埃政权属于工人、农民、红军兵士及一切劳苦民众，这是我们党领导制定的第一部反映劳动人民当家作主、参加政权管理的宪法性文件。抗日战争时期，陕甘宁边区先后通过颁布陕甘宁边区抗战时期施政纲领、政府组织条例、选举条例、各级参议会组织条例等宪法性文件，建立了以“三三制”为原则的抗日民主政权，为组织团结各方

---

〔1〕《毛泽东选集》（第 1 卷），人民出版社 1991 年版，第 274 页。

力量抗战并最终赢得抗战胜利发挥了重要作用。我们党在团结带领人民进行新民主主义革命过程中，对革命胜利后国家应该怎么样治理、实行什么样的制度，对这一关系国家前途、人民命运的根本性问题，进行了深入思考。早在 1940 年，毛泽东同志就在《新民主主义论》中阐述了新民主主义共和国形态，即几个革命阶级的联合，建立各级人民代表大会，并由其选举政府。[1] 1945 年，他在《论联合政府》中进一步提出了新民主主义的国家制度——在彻底地打败日本侵略者之后，建立一个以全国绝对大多数人民为基础而在工人阶级领导之下的统一战线的民主联盟的国家制度。新民主主义的政权组织，应该采取民主集中制，由各级人民代表大会决定大政方针，选举政府。[2]

新中国的成立为人民当家作主提供了根本政治前提。1949 年 9 月，中国人民政治协商会议通过具有临时宪法性质的共同纲领。10 月 1 日，中华人民共和国成立，中国人民从此将命运掌握在自己手中。1953 年 7 月至 1954 年 5 月，基层人大代表选举在全国范围内展开。当时全国约有 6 亿人口，登记选民 3.23 亿人，占进行选举地区 18 周岁以上人口总数的 97.18%。参加投票选举的 2.78 亿人，共选出基层人大代表 566 万余名，这是新中国历史上第一次全国范围的普遍民主选举。[3] 到 1954 年 8 月，逐级召开了地方各级人大会议。在此基础上，由省、市人大，中央直辖少数民族行政单位，以及军队单位和华侨等 45 个选举单位，选举产生了具有广泛代表性的第一届全国人大代表 1226 名。这些代表中有文学、艺术、科学、教育工

---

[1] 《毛泽东选集》（第 2 卷），人民出版社 1991 年版，第 677 页。

[2] 《毛泽东选集》（第 3 卷），人民出版社 1991 年版，第 1056、1057 页。

[3] 刘政：《中国历史上第一次规模巨大的普选》，载《中国人大》2002 年第 12 期。

作者，也有军人、工人、农民，还有少数民族代表和妇女代表。1954年9月，一届全国人大一次会议召开并通过《中华人民共和国宪法》，确立了人民民主专政的国体和人民代表大会制度的政体，标志着人民民主制度正式建立。

1978年，党的十一届三中全会提出，“为了保障人民民主，必须加强社会主义法制，使民主制度化、法律化，使这种制度和法律具有稳定性、连续性和极大的权威，做到有法可依、有法必依、执法必严、违法必究”。发展社会主义民主、健全社会主义法制成为我们党在新的历史时期始终坚持贯彻的重大方针。

党的十八大以来，以习近平同志为核心的党中央深入总结中国民主政治建设的经验成效，坚持人民主体地位，不断健全保障人民当家作主的制度体系，社会主义民主政治焕发勃勃生机。进入新时代，人民群众在民主、法治、公平、正义、安全、环境等方面的期待、需求日益增长，比如对法律的要求，已经不是“有没有”，而是“好不好、管不管用，是否参与表达”。全过程人民民主是我们党团结带领人民追求民主、发展民主、实践民主的必然结果，把体现人民意愿、形成人民意志的过程制度化、机制化，顺应了人民群众对美好生活的期盼，是在新的征程上对践行初心使命的有力诠释。

（二）全过程人民民主引领推动民主理论和实践的发展

全过程人民民主既是理念要求，又是制度规则，也是实践行动，作为理念要求，创造性地发展了马克思主义民主理论。全过程人民民主贯穿着马克思主义立场观点方法，具有深厚的马克思主义理论渊源。马克思、恩格斯在《共产党宣言》中指出：“工人革命的第一步就是使无产阶级上升为统治阶级，争得民主。”马克思主义民主理论对资本主义民主进行了科学分析、作了深刻批判，在肯定其历史进步性的同时，深刻揭示了它的阶级实质、内在矛盾和历史局限性，阐述了民主的阶级性，民主与专政密不可分，民主的经济基础和历史条件。这些特点将马克思主义民主理论与历史上其他一切民主理论明显地区分开来。全过程人民民主运用马克思主义民主理论，回答了发展什么样的社会主义民主政治，怎样发展社会主义民主政治这一重大问题，实现了马克思主义民主理论向科学有效的制度安排和具体现实的民主实践的转化，并在关于民主的性质、形式、实践、功效和评价标准等方面提出了一系列具有原创意义的理念、概念和论断，深化了党对社会主义民主政治建设规律的认识，开创了马克思主义民主观、民主理论发展新境界，是马克思主义民主观、民主理论的新飞跃。

全过程人民民主源于对我们党追求民主、发展实践民主的总结概括，深刻揭示了社会主义民主政治发展规律和实践特点。同时，作为一个新的原创性概念，在新的历史条件下，又有许多新的内涵。全过程人民民主体现了国家的一切权力属于人民的宪法原则，体现了我们党全心全意为人民服务的根本宗旨，体现了人民当家作主的内在要求，丰富、创新、发展了人民民主的实践形式和内容，为在新征程上发展社会主义民主政治指明了前进方向、明确了任务要求、提供了具体方法。坚持和发展全过程人民民主，就能不断扩大人民的政治参与，丰富人民的民主生活，就能推动社会主义民主的价值和理念进一步转化为科学有效的制度安排和具体现实的民主实践，使人民当家作主更好地体现在国家政治生活和社会生活之中，激发和凝聚中国人民奋进新时代的伟大力量，对于引领、推动社会主义民主政治建设具有重要意义。

（三）全过程人民民主为丰富和发展人类政治文明作出中国贡献

民主是全人类的共同价值，是各国人民的权利，而不是少数国家的专利。习近平总书记对评价一个国家政治制度是不是民主的、有效的进行了深刻阐述："一个国家是不是民主，应该由这个国家的人民来评判，而不应该由外部少数人指手画脚来评判。国际社会哪个国家是不是民主的，应该由国际社会共同来评判，而不应该由自以为是的少数国家来评判。实现民主有多种方式，不可能千篇一律。用单一的标尺衡量世界丰富多彩的政治制度，用单调的眼光审视人类五彩缤纷的政治文明，本身就是不民主的。"[1]

全过程人民民主，既有鲜明的中国特色，又体现了全人类对民主价值的共同追求，展现了民主的丰富性多样性。我国全过程人民民主与西方"一次性消费"式选举民主有着本质区别，我国的选举和任免不仅不是民主的结束，而恰恰是人民民主的开始。我国人民当家作主行使民主权利，不仅体现在进行选举任免，而且体现在通过国家权力机关即各级人民代表大会行使国家权力，支持和监督国家行政、监察、司法等机关各司其职、各负其责，并通过各种途径和形式管理国家事务、管理经济和文化事业、管理社会事务。全过程人民民主为世界上众多既要保持自己独立性又要切实发展本国民主的国家，提供了多样性选择。

---

〔1〕 习近平：《在中央人大工作会议上的讲话》，载《求是》2022年第5期。

二、全过程人民民主的制度内涵与优势特点

民主最主要的属性是作为一种国家形态，公民参与国家管理的方式，社会主义民主是人民当家作主。经过持续不断的探索实践，我国形成了全面、广泛、有机衔接的人民当家作主制度体系，构建了多样、畅通、有序的民主渠道。全过程人民民主具有完整的制度程序和参与实践，既有体现理念要求的制度规则，也有依制度规则开展的实践运行，具有显著优势特点。

（一）全过程人民民主的丰富制度内涵

人民当家作主是社会主义民主政治的本质和核心，我国坚持中国特色社会主义政治发展道路，将人民民主理论和价值转化为科学有效的制度安排，不断建立健全保障人民当家作主的制度体系，通过宪法法律等确立了人民当家作主的根本制度、基本制度和重要制度。

实行人民民主专政的国体。国体反映国家性质，表现为社会各阶级在国家中的地位。宪法开宗明义规定我国是工人阶级领导的、以工农联盟为基础的人民民主专政的社会主义国家，确立了国家性质。人民是国家的主人，依照宪法和法律规定，通过各种途径和形式，管理国家事务，管理经济和文化事业，管理社会事务。同时，国家政权充分履行专政职能，依法打击各种犯罪破坏行为，保护国家和人民利益。

实行人民代表大会制度的政体。政体反映国家政权的组织形式，国体决定政体，政体适应国体。人民代表大会制度是适应人民民主

专政国家性质的根本政治制度，将国家的一切权力属于人民的宪法原则体现到国家政权的组织活动中，把党的领导、人民当家作主、依法治国有机结合起来，实行集中统一与分工负责相结合，维护国家统一和民族团结，有效保证国家政治生活既充满活力又安定有序。

实行中国共产党领导的多党合作和政治协商制度、民族区域自治制度、基层群众自治制度等基本政治制度。中国共产党领导的多党合作和政治协商制度是新型政党制度，与西方政党制度有着显著区别。中国共产党通过制度化、程序化、规范化的安排，采纳和集中各民主党派、无党派人士对国家大政方针、经济社会各领域重要问题的意见和建议，各民主党派、无党派人士等接受中国共产党的主张并做好宣传解释、增信释疑工作，从而达到更好反映民意、集思广益、凝聚共识的目的，推动决策科学化民主化。民族区域自治制度是解决民族问题的制度安排，在国家统一领导下，各少数民族聚居的地方实行区域自治，设立自治机关，行使自治权，发展平等团结互助和谐的社会主义民族关系。基层群众自治制度包括村民自治、居民自治等，在城乡社区建立自治组织，由村民、居民依法直接行使民主权利，进行自我管理、自我服务、自我教育、自我监督。

巩固和发展最广泛的爱国统一战线。团结一切可以团结的力量、调动一切可以调动的积极因素，正确处理各种重大政治关系，不断促进政党关系、民族关系、宗教关系、阶层关系、海内外同胞关系和谐，成为全过程人民民主生动实践的重要内容。

上述制度构成全过程人民民主的四梁八柱，还有一系列与之配套的专项制度、程序规则等形成制度体系。所有这些制度的建立与完善，为全过程人民民主理念的落实提供有效制度保证；全过程人民民主理念又使上述制度内容更为丰富完善、相互协同配合。

（二）全过程人民民主的有效实践运行

我国全过程人民民主不仅有完整的制度程序，而且有完整的参与实践。全体人民依法通过多种途径和形式，实行民主选举、民主协商、民主决策、民主管理、民主监督，将科学有效的制度安排转化为具体现实的民主实践。

民主选举是实现人民当家作主的重要体现。人民通过选举、投票行使权利，选出代表自己意愿的人来掌握行使权力。我国的民主选举有国家机构选举、基层选举等，是国家政治生活和社会生活的重要内容。国家机构选举包括选举产生各级人大代表组成国家权力机关，并由各级人大选举产生同级国家机关领导人员。我国实行普遍、平等、直接选举和间接选举相结合以及差额选举、秘密投票的选举原则，依法保障选举权的普遍性，年满 18 周岁的中国公民，除被剥夺政治权利的外，都享有选举权和被选举权；保障人人享有平等的选举权利，实现城乡按相同人口比例选举人大代表；贯彻地区平等、民族平等要求，保证各地区、各民族、各方面都有适当数量的代表，人口最少的少数民族也有自己的代表。

民主协商是具有鲜明中国特色的民主形式。民主协商以其独特的、独有的、独到的特质，极大丰富了民主形式与内涵，包括政党协商、人大协商、政府协商、政协协商、基层协商、人民团体协商等。在党的领导下，通过各种途径、各种渠道、各种方式，就改革发展稳定重大问题，特别是事关人民群众切身利益的问题，各有关方面进行广泛协商，找到全社会意愿和要求的最大公约数，贯彻体现到决策中。人民政协作为最广泛的爱国统一战线组织、中国共产党领导的多党合作和政治协商的重要机构，是社会主义协商民主的重要渠道和专门协商机构。参加人民政协的各党派团体、各族各界人士围绕团结和民主两大主题，以全体会议、专题议政性常务委员会会议、专题协商会等形式，就国家大政方针和地方的重要举措以及经济、政治、文化和社会生活中的重要问题，以及有关爱国统一战线的其他重要问题等，在决策前和决策实施中广泛协商、凝聚共识。基层协商是中国特色社会主义民主政治的重要内容，我国探索和建立了村（居）民会议、村（居）民代表会议、村（居）民议事会、村（居）民理事会、恳谈会等基层协商民主形式。这些基层协商是人民群众直接行使民主权利的重要形式。

民主决策是全过程人民民主的重要环节。党和国家各项决策，通过公开、座谈、论证、咨询等各种方式，广泛征求和充分听取各方面意见，在民主基础上集中，最大限度地反映民情、吸纳民意、汇集民智，保证决策科学化、民主化。党和国家编制国民经济和社会发展五年规划，编纂出台民法典以及推出各项重大决策、立法，都贯彻体现全过程人民民主的要求。在党中央制定关于国民经济和社会发展第十四个五年规划和二〇三五年远景目标的建议过程中，习近平总书记多次深入地方考察调研，主持召开 7 场座谈会，广泛听取各领域各阶层人士意见建议。全国人大常委会围绕编制“十四五”规划纲要开展专题调研，形成 22 份专题调研报告。中央有关部门首次通过互联网就“十四五”规划编制向全社会征求意见和建议，收到人民群众建言 101.8 万条，把人民呼声充分体现到党中央文件中。规划纲要草案提请十三届全国人大四次会议审议后，根据全国人大代表、全国政协委员的意见，作出了55处修改。[1]

民主管理体现在行政管理、企业经营、社会治理等多领域各方面。在管理中建立健全制度机制，公开情况，倾听相关方的意见，吸收相关方参与，共同推进工作。如企事业单位普遍建立以职工代表大会为基本形式，以厂务公开、职工董事、职工监事等制度为主要内容的民主管理制度，保障职工参与企事业单位管理，维护职工合法权益。

民主监督是民主选举和民主决策等民主形式的延续。民主监督的功能在于保证人民的民主权利不因选举结束而中断，保证授予的权力得到有效制约。人民是民主监督的主体，享有广泛的监督权，依照宪法和法律规定，有权对国家机关和国家工作人员提出批评和建议，有权对国家机关和国家工作人员的违法失职行为提出申诉、控告或者检举，民主监督体系不断健全完善。人大监督是民主监督的重要组成部分，是代表国家和人民进行的监督。各级人大及其常委会对"一府一委两院"进行监督，目的在于确保法律得到有效实施，确保行政权、监察权、审判权、检察权得到正确行使，确保人民的合法权益得到尊重和维护。民主党派在坚持四项基本原则的基础上，也可通过提出意见、批评、建议等方式进行民主监督。

（三）实现多种具体民主形式与功能作用的有机统一

全过程人民民主包含容纳多种具体民主形式，将其功能作用有机融合，实现了对以往民主形式、内容和范围的超越。一是实现过

---

〔1〕 杨振武：《发展全过程人民民主 彰显中国式民主优势》，载《人民日报》2021年8月4日，第9版。

程民主和成果民主相统一。过程民主体现民主的流程、环节，成果民主体现民主的成效、结果。全过程人民民主，既有人民在不同环节的参与、表达，又有对人民意见的吸纳，形成实实在在的体现人民意愿的成果，克服有过程而无成果的困境。二是实现程序民主和实质民主相统一。民主的实现离不开程序的保障，程序要体现民主要求，如开会议事需有一套体现民主与效率的程序，但有程序民主并不等于有实质民主。近年来，一些国家频频出现政坛恶斗，将程序变成政治斗争工具，透露出“民主赤字”“民主倒退”的清晰迹象。其中一个重要原因，就是程序民主和实质民主相分离，以民主的程序维护小团体利益，而没有从实质上回应人民需要。全过程人民民主将程序民主和实质民主有机结合，以程序民主保障实质民主，以实质民主改进程序民主，实现了解决问题、改进工作、增进团结、凝心聚力的目标。三是实现直接民主和间接民主相统一。直接民主和间接民主都是民主的具体实现形式。全过程人民民主坚持直接民主和间接民主相统一，不论在宏观层面、中观层面，还是在微观层面，都有丰富的直接民主和间接民主实践。比如，县乡两级人大代表由选民直接选举产生，以及人民群众在基层党组织的领导和支持下依法直接选举村（居）民委员会，决定本地区事务。四是实现人民民主和国家意志相统一。全过程人民民主坚持人民主体地位，保障人民的各项民主权利，反映体现人民意愿，集中形成代表人民根本利益的国家意愿。总之，我国的全过程人民民主是全链条、全方位、全覆盖的民主，是最广泛、最真实、最管用的民主，是符合中国实际、解决中国问题的民主，是国家治理体系和治理能力的重要组成部分。

三、在根本政治制度的运行中生动体现全过程人民民主

人民代表大会制度是国家的根本政治制度，贯彻体现全过程人民民主的要求，为与时俱进地坚持和完善人民代表大会制度注入新动力，人民代表大会制度的运行也应成为发展全过程人民民主的生动实践。

（一）人民代表大会制度是实现全过程人民民主的重要制度载体

人民代表大会制度体现国家政治制度的主要方面，是保证人民当家作主的根本途径和最高实现形式。国家权力在各种公共权力中具有高度的权威性，内容广泛、力量强大，并可以派生赋权，因此人民对国家权力的掌握，是最根本的、至关重要的，从根本上体现人民当家作主地位。人民代表大会制度作为我国的根本政治制度，解决了国家权力如何产生、怎样运行、受谁监督等根本问题，有效保证了人民掌握和行使国家权力，把握国家和民族的前途命运，在国家政治制度中起到决定性作用。

人民代表大会制度是实现党的领导的重要制度保障。我国人口众多，地域辽阔，经济社会发展不平衡，表达好、集中好、体现好人民意愿，维护好、发展好、实现好人民利益，必须有坚强有力的统一领导。人民代表大会制度，为党领导人民有效治理国家提供了重要制度保障，是党领导国家政权机关的重要制度载体，也是党在国家政权中发扬民主、贯彻群众路线的重要实现形式。党通过人民代表大会制度，使党的主张经法定程序成为国家意志，使党组织推荐的人选经法定程序成为国家政权机关的领导人员，并通过国家政

权机关实施对国家和社会的领导。

人民代表大会制度为发展全过程人民民主提供现实路径和有力保障。人民代表大会制度的有效运行，本身就是实现全过程人民民主的生动实践。全国人大组织法、地方组织法规定，各级人大及其常委会坚持全过程人民民主，并在具体制度安排中予以体现。各级人大代表的选举，包括代表候选人的酝酿、提出、投票，各级国家机关组成人员的产生，法律和地方性法规的制定出台，重大事项的讨论决定等，都是实现全过程人民民主的重要方面、主要渠道，对各领域各层次推进全过程人民民主起到示范带动作用。同时，人大及其常委会通过制定有关法律、地方性法规、规范性文件等规范保障、引领推动全过程人民民主的实现。选举法确立的选举原则和具体制度，保障公民的选举权；立法法规定立法公开，法律草案公开征求意见，通过多种方式广泛听取意见，保证公民对国家立法活动的有序参与；监督法规定公开监督，选择涉及人民群众切身利益、社会普遍关注的重大问题开展监督，保证人民群众参与监督活动。人大及其常委会还可以就推进全过程人民民主的情况进行检查监督，为其注入动力、校准方向，等等。

（二）在人大行权履职过程中切实贯彻体现发展全过程人民民主的要求

支持和保障人大代表依法履行代表职责、充分发挥作用。人大代表是国家权力机关的组成个体，全国 277 万多人大代表依法履行好代表职责，就能更好地发展全过程人民民主。选举制度是人民代表大会制度的基础，让代表发挥好作用，首先是把代表选举好，把好代表入口关，确保人民信任的人担任代表。代表身份既是一项法定职务，也是一种政治荣誉，代表比起普通公民负有更大更重的政治责任、社会责任、法律责任，必须以高度的责任感和使命感履职尽责。我国人大代表来自人民、扎根人民，在履行代表职务的同时，不脱离生产工作，同人民群众有着天然联系。人大代表发挥履职优势，增强主动性，丰富联系人民群众的内容和形式，运用走访、接待、网络、会议、汇报等联系群众的制度机制和工作平台，拓宽联系渠道，积极回应社会关切，反映人民群众最关心、最直接、最现实的问题，做到民有所呼、我有所应。对于可能一时难以解决的问题，给予正面引导和解释，最大限度调动积极因素、化解消极因素，把反映民意、开展监督和协助解决问题有机结合起来。法律为代表依法履职规定了各种保障，有关国家机关应当切实予以落实。各级人大常委会通过制度化安排，不断加强同人大代表的联系，拓展代表参与常委会工作的广度和深度，支持人大代表通过立法联系点、基层联系点、代表之家、代表联络站等平台更好发挥作用。

坚持在立法工作中贯彻落实全过程人民民主要求。立法是定规立矩的神圣工作，从立法项目确定到法律草案起草，从草案审议到评估论证，从修改完善到表决通过，在立法工作的各环节，都要贯彻体现全过程人民民主的要求。我国建立了比较完整的公众参与立法的制度和形式，包括公开、调研、座谈、咨询、评估、论证、听证、立法联系点等，并不断完善机制程序，加大力度，增强实效。在编制立法规划计划过程中，通过召开座谈会和书面发函等多种方式向各有关国家机关、企事业单位、研究机构、群团组织以及专家学者等多方面征求意见，认真研究人大代表、政协委员提出的议案、建议、提案，在集思广益的基础上，科学评估论证，筛选确定立法项目，从立项这一立法工作源头上发扬民主、科学决策。法律草案普遍在网上公开征求意见，是我国公众参与立法的制度创新，充分利用了信息网络的便利性、及时性。并不断提高草案公布的知晓度，加强网站的链接功能，加大反馈力度，为公众广泛参与创造便利条件。基层立法联系点搭建了基层群众参与国家立法的“直通车”，经过努力，基层立法联系点布局更加均衡广泛，领导、运行、意见征求工作制度的建立完善，推动立法联系点工作规范化、标准化建设。立法联系点紧密结合本地实际，选好题目、精准对接，积极开展法律制度实施情况调研，不断提升法律草案征求意见的匹配度和实效性，及时反映经济社会发展和基层治理中遇到的涉法问题和地方立法诉求，为制定和修改法律法规提供有益参考。总之，立法综合运用多种形式，科学设计、合理安排，通过多层次、多渠道、多轮次调查了解实际情况，听取各有关方面的意见建议；不仅听取意见建议，更深入研究、吸收采纳、集中智慧。

坚持在监督工作中贯彻落实全过程人民民主要求。人大监督是人民行使监督权的重要途径，吸收人民群众广泛参与是应有之义，也是获取监督的动力、智慧和办法的源泉。在听取和审议专项工作报告、监督计划和预算执行情况时，通过信访、调研、公开、咨询、调查等多种方式听取人民群众对监督事项的意见，积极回应人民群众的呼声。在执法检查中，广泛听取人民群众对法律实施情况的意见建议，围绕涉及人民群众切身利益、社会普遍关注的法律法规，确定执法检查项目，并推动工作重心下移，更多前往基层一线听取人民群众对法律实施真实情况的看法，由人民群众对法律实施情况进行评判。在专题询问中，通过多种形式听取、收集人民群众对询问事项的意见、关切，进一步增强所提问题的代表性、针对性，确保问到关键、问出要害。

此外，在重大事项决定、人事任免以及其他职权的行使中，也要坚持践行全过程人民民主要求，比如，作出重大事项决定，要广泛征求意见，深入调查研究，遵循客观规律，做好评估论证，按照民主集中制原则作出决定。总之，要把全过程人民民主的理念、原则和要求贯彻到人大工作的全流程、全链条。通过完善人大的民主民意表达平台和载体，健全吸纳民意、汇集民智的工作机制，通过法定的途径、渠道、方式、程序，使人民依法享有的各项民主权利真实、生动、具体地体现在人大工作各方面各环节全过程，确保党和国家在决策、管理、执行、监督等环节都能听到来自人民的声音，将各方面社情民意统一于人民的根本利益之中。

四、在法治轨道上扎实推进各领域各层次的全过程人民民主

人民民主具有广泛性，不仅各级人大，而且各级党委、政府、监察机关、司法机关都要在履职过程中，在决策、选人、管理、监督等环节贯彻发展全过程人民民主要求，不断健全完善工作程序和工作机制，切实依法保障人民的民主权利，在法治轨道上有序推进全过程人民民主。

一是坚持谁履职谁落实。习近平总书记明确指出：“要继续推进全过程人民民主建设，把人民当家作主具体地、现实地体现到党治国理政的政策措施上来，具体地、现实地体现到党和国家机关各个

方面各个层级工作上来，具体地、现实地体现到实现人民对美好生活向往的工作上来。”[1] 各级党和国家机关履行工作职责、制定政策法规、决定本地经济社会发展重大问题时，要按照发展全过程人民民主的要求，通过各种方式，广泛征求和充分听取各方面意见，最大限度吸纳民意、汇聚民智。

依法行政是行政机关履职的基本要求，要依法保障、积极推动人民群众对行政机关工作的参与。行政机关作出重大决策时，要在广泛深入开展调查研究、全面准确掌握有关信息、充分协商协调的基础上，拟订决策草案，并通过座谈会、听证会、实地走访、民意调查等多种便于社会公众参与的方式充分听取意见；对于收集到的各方面意见建议，要认真归纳整理、深入研究论证，充分采纳合理意见，完善决策草案；对专业性、技术性较强的决策事项，组织具有专业性、代表性和中立性的专家、专业机构论证其必要性、可行性、科学性等；对社会公众普遍关心的重大决策，要通过政府公报、网站、报纸等途径及时公布有关信息，说明公众意见的采纳情况。2019 年国务院颁布《重大行政决策程序暂行条例》，提供了比较全面的制度规范。制定行政法规规章及规范性文件时，要在立项、起草、审查等各个环节，广泛听取有关机关、组织和人民群众的意见，对于涉及重大利益调整或者存在重大意见分歧的法规规章及规范性文件，聚焦矛盾焦点，通过多种形式，进行论证、评估、咨询，广泛听取各方面的意见。作出行政处罚决定时，要依法充分保障当事人的知情权、陈述申辩权、要求听证的权利，不得因其陈述、申辩而给予更重的处罚，并严格执行有关公开要求，依法向社会公布行

[1] 习近平：《在中央人大工作会议上的讲话》，载《求是》2022 年第 5 期。

政处罚依据、裁量基准、具有一定社会影响的行政处罚决定等信息。实施行政许可时，对直接关系他人重大利益或涉及重大公共利益的事项，要按照法定程序公开组织听证；要将作出的准予行政许可决定予以公开，方便人民群众查阅，接受人民群众监督。采取行政强制措施及其他行政管理措施，也要遵循相关要求。

公正司法是对司法机关履职的基本要求。司法民主是全过程人民民主在审判工作、检察工作中的具体体现，是推进社会主义民主政治建设的内在要求，司法机关要自觉接受人大监督、民主监督、群众监督，紧紧依靠人民推进司法公正、破解工作难题、提升司法公信。在我国的司法制度中，有许多体现司法民主的制度要求，如司法公开、司法便民为民、人民陪审员制度、监督员制度等，要依法严格落实。

监察机关也要在履职过程中，结合自身工作实际情况，践行全过程人民民主的理念、原则和要求，广泛听取人民群众的意见建议，自觉接受人民群众的监督。

二是坚持民主集中制。民主集中制不仅是我国国家机构的组织活动原则，也是我们党的根本组织原则和领导制度。习近平总书记指出："在充分发扬民主的基础上进行集中，坚持党中央权威和集中统一领导，集中全党智慧，体现全党共同意志，是我们党的一大创举，也是中国共产党领导和我国社会主义制度的优势所在。这样做，既有利于做到科学决策、民主决策、依法决策，避免发生重大失误甚至颠覆性错误；又有利于克服分散主义、本位主义，避免议而不决、决而不行，形成推进党和国家事业发展的强大合力。"[1] 发展

〔1〕 习近平：《论坚持人民当家作主》，中央文献出版社 2021 年版，第 217 页。

全过程人民民主，必须科学认识和把握民主集中制，坚持民主基础上的集中和集中指导下的民主，把充分发扬民主和正确实行集中有机地结合起来。要发扬集中指导下的民主，不断健全民主制度，丰富民主形式，拓宽民主渠道，使人民的意愿和要求得到最广泛表达和反映，最大限度把全社会的积极性、主动性、创造性发挥出来。要善于正确集中，把不同意见统一起来，把各种分散意见中的真知灼见提炼概括出来，把符合事物发展规律、符合广大人民群众根本利益的正确意见集中起来，作出科学决策，坚决避免议而不决、决而不行。

以立法工作为例，实践中会遇到列入立法计划、规划的法律法规草案迟迟不能按计划提请审议，即使是提请审议的，里面仍然有很多实质性问题没有理清、理顺的情况，影响后面的立法进程。造成这些问题的一个主要原因是，相关各方形不成一致意见，导致法律法规草案不能按时提请审议。解决这个问题，既要充分发扬民主，广泛征求意见建议，又要坚持集中，把各种分散意见中的正确意见有效集中起来，形成有普遍共识的方案。比如，2019 年在制定疫苗管理法前，有观点认为无需专门制定疫苗管理法，在药品管理法中设专章即可。立法工作机构经研究认为，疫苗关系着人民群众的生命健康，关系着公共卫生安全，关系着国家和民族的未来，具有极端重要性，专门立法十分必要；迅速促成有关部门组建由各有关方面参与的工作专班，经过深入研讨交流，各方认识不断深化、共识逐步达成，很快完成起草任务，提请全国人大常委会审议后，该法在半年内经三审通过，为我国新冠病毒疫苗的研制使用提供了坚实的法律保障。

三是坚持推进全过程人民民主制度化、规范化、程序化。发展社会主义民主政治，关键是要把我国社会主义民主政治的特点和优势充分发挥出来，不断推进社会主义民主政治的制度化、规范化、程序化。国家治理的历史与实践证明，民主与法治须臾不可分离，民主需要法治的保障和规范，法治需要体现民主的精神和要求，要按照法律制度确定的程序行使民主权利，民主的基本原则、价值追求和运行机制也要有一整套系统完备的制度体系加以确认和规范，只有这样，人民民主才能真正落到实处。党将依法治国作为领导人民治理国家的基本方略，将法治作为治国理政的基本方式。全面推进依法治国，推进国家治理体系和治理能力现代化，必然要求全过程人民民主的制度化、法治化，要通过完善党内法规、完备法律规范体系，健全制度机制，保障全过程人民民主的理念、原则和要求贯彻到党和国家各项工作中。要坚持发扬党内民主，推进党内民主制度化，以党内民主带动人民民主，进一步完善党委重大问题决策程序，提高党委科学决策、民主决策、依法决策水平。要进一步完善人民代表大会的组织制度、议事程序、运行机制，以人民代表大会制度规范高效的运行，为全过程人民民主实践提供平台载体和制度保障。民主选举和民主协商相辅相成，是我国社会主义民主的两种重要形式，也是我国民主政治制度的特点和优势所在。要依法保障人民的选举权利，完善对重要事项和问题的投票表决机制；要健全协商民主制度，统筹推进各种协商，构建程序合理、环节完整、衔接配套的协商民主体系，确保协商民主规范有序发展。要完善基层直接民主制度，健全基层议事决策、事务公开、民主评议等制度机制，夯实人民群众在基层群众自治中的主体地位。民主与人权息息相关，既是一种重要人权，又是其他人权的重要前提和保障，要加强人权法治保障，保障人民依法享有广泛权利和自由。

全过程人民民主的运行实践，有一些基本的方式方法，综合有关法律规定和实践做法，主要有公开、咨询、座谈、论证、听证、评估等。公开是参与的前提，无公开便无参与，许多重要法律对公开作了明确要求，并专门制定政府信息公开条例；咨询是通过报刊、网络等公开征求社会公众意见，或者是通过信函、面谈等征求特定对象的意见；座谈是召集事项相关方和有关专家学者，围绕设定议题，一起座谈讨论，听取意见；论证是就专业性问题，邀请相关领域专家从科学性、可行性和必要性等方面进行论证，提出意见；听证是对分歧意见较大或涉及利益关系重大调整的事项，邀请利益相关方和有关方面发表意见，提供依据；评估是基于一定的目的，按一定的标准、方法和程序，邀请专业人士进行评价判断，提出意见。这些方式方法，在立法、决策、执法、司法等不同领域，在中央、地方、基层等不同层次有不同要求、不同作用，要认真落实法律规定，因地因事制宜，完善规则办法、运行机制，使其充分发挥功效作用。

第一编

理 论 概 述

第一章　全过程人民民主的重大意义

人民民主是社会主义的生命，是全面建设社会主义现代化国家的应有之义。党的十八大以来，以习近平同志为核心的党中央，不断深化对民主政治发展规律的认识，提出发展全过程人民民主的重大理念，是新时代我国民主政治发展具有重大创新意义的标志性成果。

2019 年 11 月，习近平总书记在上海虹桥街道考察全国人大常委会法工委基层立法联系点，同正在参加法律草案意见建议征询会的社区居民代表亲切交流时明确指出："我们走的是一条中国特色社会主义政治发展道路，人民民主是一种全过程的民主。"2021 年 7 月，在庆祝中国共产党成立 100 周年大会上的重要讲话中，习近平总书记站在人民创造历史的高度，从全心全意为人民服务根本宗旨出发，强调要"发展全过程人民民主"。同年 10 月，在中央人大工作会议上，习近平总书记深刻阐述了我们党关于民主的立场、理念和基本观点，全面系统论述了全过程人民民主这一重大理念，对具体地、现实地践行全过程人民民主提出明确要求。党的十九届六中全会强调，全党必须发展全过程人民民主，保证人民当家作主。2022 年 7 月，在省部级主要领导干部专题研讨班上，习近平总书记强调"扎实推进全过程人民民主”。2022 年 10 月，习近平总书记在党的二十大报告中强调，“发展全过程人民民主”是中国式现代化的本质要求，明确提出到2035 年，要“基本实现国家治理体系和治理能力现代化，全过程人民民主制度更加健全，基本建成法治国家、法治政府、法治社会”。习近平总书记提出的全过程人民民主的重大理念，丰富和发展了社会主义民主政治理论，深入总结了我们党百年来为实现和保证人民当家作主不懈奋斗的宝贵经验，集中概括了党领导人民发展社会主义民主政治的理论和实践成果，深刻阐明了中国式民主的鲜明特色和显著优势，为新时代发展社会主义民主政治、建设社会主义政治文明指明了前进方向、提供了根本遵循。

我国发展全过程人民民主的根本目的是保障人民当家作主。这既是理念要求，又是制度规则，也是实践行动，具有重大的政治意义、理论价值、实践作用和世界贡献。

一、全过程人民民主是中国共产党人为实现人民当家作主百年奋斗历程的现实写照

全过程人民民主理论源于对中国共产党百年来追求民主、实行民主和发展民主的深刻总结，其理论本质是实现人民当家作主。党从成立之日起，就高举人民民主的旗帜，致力于为中国人民谋幸福、为中华民族谋复兴。实现和保证人民当家作主贯穿党的百年奋斗历程，是我们党的不懈追求，承载着党的初心使命。100 多年来，党始终坚持人民民主，致力于弘扬人民民主理念，推进民主制度建设，在领导革命、建设和改革的全过程中，逐步探索出一条适合中国国情、符合中国式现代化发展的民主新路径。

新民主主义革命时期，以毛泽东同志为代表的中国共产党人认识到，“历史给予我们的革命任务，中心的本质的东西是争取民主”[1]，并领导人民在革命中对人民当家作主的制度形式进行了艰辛探索和实践。党的二大将“民主”列为革命目标，主张与工人、贫民和小资产阶级建立民主主义联合阵线，以最大限度团结、壮大革命力量。1931 年，第一次全国苏维埃代表大会制定《中华苏维埃共和国宪法大纲》，规定了苏维埃政权的性质，即“建设的是工人和农民的民主专政的国家；苏维埃全政权是属于工人、农民、红军兵士及一切劳苦民众的”，是我们党领导人民在局部建立人民民主政权的探索，是我国第一部反映劳动人民当家作主、参加国家管理的宪法性文件。抗日战争时期，党领导人民制定陕甘宁边区抗战时期施政纲领、政府组织条例、选举条例、各级参议会组织条例等宪法性文件，建立了以“三三制”为原则的抗日民主政权，为团结边区各社会阶层、各抗日党派共同抗战并最终赢得伟大胜利发挥了重要作用。由于当时根据地人民群众文化水平差别较大，为了切实保证人民的民主权利，边区采取了选票、画圈、画点、投豆等多种投票方式，识字有识字的办法，不识字有不识字的办法，边区的豆选诗“金豆豆，银豆豆，豆豆不能随便投；选好人，办好事，投在好人碗里头”，形象描绘了边区民主选举的情况。我们党在团结带领人民进行新民主主义革命过程中，毛泽东同志就对革命胜利后国家应该怎么样治理、实行什么样的制度，这一关系党和国家前途、人民命运的根本性问题，进行了深入思考。早在 1940 年，毛泽东同志就在

[1] 中共中央文献研究室编：《毛泽东年谱（1893—1949）》（上卷），中央文献出版社 2013 年版，第 368 页。

《新民主主义论》中提出了建立各级人民代表大会并由其选举政府的构想。[1] 1945 年，他又在《论联合政府》中指出，在彻底地打败日本侵略者之后，建立一个以全国绝对大多数人民为基础而在工人阶级领导之下的统一战线的民主联盟的国家制度；新民主主义的政权组织，应该采取民主集中制，由各级人民代表大会决定大政方针，选举政府。[2]

新中国的建立为全面实现人民当家作主提供了根本政治前提。1949 年 9 月，中国人民政治协商会议第一届全体会议通过起临时宪法作用的《中国人民政治协商会议共同纲领》（以下简称《共同纲领》），规定了中华人民共和国的国体是工人阶级领导的、以工农联盟为基础的、团结各民主阶级和国内各民族的人民民主专政，政体是实行民主集中制的人民代表大会制度。10 月 1 日，中华人民共和国中央人民政府成立，宣告中华人民共和国正式成立，揭开人民当家作主的中国历史新篇章，亿万中国人民从此真正成为国家、社会和自己命运的主人。1953 年 7 月至 1954 年 5 月，根据选举法的规定，基层人大代表选举在全国范围内展开。当时全国约有 6 亿人口，登记选民 3.23 亿人，占进行选举地区 18 周岁以上人口总数的 97.18%。参加投票选举的 2.78 亿人，共选出基层人大代表 566 万余名，这是新中国历史上第一次全国范围的普遍民主选举。[3] 到 1954 年 8 月，逐级召开了地方各级人民代表大会会议。在此基础上，由省、市人大，中央直辖少数民族行政单位，以及军队单位和华侨等 45 个选举单位，选举产生了 1226 名第一届全国人民代表大会代

---

[1] 参见《毛泽东选集》（第 2 卷），人民出版社 1991 年版，第 677 页。

[2] 参见《毛泽东选集》（第 3 卷），人民出版社 1991 年版，第 1056-1057 页。

[3] 参见刘政：《中国历史上第一次规模巨大的普选》，载《中国人大》2002 年第 12 期。

表，这些代表中有从事文学、艺术、科学、教育的工作者，也有军人、工人、农民，还有少数民族代表和妇女代表，具有广泛的代表性。1954 年 9 月，第一届全国人民代表大会第一次会议召开，审议通过新中国历史上第一部宪法，确认了《共同纲领》规定的我国人民民主专政的国体和人民代表大会制度的政体。新中国的成立，标志着人民民主制度在中国正式建立和巩固，真正实现了中国从几千年封建专制政治向人民民主的伟大飞跃。

改革开放以后，我们党深刻总结社会主义建设规律，不断深化对社会主义本质的认识、对社会主义民主的认识，推动人民民主取得新发展。邓小平同志深刻指出，“没有民主就没有社会主义，就没有社会主义的现代化……社会主义愈发展，民主也愈发展”。1978 年，党的十一届三中全会总结我国社会主义民主法制建设经验，特别是吸取“文化大革命”中法制遭到严重破坏的沉痛教训，明确提出“为了保障人民民主，必须加强社会主义法制，使民主制度化、法律化，使这种制度和法律具有稳定性、连续性和极大的权威，做到有法可依、有法必依、执法必严、违法必究”。从此，发展社会主义民主、健全社会主义法制，成为我们党长期坚持不动摇的重大方针。改革开放新时期，党将人民民主建设的重心放在“党内民主”和“基层民主”上。在党内民主建设方面，1994 年召开的党的十四届四中全会明确指出，发扬党内民主必然推进人民民主，这也是建设社会主义民主政治的一条重要途径。2002 年召开的党的十六大进一步强调，党内民主是党的生命，对人民民主具有重要的示范和带动作用。在基层民主建设方面，党领导广大人民群众创造了丰富的基层民主实践形式，推动基层民主向更广泛的领域扩展。1981 年

《关于建国以来党的若干历史问题的决议》强调，要在基层政权和基层社会生活中逐步实现人民的直接民主。1982 年宪法确立了基层群众自治制度，强调人民群众直接管理基层公共事务和公益事业，并于之后相继制定出台了有关基层群众自治的法律。2007 年，党的十七大将基层群众自治从法律实践提升概括为社会主义政治制度理论，纳入社会主义基本政治制度，作为发展社会主义民主政治的基础性工程重点推进。

党的十八大以来，以习近平同志为核心的党中央，全面总结中国民主政治建设取得的成效经验，坚持人民主体地位，不断健全保障人民当家作主的制度体系，社会主义民主政治焕发勃勃生机。坚持和完善人民代表大会制度这一根本政治制度：全面加强和改进党对人大工作的领导，党中央多次研究人大立法、监督工作中的重大问题，政治局常委会会议听取全国人大常委会党组工作报告成为制度性安排；修改宪法，及时将党和人民在实践中取得的重大成果通过根本法确定下来；健全宪法实施和监督制度，设立国家宪法日、建立宪法宣誓制度；修改立法法，赋予所有设区的市人大及其常委会地方立法权，进一步完善我国立法体制；完善法规备案审查制度，维护国家法制统一、权威。坚持和完善党领导的多党合作和政治协商制度，制定《关于加强社会主义协商民主建设的意见》等文件，进一步明确政协协商内容、形式、程序等。巩固和发展最广泛的爱国统一战线制度，形成大统战工作格局。完善民族区域自治制度，鲜明提出铸牢中华民族共同体意识。健全充满活力的基层群众自治制度，群众有序政治参与的形式不断丰富、渠道不断拓展。

二、全过程人民民主是对马克思主义民主理论的丰富和发展

习近平总书记关于全过程人民民主的重要论述，思想深邃、内涵丰富，既秉承历史传统，又立足当前实际，贯穿着马克思主义立场观点方法，具有深厚的马克思主义理论渊源，是对社会主义民主政治建设规律特点的深刻把握，是对马克思主义民主理论的重大创新。

（一）马克思主义民主理论的基本特点

马克思、恩格斯在《共产党宣言》中指出："工人革命的第一步就是使无产阶级上升为统治阶级，争得民主。"马克思主义民主理论，对资本主义民主进行了科学分析、作了深刻批判，在肯定其历史进步性的同时，深刻揭示了它的阶级实质、内在矛盾和历史局限性，强调民主的阶级性、民主与专政的密不可分、民主的经济基础和历史范畴，具有以下五个基本特点：

一是，民主作为一种国家制度，是建立在一定经济基础之上的上层建筑，它归根结底服务于经济基础。按照历史唯物主义的一般逻辑，任何形式的国家，包括民主国家，都与一定的生产关系相适应，并服务于这种生产关系。

二是，强调民主的阶级性，认为在阶级社会中，民主不过是实现阶级利益的政治形式，它实质上是一个阶级对另一个阶级的统治，包括民主政治在内的任何国家形式都是属于统治阶级的各个个人借以实现其共同利益的政治形式。揭示出民主的阶级性，是马克思主义民主理论最鲜明的特征。

三是，民主与专政是不可分离的，实际上它们是同一过程的两个不同方面。对一部分人的民主，也就是对另一部分人的专政。既然民主在本质上是阶级统治的工具，那么由此而来的必然结论就是，民主首先保护统治阶级的政治权利，一旦统治阶级的根本利益受到威胁，统治当局就会毫不犹豫地剥夺被统治阶级的政治权利，直至实行无情的镇压。

四是，马克思主义民主理论的主体内容，是对资本主义民主的批判。马克思虽然承认资本主义民主对于封建专制的巨大历史进步，但对资本主义民主的局限性有十分清醒的认识，并且用很多精力对资本主义民主的虚假性进行了深刻批判。深刻指出：资本主义民主政治是与资本主义私有制相适应的，是资本的最好的政治外壳，其实质是维护资产阶级的利益。对于广大劳动群众而言，这种民主不仅是虚伪的，而且是一种剥削和压迫。

五是，民主是一个历史范畴，它是人类社会发展到一定阶段的产物，而且也将随着国家的消亡而消失。国家是私有制和阶级社会的产物，当生产发展到一定阶段时，私有制和阶级都将消失。随着私有制和阶级的消失，国家也将随之消亡。既然国家是一个历史的范畴，作为国家形式之一的民主自然也是一个历史的范畴。因此，马克思明确断定，有朝一日，民主政治本身也终将在人类社会中消亡。

这些特点将马克思主义民主理论与历史上其他一切民主理论明显区分开来，成为马克思主义民主理论的标识，实现了民主思想史上的根本性变革。马克思一生并没有经历过他所努力奋斗的社会主义民主制度，在当时的历史条件下，还难以描绘无产阶级夺取政权后，如何具体实现人民民主，从而也没有专门就社会主义民主政治做过系统的论述。

（二）全过程人民民主丰富和发展了马克思主义民主理论

一是，全过程人民民主运用马克思主义民主理论，回答了发展什么样的社会主义民主政治的问题。习近平总书记强调，人民民主是社会主义的生命，没有民主就没有社会主义，就没有社会主义的现代化，就没有中华民族伟大复兴。人民当家作主是社会主义民主政治的本质和核心，发展社会主义民主政治就是要体现人民意志、保障人民权益、激发人民创造活力，用制度体系保证人民当家作主。

马克思主义认为，国家制度是由人民创造的，具体而言，应由共产党通过领导社会革命建立全新的政治制度。在这个过程中，共产党没有任何同整个无产阶级的利益不同的利益，始终代表整个无产阶级的利益，而共产党人是各国工人阶级政党中“最先进的和最坚决的部分，推动所有其他部分前进的部分”[1]，由此无产阶级政党获得了人民授权的全部合法性，天然具备人民性的内在属性。作为一个马克思主义政党，中国共产党始终坚持马克思主义关于人民主权的基本理念，并结合国情进一步将其丰富和发展。我们党自成立之日起，就将自己定性为代表最广大人民根本利益、没有任何自己特殊利益的政党，并领导人民争得民主，建立一个全新的人民当家作主的社会主义国家。从政党的本质属性来看，中国共产党的权力是人民赋予的，“人民要解放，就把权力委托给能够代表他们的、

〔1〕《马克思恩格斯选集》（第1卷），中共中央马克思恩格斯列宁斯大林著作编译局编译，人民出版社2012年版，第413页。

能够忠实为他们办事的人，这就是我们共产党人”。[1] 党代表的是“全体人民”这一整体民主价值观，“党的工作的核心，是支持和领导人民当家作主”。[2] 这一内在特质决定了中国共产党在治国理政的全部工作中，必须将“以人民为中心”的发展理念融入民主政治的价值理念、整体形态、基本结构和运作过程之中。因此，全过程人民民主理论的本质和核心是人民民主，脱离了人民性这一根本属性，全过程人民民主便无从谈起。

二是，全过程人民民主理论运用马克思主义民主理论，回答了怎样发展社会主义民主政治这一重大问题，实现了马克思主义民主理论向科学有效的制度安排和具体现实的民主实践的转化。习近平总书记指出，把民主价值和理念转化为科学有效的制度安排，转化为具体现实的民主实践，需要注重历史和现实、理论和实践、形式和内容有机统一，找到正确的体制机制和方式方法。发展社会主义民主政治的关键，是要把我国社会主义民主政治的特点和优势充分发挥出来，不断推进社会主义民主政治制度化、规范化、程序化，为党和国家兴旺发达、长治久安提供更加完善的制度保障。全过程人民民主的实现形式是多种多样的。人民通过选举、投票行使权利和人民内部各方面在重大决策之前进行充分协商，尽可能就共同性问题取得一致意见，是全过程人民民主的两种重要形式，共同构成了中国社会主义民主政治的制度特点和优势。实现全过程人民民主最有效的重要制度载体是人民代表大会制度。人民代表大会制度是

---

〔1〕《毛泽东选集》（第4卷），人民出版社1991年版，第1128页。

〔2〕冷溶、汪作玲主编：《邓小平年谱（1975—1997）》（上卷），中央文献出版社2004年版，第685页。

保证人民当家作主的根本途径和最高实现形式，解决了国家权力如何产生、怎样运行、受谁监督等根本问题，有效保证了人民掌握和行使国家权力、把握国家和民族的前途命运，在国家政治制度中起到压舱石的决定性作用。人民代表大会制度是党领导国家政权机关的重要制度载体，也是党在国家政权中发扬民主、贯彻群众路线的重要实现形式。人民代表大会制度为发展和完善全过程人民民主提供全方位保障，其运行本身就是全过程人民民主的生动实践，对各领域多层次推进全过程人民民主起到示范带动作用，全国人大组织法、地方组织法均对坚持全过程人民民主提出明确要求。

三是，全过程人民民主理论是习近平总书记提出的具有原创意义的理念，在关于民主的性质、形式、实践、功效和评价标准等方面，都有深刻的理论阐述和概括。比如，在评价一个国家政治制度是否民主方面，习近平总书记提出了八个“能否”的标准，即要看国家领导层能否依法有序更替，全体人民能否依法管理国家事务和社会事务、管理经济和文化事业，人民群众能否畅通表达利益要求，社会各方面能否有效参与国家政治生活，国家决策能否实现科学化、民主化，各方面人才能否通过公平竞争进入国家领导和管理体系，执政党能否依照宪法法律规定实现对国家事务的领导，权力运用能否得到有效制约和监督。在此基础上，习近平总书记进一步提出，一个国家民主不民主，关键在于是不是真正做到了人民当家作主，要看人民有没有投票权，更要看人民有没有广泛参与权；要看人民在选举过程中得到了什么口头许诺，更要看选举后这些承诺实现了多少；要看制度和法律规定了什么样的政治程序和政治规则，更要看这些制度和法律是不是真正得到了执行；要看权力运行规则和程序是否民主，更要看权力是否真正受到人民监督和制约。如果人民只有在投票时被唤醒，投票后就进入休眠期；只有竞选时聆听天花乱坠的口号，竞选后就毫无发言权；只有拉票时受宠，选举后就被冷落，这样的民主不是真正的民主。

总之，全过程人民民主理念既是对社会主义民主政治发展规律和实践特点的深刻揭示和总结，又是对发展和推进社会主义民主政治方向和路径的指引；既是思想引领，又是工作要求。它昭示了中国民主的鲜明特质和人民底色，深化了党对社会主义民主政治建设规律的认识，谱写了马克思主义民主理论新时代篇章，开创了马克思主义民主理论发展新境界，是马克思主义民主理论的新飞跃。全过程人民民主体现了国家的一切权力属于人民的宪法原则，体现了全心全意为人民服务的根本宗旨，体现了人民当家作主的内在要求，丰富、创新、发展了人民民主的实践形式和内容，为在新征程上发展社会主义民主政治指明了前进方向、明确了任务要求、提供了具体方法。坚持和发展全过程人民民主，就能不断扩大人民的政治参与，丰富人民的民主生活；就能推动社会主义民主的价值和理念进一步转化为科学有效的制度安排和具体现实的民主实践；就能更好保障人民权益、传递人民心声、反映人民愿望、实现人民期盼、增进人民福祉、激发人民创造，使人民当家作主更好体现在国家政治生活和社会生活之中，巩固发展生动活泼、安定团结的政治局面，激发和凝聚中国人民奋斗新时代的磅礴力量，对于引领、推动社会主义民主政治建设深入发展具有重要意义。

三、全过程人民民主为丰富和发展人类政治文明形态贡献了中国智慧、中国方案

在拥有14亿多人口的广袤大地上，中国共产党领导人民群众实现了经济快速发展和社会长期稳定的两大奇迹，特别是党的十八大以来，以习近平同志为核心的党中央，统筹中华民族伟大复兴战略全局和世界百年未有之大变局，团结带领全国各族人民，采取一系列战略性举措，推进一系列变革性实践，实现一系列突破性进展，取得一系列标志性成果，攻克了许多长期没有解决的难题，办成了许多事关长远的大事要事，经受住了来自政治、经济、意识形态、自然界等方面的风险挑战考验，党和国家事业取得历史性成就、发生历史性变革。事实充分证明，中国共产党领导中国人民创造的民主新路径是完全正确的，丰富了人类政治文明形态。

（一）全过程人民民主传承弘扬了中华传统优秀文化

中华民族经历了5000多年没有中断的历史发展进程，创造了灿烂的中华文化，积累了丰富的治国理政经验和智慧。习近平总书记在党的二十大报告中指出："中华优秀传统文化源远流长、博大精深，是中华文明的智慧结晶，其中蕴含的天下为公、民为邦本、为政以德、革故鼎新、任人唯贤、天人合一、自强不息、厚德载物、讲信修睦、亲仁善邻等，是中国人民在长期生产生活中积累的宇宙观、天下观、社会观、道德观的重要体现，同科学社会主义价值观主张具有高度契合性。"一种思想体系的产生，需要从人类文明既有成果中汲取养分。全过程人民民主重大理念植根于中华优秀传统文

化的沃土，是中国共产党在马克思主义指导下，传承中华优秀传统文化对新型政治文明的伟大创造。

全过程人民民主传承了“民为邦本，本固邦宁”民本理念的政治价值。作为中国传统政治文化重要组成部分的民本思想，深刻反映了古代中华民族的政治理念与价值认同。早在商周时期，民本思想就已经萌芽。先秦时期的典籍《尚书》中就多次记载。《尚书·皋陶谟》说：“天聪明，自我民聪明。天明畏，自我民明威，达于上下，敬哉有土。”《尚书·泰誓》说“天视自我民视，天听自我民听”，更是将“天”的意志与“民”的意志结合起来，可见当时对民本理念的认识之深刻。《尚书·五子之歌》正式提出“民惟邦本，本固邦宁”的思想。自此之后，历朝历代对民本思想不断阐发，民本思想的理论体系和政治实践不断丰富和发展。孔子传承和发展周初萌发的民本思潮，创立了“仁者，爱人”的学说，充分肯定了民的地位、价值和尊严，并以“仁”作为调整人际关系的基本准则。孔子的仁学不仅是具有特殊历史意义的民本哲学，也为理政、司法、治世提供了人道主义的基本原则。孟子发展了孔子的“仁学”，进而提倡“仁政”，强调“得民心者得天下”〔1〕，“民为贵，社稷次之，君为轻”〔2〕。荀子主张君为民而立，“天之生民，非为君也；天之立君，以为民也”〔3〕。除儒家的民本思想外，道家、法家也同样坚持以民为本。老子提出“爱民治国”的主张。《管子·牧民》说：“政之所兴，在顺民心；政之所废，在逆民心。”历朝历代政治实践中，亲民、顺民、爱民、惠民、利民、保民、富民等施政措施，都受到

〔1〕 参见《孟子·离娄上》。

〔2〕 参见《孟子·尽心章句下》。

〔3〕 参见《荀子·大略》。

政治家高度重视。比如“治国有常，而利民为本”[1]、“善政之要，惟在养民”[2]等论述，皆是这一思想的反映。史籍中所记载的许多官吏的卓异事迹，也都体现了民本思想对他们的影响，也是民本思想贯穿到具体施政治国中的表现。这些尊重人民的思想与我们党领导发展全过程人民民主，要求站稳人民立场、把握人民愿望、尊重人民创造、集中人民智慧在本质上具有一致性，是我们党强调人民至上的思想文化之源。

全过程人民民主发展了民本思想中的民主价值元素。民本思想在明末清初有了重要发展。黄宗羲提出“天下为主，君为客”的思想。他说“天下之治乱，不在一姓之兴亡，而在万民之忧乐”，主张以“天下之法”取代皇帝的“一家之法”，从而提出限制君权，保证人民的基本权利。黄宗羲具有民主启蒙性质的新民本思想，还突出表现在主张人民的议政权和监督权方面。在君主专制社会中，不仅普通民众甚至连一般士子都没有评论政治得失的权利，更没有监督君权和政府行政权的权利。是非的标准不由客观实践决定，也不由广大士民评判认定，而是“天下之是非一出于朝廷”。黄宗羲认为“天子之所是未必是，天子之所非未必非”，天子必须倾听民众意见才能定是非。他特别把人民的议政权和监督权归之于学校。在他看来，学校既是培养知识分子的基地，也是评议朝政、实施舆论监督的场所。他主张“必使治天下之具皆出于学校”，“公其非是于学校”。[3]显然，黄宗羲的民本思想，包含主权在民、君须为民服务

---

〔1〕参见《淮南子·氾论训》。

〔2〕参见《答手诏条陈十事》。

〔3〕参见《明夷待访录》。

的初步民主思想，超越了孟子以来“由君王作主”的“尊君重民”式民本思想的旧范式，具有近代民主价值的意义。全过程人民民主坚持国家一切权力属于人民，人民通过各种有效途径积极参与国家和社会管理，参与经济和文化事业管理，实现人民当家作主，是在现代意义上对中国民本思想体系中民主思想的发扬和创新，具有鲜明的中国文化特色。

全过程人民民主弘扬了“大道之行，天下为公”大同理念的民主本质。大同思想是自先秦时代孕育的一种社会理想和社会观，后逐渐发展成为中国古代思想中带有普遍性的文化与价值取向。《尚书·尧典》说：“克明俊德，以亲九族。九族既睦，平章百姓。百姓昭明，协和万邦。”这是中国古人对理想生活和大同世界的一种追求和向往。儒家经典著作《礼记》更是集中阐释了“小康”与“大同”理想社会。《尚书·周官》说：“以公灭私，民其允怀。”《吕氏春秋·贵公》对“天下为公”的思想观念阐释得更为透彻，如“昔先圣王之治天下也，必先公，公则天下平矣”，“天下非一人之天下也，天下之天下也。阴阳之和，不长一类；甘露时雨，不私一物；万民之主，不阿一人”。天下为公，世界太平，这是我国古圣先贤们治国理政追求的价值目标，也是他们所向往的社会目标。全过程人民民主重大理念弘扬了中国传统文化的内在本质要求，以高度的责任感、使命感推陈出新，把马克思主义思想精髓同中华优秀传统文化精华贯通起来，同人民群众日用而不觉的共同价值观念融通起来，赋予了现代民主文明以鲜明的中国特色，创造了与不同文化传统相融合的民主文明新形态，弘扬了中华优秀传统文化，增强了人民的历史自信、文化自信。

（二）全过程人民民主是人类政治文明的新形态

从古希腊的直接民主到近现代盛行的各类代议制民主，不同国家基于对民主内涵的不同理解，并结合自身历史文化传统、国情实际，探索出差异化的民主发展道路。这其中，从“委托—代理”这一操作程序衍生出的选举（代议）民主成为西方资本主义国家的民主标杆。西方一系列著名政治学家都对“民主”作出了定义和阐释，总体上是将复杂的政治民主简化为一套选举程序。

西方选举民主本质上是资产阶级获取国家政权的政治操弄工具。随着近代资本主义的崛起，社会财富的积累和分配逐步惠及更多社会阶层，民主自身所囊括的精英与平民的权力差距逐渐缩小，使得民主实践形态从古希腊所倡导的“直接民主”转向以代议制为核心的“间接民主”。在这个过程中，现代意义上的政党在阶级斗争和政治斗争中产生，是资产阶级夺取政权和维护其阶级统治的产物和工具。英国的托利党和辉格党是资产阶级急剧壮大下的典型产物，代表的是封建势力和资产阶级两股力量在议会中的博弈。美国最初的政党则是在围绕建立一个什么样的国家这一重大问题的争论中产生的，杰弗逊利用民主共和党组织的力量取得了选举胜利，第一次显示了政党作为政治参与工具的作用。虽然英美两国政党的具体产生方式不同，但这些早期政党通常以紧密的地方核心小组会议为组织基础，并由一小部分拥有较高经济社会地位的精英群体进行领导，故而与选民的接触十分有限。直到19世纪末20世纪初，伴随普选权的扩大，一些在议会之外形成的政党组织逐渐进入大众视野，试图通过代表和动员原先被排斥于政治过程之外的社会阶层、宗教或种族群体，对社会、经济和政治权力做出再分配。进入 20 世纪中叶，伴随经济的高水平增长以及福利国家的成熟，西方社会涌现出大量中产阶级。为赢得除核心支持群体之外的广泛中产阶级的选票，一些政党选择弱化意识形态，向组织专业化和资金密集型的政党发展，其功能更侧重于组织竞选以及录用和选择公职候选人。可见，赢得选举始终是西方资产阶级政党的首要目标，所有的政党改革都在围绕着这个首要目标进行，这就导致了政党逐渐沦为政客操纵选举的工具以及垄断资本的代言者。当今西方民主面临的各种危机就来源于此制度性缺陷。

如果说以欧美国家为代表的政党是作为国家整体的一部分而出现的，也即是“先有国家，后有政党”，强调不同政党之间围绕权力争夺、利益整合、政策主张展开竞争与合作，那么十月革命爆发后，以马克思主义为指导的苏联共产党则以一种全新的政党面貌登上了人类政治舞台，它以阶级斗争和社会革命的手段，推翻旧政权，成立苏俄政府，因而是“先有政党，后有国家”，代表的是国家整体。至此，代表部分人的政党和代表全体人民的政党，构成了 20 世纪政党的两种基本类型。而后一种政党模式对发展中国家通向民主化道路产生了深远影响。在那些处在殖民状态或是封建社会的国家，政党的首要任务并非于议会中争得席位，而是通过政党组织革命，摆脱西方殖民统治，争取民族独立。其中，最为典型的就是在旧中国下挽救民族危机、拯救国家危亡的中国共产党。

中国共产党一经诞生，便以一种全新的政治组织区别于此前出现在中国政治舞台上、代表少数人利益的旧式政党。同时，中国共产党也由于不同的文化、历史、国情而不同于苏联共产党，承载的是救亡图存、复兴中华的历史重任，担负的是为中国人民谋幸福、为中华民族谋复兴的历史使命。在这个过程中，中国共产党所追求并实践的民主理念与其他政党相比有三个显著特点：

一是，中国共产党作为一个无产阶级政党，必须使无产阶级上升为统治阶级争得民主，因为"我们的党和工人阶级只有在民主共和国这种形式下，才能取得统治"[1]。所以，为摆脱半殖民地半封建的黑暗深渊，中国共产党首先要将如同一盘散沙的旧中国组织起来，并塑造中华民族共同体意识以唤醒民众，领导人民推翻旧政权，建立起一个代表广大人民群众的全新国家。

二是，建立新政权的根本目的就是支持和保证人民当家作主，使人民成为国家、社会和自己命运的主人。因此，无论是局部执政，还是全国执政，中国共产党始终坚持"群众路线"，并通过建立各种制度将其付诸实践，时刻倾听来自人民的意见和建议，把群众的呼声和诉求反映到党的路线方针政策中，再由人民群众监督来改进和完善各项工作，打通民意上下流动的表达渠道。

三是，不同于西方资产阶级政党只代表部分人的利益，中国共产党是一个代表中国最广大人民的根本利益的政党，没有任何自身的特殊利益，所追求的不仅仅是人民政治权利的平等，还致力于实现人的自由而全面的发展。为此，中国共产党通过"统一战线"这一法宝，巩固和发展不同阶级、不同阶层的主体利益，并将追求经济平等、生存权和发展权同样纳入民主理念和制度之中。

基于此，中国共产党扎根于中国土壤，将马克思主义普遍真理

---

〔1〕《马克思恩格斯选集》（第4卷），中共中央马克思恩格斯列宁斯大林著作编译局编译，人民出版社2012年版，第294页。

与中国具体实践相结合，与中华传统优秀文化相结合，不断推动民主形式的创新和发展，在政治实践中探索出一条独特且符合中国实际的民主新路——全过程人民民主。这条民主道路是在党的领导下，以强调民主的真实性与有效性为根本，注重民主活动主体、参与内容、覆盖范围及实施流程的全面性、连续性和有序性，实现了过程民主与成果民主、程序民主与实质民主、直接民主与间接民主、人民民主与国家意志的有机统一，是全链条、全方位、全覆盖的民主，是最广泛、最真实、最管用的社会主义民主。所以，这是一条与西方资产阶级政党所推崇的选举民主截然不同的民主化路径，是中国共产党领导人民所创造的一种全新民主形态，有力回应了西方将民主简单化为选举制度的话语霸权和制度陷阱。广大中国人民是全过程人民民主的建设者、参与者、维护者和最大受益者，对中国式民主高度认同、坚决拥护、充满信心，也必将在中国共产党的领导下推动社会主义民主继续发展、更加成熟。

（三）全过程人民民主为人类民主政治发展提供新路径

民主不是装饰品、不是宣传品，而是用来解决人民需要解决的问题的。历史上，美国民主的发展有其进步性，政党制、代议制、一人一票、三权分立等是对欧洲封建专制的否定和革新。法国著名思想家托克维尔在其《论美国的民主》一书中也对此予以积极评价。《独立宣言》、“权利法案”、废奴运动、民权运动、平权运动等成为了美国民主进程中的亮点。林肯的“民有、民治、民享”三原则更是脍炙人口。但是，随着时间的推移，美国的民主制度逐渐异化和蜕变，已经越来越背离民主制度的内核和制度设计的初衷。金钱政治、身份政治、政党对立、政治极化、社会撕裂、种族矛盾、贫富分化等问题愈演愈烈，民主制度的功能出现衰退：

一方面，美式民主沦为“金钱政治”。美式民主是建立在资本基础上的“富人游戏”，与人民民主有着本质区别。100多年前，美国俄亥俄州共和党联邦参议员马克·汉纳这样形容美国政治：“在政界，有两样东西很重要，第一是金钱，第二个我就不记得了。”100多年后再看，金钱依旧是美国政治的“硬通货”，而且作用无可替代。以2020年美国总统和国会选举为例，此次选举总支出高达140亿美元，是2016年的2倍和2008年的3倍，被称为“史上最烧钱的大选”。其中，总统选举花费再创历史纪录，达到66亿美元；国会选举花销超过70亿美元。美国民众不得不面对的事实是，金钱政治贯穿美国选举、立法、施政的所有环节，实际上限制了民众的参政权利，经济地位的不平等已经转变为政治地位的不平等，只有口袋里有足够多资本的人才能享受宪法规定的民主权利。

另一方面，美式民主重视民主程序的结果，却忽视了民主运作的实质，容易激化固有的社会矛盾。这些政党一般在选前大肆承诺以赢得选票，而一旦获得政权后，却容易由于党内分歧、联盟政府、否决政治等因素，使得政党政策难以上升为国家治理决策，即便进入了政策也很难有效执行。

美国政府不顾世界上不同国家和地区在经济发展水平和历史文化方面存在的巨大差异，将自己的政治制度和价值理念强加于人，推行“民主改造”，肆意干涉他国内政，甚至颠覆他国政权，造成灾难性后果。美国按照自己的形象塑造其他国家、“输出民主”的行为本身就不民主，从根本上违背了民主的核心价值理念。美式民主嫁接之地，不但没有产生“化学反应”，反而引发“水土不服”，导致许多地区和国家深陷动荡、冲突和战争泥潭。这无非是打着民主的幌子，试图垄断民主标准、输出民主模式、打压他国发展，民主在美国手中变成了划分阵营、号令天下的工具。因此，人类民主事业的真正阻碍，不是民主模式和发展道路的差异，而是对他国民主探索的傲慢、偏见和敌视，是把本国民主模式强加于人的“唯我独尊”。实现民主有多种方式，不可能千篇一律。用单一的标尺衡量世界丰富多彩的政治制度，用单调的眼光审视人类五彩缤纷的政治文明，本身就是不民主的。

全过程人民民主，既有鲜明的中国特色，又体现了全人类对民主的共同追求，充分体现了民主的多样性，有力回击了西式民主。我国全过程人民民主与西方选举民主有着本质区别，我国的选举和任免是人民民主的起点。我国人民行使民主权利，不仅体现在选举任免，还体现在通过人民代表大会行使国家权力，支持和监督国家机关各司其职，通过各种途径和形式管理国家事务、管理经济和文化事业、管理社会事务。实践充分证明，我国全过程人民民主是能够保证亿万人民当家作主、把国家和民族的前途命运牢牢掌握在自己手中的新型民主，为世界上众多既要保持自己独立性又要切实发展本国民主的国家提供了多样性选择，贡献了中国智慧、中国方案。

第二章　全过程人民民主的理论内涵

党的二十大明确提出新时代新征程党的使命任务，强调要以中国式现代化全面推进中华民族伟大复兴，并专门就“发展全过程人民民主，保障人民当家作主”作出部署。全过程人民民主是社会主义民主政治的本质属性，是全面推进社会主义现代化国家建设的应有之义。践行和发展全过程人民民主，必须全面准确理解其理论内涵，深刻领会和把握其理论本质。

一、全过程人民民主的概念逻辑

习近平总书记指出，民主是全人类的共同价值，是中国共产党和中国人民始终不渝坚持的重要理念。“民主是各国人民的权利，而不是少数国家的专利”，“实现民主有多种方式，不可能千篇一律”。[1] 我国全过程人民民主，实现了过程民主和成果民主、程序民主和实质民主、直接民主和间接民主、人民民主和国家意志相统一，是全链条、全方位、全覆盖的民主，是最广泛、最真实、最管用的社会主义民主。它深刻揭示了我国人民的民主主体地位，深刻

---

〔1〕 参见习近平：《坚持和完善人民代表大会制度　不断发展全过程人民民主》，载《人民日报》2021 年 10 月 15 日，第 1 版。

阐明了我国人民当家作主的社会主义本质属性，深刻反映了我国人民民主的价值追求、实践特征和实现途径。

（一）“民主”概念的起源与本意

对于“民主”概念本身，不同时期、不同国家以及不同阶级持有不同看法，形成了各种民主理论。理论界普遍认为，“民主”这一概念最早出现于公元前15世纪的古希腊。[1]“民主”（Democracy）一词源于古希腊语 Demos 和 Kratia，前者意指“人民”，后者意指“统治”，合在一起构成“民主”，意即“人民的统治”（Government by the People），[2]用来描述城邦的一种特定政治生活方式。

在古希腊诸多城邦国家中，雅典的民主制度最为典型。在雅典，“民主”集中体现于公民大会和民众法庭。公民大会是雅典的立法机关，统揽人事、财政、行政、执法、军事以及宗教等多方面的决定权，地位至高无上；民众法庭由6000名公民组成，与公民大会的出席人数相近且常年举行，形成“全民审判”现象。由此可以看出，雅典民主制度的核心是全体公民直接参与城邦公共事务管理，属于一种直接民主制度。但需要特别指出的是，雅典实行奴隶制度，其民主制度“只是作为统治阶级的奴隶主组织自己政权的一种形式。在这种民主制下，雅典居民中的大部分，作为直接生产者的奴隶们，都被剥夺了一切权利。他们不仅不算是人民，而且不算是人。此外，妇女也没有政治权利。就是居住在雅典的其他希腊国家的公民和混

---

〔1〕参见房宁、冯钺：《西方民主的起源及相关问题》，载《政治学研究》2006年第4期。

〔2〕参见［英］戴维·米勒等编：《布莱克维尔政治学百科全书》，中国政法大学出版社1992年版，第188页。

血雅典人，也不能享有政治权利”[1]。所以，雅典的民主制度是建立在奴隶制基础上的“民主”，只是占人口少数的奴隶主的民主，具有明显的时代局限性。

（二）西方民主制度的建立与本质

一般认为，近代西方民主起源于中世纪英国的议会制度。1215年，英国国王约翰被迫与反叛贵族签署《大宪章》，这一事件被认为是英国议会制度的起点。《大宪章》包含着近代西方民主政治的两项基本原则：“无代表权不纳税”和“分权制衡”。前者确认了贵族及有产者拥有参与政治的权利；后者要求国王在重大经济政治问题上咨询贵族代表会议的意见，一定程度上确立了国王与贵族共治的规则。但《大宪章》没有根本解决国王与贵族之间的矛盾，后来又通过签订《牛津条例》[2]，召开 1265 年议会[3]、1295 年议会[4]，逐步确立了英国君主专制下的议会制。

15 世纪末到 17 世纪初，随着海外贸易发展和原始资本积累，英国的资本主义迅速发展，资产阶级新贵族形成。由于斯图亚特王朝

---

[1] 王沪宁主编：《政治的逻辑：马克思主义政治学原理》，上海人民出版社 2004 年版，第 218 页。

[2] 1258 年，贵族再次兵变，迫使国王亨利三世签订《牛津条例》，要求国家的重大经济政治事务由 12 名宫廷会议成员与 15 名贵族代表组成的议事会议协商决定，实际上形成了贵族寡头统治。

[3] 1262 年，亨利三世试图废除《牛津条例》失败后，贵族于 1265 年在伦敦召开英国历史上首次议会，参会人员包括 5 名伯爵、18 名男爵，以及每郡 2 名骑士代表和每个大城市 2 名市民代表。

[4] 1295 年，为筹措对威尔士、苏格兰和法国的战争经费，召开议会；由于此后历届议会均以 1295 年议会为典范，所以 1295 年议会被称为“模范议会”，同时标志着英国议会制度初步形成。

厉行专制统治，严重侵犯资产阶级利益，导致1640年英国资产阶级革命爆发，推翻了君主专制，颁布了《权利法案》，确立了议会制君主立宪制，实现了国家治理由专制转向民主、人治转向法治，极大推动了欧洲各国及其殖民地的资产阶级民主革命进程。比如，1789年，处于被统治地位的法国资产阶级领导农民、城市平民发动了大革命，推翻了君主专制统治，确立了民主共和制。1775年，英属北美殖民地的资产阶级代表发起独立战争，推翻了英国的殖民统治，建立了独立的联邦共和制的美利坚合众国；1861年，美国的北方资产阶级与南方奴隶主爆发内战，废除了南方的奴隶制，巩固了国家统一，确立了北方大资产阶级在全国的统治地位，为资本主义迅速发展扫清了障碍。

近代以来，西方国家纷纷建立民主制度，“从全世界的社会发展来看，资产阶级民主共和制的确立，是一种巨大的历史进步”[1]。但是，“资本主义社会里的民主是一种残缺不全的、贫乏的和虚伪的民主，是只供富人、只供少数人享受的民主”[2]。例如，英国直到1969年才赋予年满18岁的公民选举权；根据法国1791年宪法，选举权和被选举权仅限于满足有固定居所、缴纳一定税收等条件的“积极公民”，而当时法国2600万人口中“积极公民”只有400多万人；美国直到20世纪70年代才实现所有18岁以上成年公民的普选权，种族、性别歧视至今根深蒂固。

审视西方民主制度的建立发展历程可以发现：西方广泛实行的

---

〔1〕王沪宁主编：《政治的逻辑：马克思主义政治学原理》，上海人民出版社2004年版，第219页。

〔2〕中共中央马克思恩格斯列宁斯大林著作编译局编：《列宁选集》（第3卷），人民出版社1972年版，第248页。

民主制度有一个较长的历史演变过程，是随着资本主义发展以及资产阶级取代封建统治阶级而逐步建立起来的。“在资本主义社会，资产阶级实行民主制的真正目的，并不是民主本身，而是想通过民主制，这一‘最好的政治外壳’来保障资产阶级的财产所有权，调配和发挥资产阶级的力量，保障资产阶级对无产阶级和人民大众的统治。”〔1〕“议会、政党、选举制度是支撑资产阶级民主制度的三大支柱。资产阶级民主制的性质决定了这些机构和制度，从根本上讲，也是为资产阶级利益服务的。议会是民主制的核心，但在资本主义社会，它不过是每隔几年决定一次究竟由统治阶级中的什么人在议会里镇压人民、压迫人民。”〔2〕所以，列宁说：“民主共和制是资本主义所能采用的最好的政治外壳，所以资本一掌握……这个最好的外壳，就能十分巩固十分可靠地确立自己的权力，以致在资产阶级民主共和国中，无论人员、无论机构、无论政党的任何更换，都不会使这个权力动摇。”〔3〕因此，西方民主是资产阶级适用于本阶级而非人民大众的民主，其本质目的是维护资产阶级利益、保护资本主义私有制，是具有民主虚伪性和欺骗性的政治工具。

（三）马克思主义的民主概念与本质

马克思认为，民主的一般含义就是“人民的自我规定”。他说：

---

〔1〕王沪宁主编：《政治的逻辑：马克思主义政治学原理》，上海人民出版社 2004 年版，第 219 页。

〔2〕王沪宁主编：《政治的逻辑：马克思主义政治学原理》，上海人民出版社 2004 年版，第 220 页。

〔3〕中共中央马克思恩格斯列宁斯大林著作编译局编：《列宁选集》（第 3 卷），人民出版社 1972 年版，第 181 页。

“在民主制中，国家制度本身只表现为一种规定，即人民的自我规定。在君主制中是国家制度的人民；在民主制中则是人民的国家制度。”[1]“然而民主制独有的特点是：国家制度在这里毕竟只是人民的一个定在[2]环节，政治制度本身并不构成国家”，[3]“在民主制中，不是人为法律而存在，而是法律为人而存在”。[4]列宁指出，“民主是一种国家形式，一种国家形态。因此，它同任何国家一样，也是有组织有系统地对人们使用暴力，这是一方面。但另一方面，民主意味着在形式上承认公民一律平等，承认大家都有决定国家制度和管理国家的平等权利”，[5]“只有无产阶级，才能成为——而且按其阶级地位说来才能成为——彻底的民主主义者，坚决反对专制制度的战士，而不会作任何让步和妥协。只有无产阶级，才能成为争取政治自由与民主制度的先进战士……”。[6]这些重要论述从历史唯物主义出发，全面而深刻地指出了民主的含义，把握了民主的实质。

根据马克思主义的观点，民主是一种国家形式或国家形态，“科学地揭示了在阶级社会中，民主与国家之间内在的不可分割的联系，

---

[1]《马克思恩格斯全集》（第2版）（第3卷），中共中央马克思恩格斯列宁斯大林著作编译局编译，人民出版社2002年版，第39页。

[2]“定在”是黑格尔逻辑学中的一个概念，简而言之，是指特定的存在，是存在对自我否定之否定，是产生和消灭的统一。

[3]《马克思恩格斯全集》（第2版）（第3卷），中共中央马克思恩格斯列宁斯大林著作编译局编译，人民出版社2002年版，第40页。

[4]《马克思恩格斯全集》（第2版）（第3卷），中共中央马克思恩格斯列宁斯大林著作编译局编译，人民出版社2002年版，第40页。

[5]中共中央马克思恩格斯列宁斯大林著作编译局编：《列宁选集》（第3卷），人民出版社1972年版，第257页。

[6]《列宁全集》（第2卷），中共中央马克思恩格斯列宁斯大林著作编译局编译，人民出版社1959年版，第289页。

从而揭示了作为国家形态的民主的阶级实质”[1]。由此，马克思主义认为，国家制度由谁制定、体现谁的意志、对谁有利，直接决定着不同性质和类型的国体和政体；如果国家的法律和制度最终由人民决定、体现人民的意志，国家的最终权力属于全体人民，这种制度就是民主制。据此，马克思主义的民主制度至少包括三个要素：一是，民主制度的主体是全体人民，而非少数精英集团；二是，民主制度的目的价值是保障人民权益，而不是制度的工具价值本身；三是，民主制度的实现过程或程序体现人民的决定性作用。

综上所言，马克思主义的民主政治观，就是人民自己决定国家制度，国家制度体现人民意志、维护人民权益，人民是国家全部政治生活的决定性环节，而这也正是“人民当家作主”的真实意义所在。

（四）中国共产党的“人民民主”理念

马克思、恩格斯认为，争得民主、实现共产主义意味着必须“废除资产阶级的所有制”,[2] 强调“工人革命的第一步就是使无产阶级上升为统治阶级，争得民主”。[3] 列宁认为：“没有民主，就不可能有社会主义，这包括两个意思：（1）无产阶级如果不通过争取民主的斗争为社会主义革命作好准备，它就不能实现这个革命；

[1] 王沪宁主编：《政治的逻辑：马克思主义政治学原理》，上海人民出版社2004年版，第217页。

[2] ［德］马克思、［德］恩格斯：《共产党宣言》，中共中央马克思恩格斯列宁斯大林著作编译局编译，人民出版社2018年版，第42页。

[3] ［德］马克思、［德］恩格斯：《共产党宣言》，中共中央马克思恩格斯列宁斯大林著作编译局编译，人民出版社2018年版，第49页。

(2) 胜利了的社会主义如果不实行充分的民主，就不能保持它所取得的胜利，并且引导人类走向国家的消亡。”[1] 由此产生了“社会主义民主”的概念。

中国共产党始终坚持以马克思主义为指导，团结带领中国人民为争得民主自由而不懈奋斗，在这一过程中结合中国革命的具体实践，创造性地提出了“人民民主”的概念，并付诸伟大的革命、建设和改革实践。早在 1936 年 9 月 23 日，毛泽东同志在同美国记者斯诺谈话时，就第一次使用了“人民民主”这个概念，[2] 提出革命的目标是要建立“一个统一的人民民主政府”。[3] 1939 年 5 月 4 日，毛泽东同志在《青年运动的方向》的讲话中，又把反帝反封建的革命称为“人民民主革命”，把要建立的国家称为“人民民主主义的共和国”，把要实行的政治制度叫做“人民民主主义的制度”。[4] 在 1948 年 9 月中央政治局会议上，毛泽东同志明确指出：“我们政权的阶级性是这样：无产阶级领导的，以工农联盟为基础，但不是仅仅工农，还有资产阶级民主分子参加的人民民主专政。”[5] 1948 年 12 月 30 日，毛泽东同志为新华社写的新年献词《将革命进行到底》中正式宣布：“在全国范围内建立无产阶级领导的以工农联盟为主体

---

[1] 《列宁全集》（第 28 卷），中共中央马克思恩格斯列宁斯大林著作编译局编译，人民出版社 1990 年版，第 168 页。

[2] 参见虞崇胜：《“人民民主专政”概念的历史考察》，载《党的文献》1999 年第 5 期。

[3] 毛泽东：《和美国记者斯诺的谈话》，载中共中央文献研究室编：《毛泽东文集》（第 1 卷），人民出版社 1993 年版，第 408 页。

[4] 参见毛泽东：《青年运动的方向》，载《毛泽东选集》（第 2 卷），人民出版社 1991 年版，第 561-563 页。

[5] 毛泽东：《在中共中央政治局会议上的报告和结论》，载中共中央文献研究室、中央档案馆编：《建党以来重要文献选编（1921—1949）》（第 25 册），中央文献出版社 2011 年版，第 446 页。

的人民民主专政的共和国。”[1]

1949 年 6 月 30 日，毛泽东同志为回应国内外对即将诞生的新生政权性质的猜测，发表《论人民民主专政——纪念中国共产党二十八周年》。文章指出：“人民是什么？在中国，在现阶段，是工人阶级，农民阶级，城市小资产阶级和民族资产阶级。这些阶级在工人阶级和共产党的领导之下，团结起来，组成自己的国家，选举自己的政府，向着帝国主义的走狗即地主阶级和官僚资产阶级以及代表这些阶级的国民党反动派及其帮凶们实行专政……对于人民内部，则实行民主制度，人民有言论集会结社等项的自由权。选举权，只给人民，不给反动派。这两方面，对人民内部的民主方面和对反动派的专政方面，互相结合起来，就是人民民主专政。”[2] 这标志着我们党关于构建“人民民主专政”的国家政权的科学理论已基本形成。

1949 年 9 月 29 日，中国人民政治协商会议第一届全体会议通过《共同纲领》，明确了“人民民主专政”的国体和“人民代表大会制度”的政体，开启了人民民主理论在新中国的伟大实践。这一规定，肯定了“人民民主专政”理论关于人民的定义，在人类历史上最广泛地界定了“人民”的概念，使中国的人民民主在事实上成为包含最广泛阶级范畴的概念，而不仅是对某个统治阶级主导的本阶级自身的民主，使所有的革命阶级都享有了民主权利，成为国家的主人。

进入改革开放新时期，我们党吸取“文化大革命”时期无政府

---

〔1〕 参见毛泽东：《将革命进行到底》，载《毛泽东选集》（第 4 卷），人民出版社 1991 年版，第 1375 页。

〔2〕 参见毛泽东：《论人民民主专政》，载《毛泽东选集》（第 4 卷），人民出版社 1991 年版，第 1475 页。

主义民主的惨痛教训，重点强调了民主及其制度建设的意义。邓小平同志在总结新中国成立以来社会主义民主政治建设经验教训的基础上提出，“没有民主就没有社会主义，就没有社会主义的现代化”，[1] 并要求“切实改革并完善党和国家的制度，从制度上保证党和国家政治生活的民主化、经济管理的民主化、整个社会生活的民主化，促进现代化建设事业的顺利发展”。[2] 在此基础上，江泽民同志高度概括了我国社会主义民主的核心，即“在中国共产党领导下，包括工人、农民、知识分子在内的全体人民作为主人管理自己的国家，享受广泛的民主权利”。[3] 胡锦涛同志则提出了“中国特色社会主义政治发展道路”，要求在党的领导下，“健全民主制度，丰富民主形式，拓宽民主渠道，保证人民依法实行民主选举、民主决策、民主管理、民主监督”。[4]

党的十八大以来，中国特色社会主义进入新时代，以习近平同志为核心的党中央始终坚持人民民主的价值追求，认真总结我们党带领人民建设社会主义的民主理论成果、实践成果、制度成果，不断深化对民主政治发展规律的认识，提出全过程人民民主的重大理念，系统阐述了民主的深刻内涵，突出强调了我国民主政治人民当家作主的本质特征。习近平总书记强调，“我们走的是一条中国特色

---

〔1〕 邓小平：《坚持四项基本原则》，载《邓小平文选》（第2卷），人民出版社1994年版，第168页。

〔2〕 邓小平：《党和国家领导制度的改革》，载《邓小平文选》（第2卷），人民出版社1994年版，第336页。

〔3〕 江泽民：《当代中国共产党人的庄严使命》，载《江泽民文选》（第1卷），人民出版社2006年版，第156页。

〔4〕 胡锦涛：《在庆祝中国共产党成立九十周年大会上的讲话》，载《胡锦涛文选》（第3卷），人民出版社2016年版，第538页。

社会主义政治发展道路，人民民主是一种全过程的民主”[1]，“发展社会主义民主政治就是要体现人民意志、保障人民权益、激发人民创造活力，用制度体系保证人民当家作主”[2]。从而讲明了全过程人民民主的本质是“人民当家作主”，就是将人民立场作为中国共产党的根本政治立场，将“以人民为中心”“人民当家作主”“维护人民根本利益”作为中国特色社会主义政治文明新形态的理论逻辑起点和实践落脚点，以保证人民依法通过各种途径和形式管理国家事务，管理经济文化事业，管理社会事务。

（五）“全过程”的基本内涵

根据马克思主义民主理论，国家制度是以人类社会中“现实的人、现实的人民”[3] 为基础的，民主自由只有具备现实性和可操作性，才有可能成为事实民主、实现真正自由。我国全过程人民民主，立足全体人民的根本利益，既接通了马克思主义经典作家对民主的人民价值属性判定，又回应了人民在新时代对中国特色社会主义民主的现实诉求，使人民民主成为实实在在的而不是做样子的，是全方位的而不是局限在某个方面的，是全国上上下下都要做的而不是局限在某一级的事实民主。

具体而言，这里的“全过程”，主要包括四个要素：一是，时间

---

〔1〕 习近平：《人民民主是一种全过程的民主》，载习近平：《论坚持人民当家作主》，中央文献出版社 2021 年版，第 303 页。

〔2〕 习近平：《全过程人民民主是最广泛、最真实、最管用的社会主义民主》，载《习近平著作选读》（第 2 卷），人民出版社 2023 年版，第 530 页。

〔3〕 《马克思恩格斯全集》（第 2 版）（第 3 卷），中共中央马克思恩格斯列宁斯大林著作编译局编译，人民出版社 2002 年版，第 40 页。

上的完整性，即它不是间歇性、阶段性的，而是自始至终的。二是，内容上的整体性，即所有事关国计民生的重大公共决策，都要经过民主程序，听取民意，没有选择性、可规避性。三是，各环节各部门的一致性，即所有党政公共部门在工作过程中，都必须实行民主，没有例外，均不允许违背民主原则。四是，公民有序政治参与的充分性和全过程性，即不只是参与民主活动的一个部分、一个环节，而是有权依据法定程序参与民主活动的各部分、各环节。

因此，我国全过程人民民主不仅包含人民民主的基本内涵，而且其侧重“全过程”这个着力点，通过公开透明、广泛参与、理性协商、制约监督等内在有机互动方式，将人民民主的理论价值与实践运作机制有机结合起来，大大拓展了人民民主参与主体的广泛性、参与过程的现实性与规范性，是真正把人民当家作主具体地现实地体现到党和国家机关各个方面各个层级工作上来的全过程的民主，是马克思主义民主理论中国化时代化的重大理论创新、制度创新、实践创新，丰富和发展了中国特色社会主义民主政治理论，[1] 对人类政治文明形态贡献了中国智慧、提供了中国方案。

二、全过程人民民主的理论基础

全过程人民民主产生于中国特色社会主义伟大实践，实现了人民民主价值、理论、制度的有机统一，其形成与发展不仅具有现实的实践参与，还有深厚的理论基础。马克思主义民主思想是其指导思想，中华优秀传统文化中的民本思想为其提供了文化基础，中国

〔1〕 参见孙应帅：《全过程人民民主的理论逻辑与实践路径》，载《人民论坛》2021年第10月下期。

共产党领导人民团结奋斗的历程为其奠定了本土化理论根基。

（一）马克思主义民主思想是全过程人民民主的指导思想

马克思主义民主思想是我们党领导人民创建创新民主理论、制度与实践的指导思想，是全过程人民民主的重要理论基础。马克思主义认为，人民是历史的创造者，只有在没有阶级剥削的未来社会，人民才能真正实现自治。

在资本主义社会，虽然很多国家采取民主共和制，人民权利得到扩展，但人民大众依然处于被资本剥削的地位，资本主义民主只是维护资产阶级统治的政治外壳。马克思、恩格斯认为，无产阶级必须领导建立一个新的社会来代替资本主义社会，这个“代替那存在着阶级和阶级对立的资产阶级旧社会的，将是这样一个联合体，在那里，每个人的自由发展是一切人的自由发展的条件”。[1] 也就是说，在共产主义社会这一高度发达的社会经济形态中，人与人之间不再因为资本和私有制而存在剥削与统治，作为阶级统治形式的国家与民主制度也将消亡，经济资源由全社会共同占有，因此需要人民共同对经济活动进行管理，也为人民共同管理经济社会事务提供了条件，人民在经济和政治上处于主体地位，成为一个不受任何外在社会力量统治的整体，能够实行真正的民主自治。例如，马克思对巴黎公社给予高度评价，认为它是使劳动在经济上获得解放的政治形式，公社实行的公职人员兼职制、民主选举制、监督罢免制

---

〔1〕［德］马克思、［德］恩格斯：《共产党宣言》，中共中央马克思恩格斯列宁斯大林著作编译局编译，人民出版社 2018 年版，第 51 页。

和普通薪金制是真正的民主管理形式。[1] 马克思主义民主思想揭示了民主制度的阶级属性，强调了人民实现民主自治的经济社会条件，分析了人民民主的制度与实践形态，为全过程人民民主的理论与实践提供了思想基础。

（二）中华优秀传统文化中的民本思想为全过程人民民主提供了坚实的文化基础

"民本"一词是对《尚书·五子之歌》"民为邦本，本固邦宁"及其他类似表达的概括，古代民本思想是诸子百家共同的政治主张。[2] 例如，儒家推崇"民为贵，社稷次之，君为轻"（《孟子·尽心下》），荀子认为人"最为天下贵"（《荀子·王制》），因此"天之生民，非为君也；天之立君，以为民也"（《荀子·大略》），表明儒家将"民"作为政治的终极目的和最高价值。再如，法家的《商君书·更法》记载："法者所以爱民也。"《韩非子·心度》记载："圣人之治民，度于本，不从其欲，期于利民而已。"

从语义上看，"本"原意为根据，引申为事物在空间上的基础或时间上的开端，是其他事物赖以存在的不可缺少的条件；"民本"就是"以民为本"，把人民看作国家的根本，只有维护好人民这个根本，国家才能长期繁荣稳定。回顾历史，我国古代的贤明君主、辅臣、思想家都提倡将民众作为治国安邦的根本，从君权天命的仪礼、选人用人的标准到治国施政的逻辑，传统政治的认知无不贯穿着民

〔1〕 参见［德］马克思：《法兰西内战》，中共中央马克思恩格斯列宁斯大林著作编译局编译，人民出版社2016年版，第56-69页。

〔2〕 参见刘九勇：《全过程人民民主的传统思想渊源》，载《政治学研究》2021年第4期。

本思想。

尽管民本思想本质上是封建统治阶级维护其专制统治的思想及政治工具，但其所蕴含的“重民、爱民、护民、安民、亲民、恤民”的思想精髓在客观上与无产阶级革命政党的立场和宗旨追求具有一致性。我们党自成立之日起就高举起“争民主、争人权”的旗帜，在革命、建设和改革的伟大斗争中，始终坚持人民立场，把人民群众放在心中最高位置，始终保持同人民群众的血肉联系，把为人民谋幸福作为初心使命，不断将人民民主贯彻到各领域、各部门、各环节的制度建设当中，贯彻到党和国家为人民根本利益作出的各项政策措施当中，确保了党的决策和人民意志的一致性，使中国传统朴素的民本思想发展为以人民为中心的现代民主思想，体现出我国人民民主理论中蕴含的中国文化的民本思想元素。

（三）中国共产党领导人民团结奋斗的历程为全过程人民民主奠定了本土化理论根基

中国共产党团结带领广大人民通过新民主主义革命掌握了国家政权，利用国家政权对私有制生产关系进行社会主义改造，实行生产资料公有制，建立了社会主义国家制度和人民当家作主制度体系，把马克思主义民主理论、中华优秀传统文化与中国革命实践相结合，形成了中国化的人民民主理论，并在改革开放和中国特色社会主义新时代伟大实践中不断发展，有效战胜了资本主义民主政治话语体系和政治陷阱的挑战，成功推进了中国特色社会主义民主政治建设，为坚持和发展全过程人民民主提供了坚实的本土化理论根基，并在实践中不断丰富、发展了马克思主义民主理论。

一是，明确了民主的重要价值和国家的民主性质。经过北伐战争、土地革命战争、抗日战争、解放战争，我们党团结带领人民以武装的革命反对武装的反革命，推翻了“三座大山”，确立了人民民主专政的国体和人民代表大会制度的政体，为人民当家作主创造了根本的社会条件。党的十一届三中全会后，党和国家对民主的认识进一步深化。邓小平同志指出，“当前这个时期，特别需要强调民主”，〔1〕“为了保障人民民主，必须加强法制。必须使民主制度化、法律化，使这种制度和法律不因领导人的改变而改变，不因领导人的看法和注意力的改变而改变”，〔2〕“什么是中国人民今天所需要的民主呢？中国人民今天所需要的民主，只能是社会主义民主或称人民民主，而不是资产阶级的个人主义的民主”。〔3〕这充分体现了我们党领导建立社会主义民主的价值追求。

二是，明确了人民民主的发展道路。党的十七大报告系统阐述了中国特色社会主义政治发展道路的科学内涵，即：坚持党的领导、人民当家作主、依法治国有机统一，坚持和完善人民代表大会制度、中国共产党领导的多党合作和政治协商制度、民族区域自治制度以及基层群众自治制度，不断推进社会主义政治制度自我完善和发展。党的十八大报告和党的十九大报告进一步强调要坚持这一道路，党的二十大报告重申：必须坚定不移走中国特色社会主义政治发展道路，坚持党的领导、人民当家作主、依法治国有机统一。

---

〔1〕邓小平：《解放思想，实事求是，团结一致向前看》，载《邓小平文选》（第2卷），人民出版社1994年版，第144页。

〔2〕邓小平：《解放思想，实事求是，团结一致向前看》，载《邓小平文选》（第2卷），人民出版社1994年版，第146页。

〔3〕邓小平：《坚持四项基本原则》，载《邓小平文选》（第2卷），人民出版社1994年版，第146页。

三是，明确了人民民主的实行领域与环节。在我国，全体人民依法实行民主选举、民主协商、民主决策、民主管理、民主监督，依法通过各种途径和形式管理国家事务，管理经济和文化事业，管理社会事务，民主贯穿于国家治理的每个环节及其全部过程，真正实现了全链条、全方位、全覆盖的人民民主。

三、全过程人民民主的基本特征

全过程人民民主的基本特征，是对全过程人民民主丰富内涵的集中概括，既体现了其本质特征，又体现了其形式要件，是深入理解其内涵、推进其实践的重要前提和客观要求。

（一）人民性

代表何种阶级、阶层的利益并且为何种群体服务，是民主必须回答的首要问题。新中国成立以来，我们党和国家始终坚持以人民为中心的发展思想，围绕“人民至上”这一价值目标推进人民民主。我们党的宗旨是全心全意为人民服务，一切工作的逻辑起点和终极目标都是维护人民的根本利益。《中华人民共和国宪法》第二条第一款明确规定：“中华人民共和国的一切权力属于人民。”全过程人民民主的发展实践，就是要把民主概念所包含的“人民至上”的价值理念实实在在地贯穿到社会生活和政治生活的全过程，使其更加真实、更加广泛、更加全面，进一步彰显人民的民主主体地位，切实保障人民当家作主。这也鲜明回答了我国社会主义民主发展“依靠谁”“为了谁”这一根本性、原则性问题，高度契合了坚持人民主体地位的内在要求，切实遵循了马克思主义唯物史观的核心要义，坚持了马克思主义的根本政治立场。

（二）全面性

我国的人民民主是一种全过程民主，其根本意旨就是要将人民当家作主的要求，全面地贯彻落实到社会生活和政治生活的全过程各方面。这种全面性主要表现在两方面：一是全方位，将人民民主的各个方面、各个维度有机地整合在一起，将经济、政治、文化、社会、生态文明等各个领域的民主构成一个有机的整体，既要根据实际情况及时调整其轻重缓急，又要随时确保其相互协调。二是全覆盖，保障全体公民的民主权利，其中既要着眼人民群众根本利益的一致性又要兼顾各界群众具体利益的差异性，既要按照少数服从多数的原则确保多数人的权益又要理解并兼顾少数人的合理诉求。

（三）完整性

马克思主义唯物史观和唯物辩证法认为，世界是一个普遍联系和发展的整体。发展全过程人民民主，也要求我们必须用这种联系和发展的辩证方法来认识人民民主的完整性。

在全过程人民民主中，完整性主要体现为“民主选举、民主决策、民主管理、民主监督”的全链条性质。首先，民主选举构成了全过程人民民主的逻辑起点，通过民主选举及时将德才兼备的组织者和管理者推举出来，为后续的民主活动进行设计、规划、组织和指导；其次，民主决策是全过程人民民主的第二个环节，无论是直接参与决策还是间接参与决策，民情、民智、民意的实现均需通过民主参与完成，使得民主参与成为民主决策中最显著的轨迹，也构成了全过程人民民主的核心要素；再次，民主管理是民主决策之后的执行环节，需要通过科学的民主管理模式，保证民主决策执行的有效性；最后，民主监督贯穿于民主选举、民主决策、民主管理三个环节之中，保证人民参与的真实性、广泛性、充分性，确保人民群众的民主权利在整个民主过程的各个环节上得到真正落实和保障。

四、发展全过程人民民主必须坚持党的领导、人民当家作主、依法治国有机统一

全过程人民民主这一重大理念的提出，集中体现了我们党推进中国特色社会主义民主政治的理论创新成果、制度创新成果、实践创新成果，为丰富和深化马克思主义民主理论、完善和发展中国特色社会主义民主政治作出了重大理论贡献，是习近平总书记对马克思主义理论的原创性贡献。中国特色社会主义新时代坚持和发展全过程人民民主，要深刻把握其人民当家作主的理论本质，坚持正确的政治方向，把坚持党的领导、人民当家作主、依法治国有机统一起来。

（一）坚持党的领导：全过程人民民主的根本保证

面对改革发展稳定的艰巨任务、复杂严峻的国际环境，“在中国这样的大国……没有一个由具有高度觉悟、严明纪律和自我牺牲精神、真正代表和团结人民群众的党来领导，是根本不可能的”。[1]中国共产党领导是中国特色社会主义最本质的特征，是中国特色社

[1] 参见《〈江泽民论有中国特色社会主义〉（专题摘编）学习读本》，中央文献出版社 2002 年版，第 569 页。

会主义制度的最大优势，是党和国家的根本所在、命脉所在，是全国各族人民的利益所系、命运所系。坚持党的领导，就是要支持人民当家作主，这是发展全过程人民民主的最大政治优势和根本政治保证。

一是，党的领导确保人民群众团结凝聚成为有机整体。中华民族近代以来180多年的历史和我们党成立以来100多年的历史深刻昭示，党的坚强领导，是团结人民、凝聚民力最有效的政治保证。我们党依靠自身的先进性，依靠民主集中制的原则和工作制度，“充分地发挥一切革命人民的意志”，〔1〕“最有力量地去反对革命的敌人”，〔2〕把一盘散沙的旧中国变成了众志成城的新中国。中华人民共和国成立以来70多年的正反两方面历史经验充分证明，“不要社会主义法制的民主，不要党的领导的民主，不要纪律和秩序的民主，决不是社会主义的民主”，〔3〕“这事实上只能导致无政府主义，导致社会主义事业的瓦解和覆灭”。〔4〕历史一再证明：发展人民民主，无论是靠人民群众的自发斗争，还是靠资产阶级、小资产阶级政党都不管用、行不通；什么时候坚持和加强党的领导，人民民主事业就兴旺发达，人民群众就团结幸福；什么时候党的领导受到削弱，人民民主事业就遭到破坏挫折，人民群众就会涣散蒙难。

二是，党的领导确保实现好、维护好、发展好人民的根本利益。马克思、恩格斯和列宁都从无产阶级的阶级特性和先进性出发，强

---

〔1〕毛泽东：《新民主主义论》，载《毛泽东选集》（第2卷），人民出版社1991年版，第677页。

〔2〕毛泽东：《新民主主义论》，载《毛泽东选集》（第2卷），人民出版社1991年版，第677页。

〔3〕邓小平：《贯彻调整方针，保证安定团结》，载《邓小平文选》（第2卷），人民出版社1994年版，第359页。

〔4〕邓小平：《坚持四项基本原则》，载《邓小平文选》（第2卷），人民出版社1994年版，第170、171页。

调无产阶级必须担负领导革命的使命。列宁指出："国家政权的一切政治经济工作都由工人阶级觉悟的先锋队共产党领导。"[1] 中国共产党领导人民实行人民民主，就是保证和支持人民当家作主。我们党始终代表最广大人民根本利益，与人民休戚与共、生死相依，没有任何自己特殊的利益，从来不代表任何利益集团、任何权势团体、任何特权阶层的利益。正因如此，我们党始终坚持全心全意为人民服务的根本宗旨，践行以人民为中心的发展思想，通过全方位、深层次、创造性构建完善民主选举、民主决策、民主协商、民主管理、民主监督等一整套制度安排，切实体现人民利益、反映人民意志、维护人民权益、增进人民福祉，确保了人民当家作主。在发展全过程人民民主中，任何想把我们党同人民分割开来、对立起来的想法做法，在理论上都是错误的，在实践上都是有害的。

三是，党的领导确保整合民主与法治为有机统一体。没有法治的民主和没有民主的法治同样是不可想象的。没有法治保障，民主将寸步难行，甚至沦为"多数人的专政"。没有民主，法治是一纸具文，只能成为"骗人的附属物"。我国宪法以根本法的形式反映了在历史和人民选择中形成的党的领导地位，反映了我们党带领人民推进社会主义民主政治建设所取得的重大成果，确认了中国共产党的执政地位，确认了党在国家政权结构中总揽全局、协调各方的领导核心地位，这是坚持党的领导的法理依据。同时，我们党坚持以伟大自我革命引领伟大社会革命，坚持以深化党内民主推动全过程人民民主，坚持民生建设和民主建设协同发力、选举民主与协商民主

[1] 列宁：《关于工会在新经济政策条件下的作用和任务的提纲草案（1921 年 12 月 30 日—1922 年 1 月 4 日）》，载《列宁选集》（第 3 版）（第 4 卷），中共中央马克思恩格斯列宁斯大林著作编译局编译，人民出版社 2012 年版，第 624 页。

相互补充，更好地寻求、整合、落实、反馈全社会意愿和要求的最大公约数，形成人民当家作主的独特优势和最佳效能。发展全过程人民民主，必须时刻保持清醒的理论自觉、历史自觉和实践自觉，把坚持和加强党的领导贯彻到全过程人民民主的各方面、各环节，确保全过程人民民主始终沿着正确道路前进，确保人民民主不变质、不变色、不变味，确保红色江山世世代代传下去。

（二）人民当家作主：全过程人民民主的理论本质

马克思主义认为，“全部问题就在于确定民主的真正意义”，[1]人民当家作主是人民民主的内在逻辑要求。保证和支持人民当家作主，既是对马克思主义民主思想的继承和深化，又是在新时代下发展全过程人民民主的本质要求。

一是，发展全过程人民民主必须始终坚持人民主体地位。习近平总书记强调，江山就是人民、人民就是江山。中国共产党领导人民打江山、守江山，守的是人民的心。中国共产党根基在人民、血脉在人民、力量在人民。发展全过程人民民主必须把人民作为创造主体，尊重人民首创精神，紧紧依靠最广大人民群众，从人民群众的实践中汲取创建、发展、巩固、完善民主政治体制的不竭动力；必须把人民作为权利主体，当作我们党治国理政的最大依靠，引导党员干部做全心全意为人民服务的公仆，始终做到一切权力源于人民、一切权力属于人民、一切权力为了人民；必须把人民作为评价主体，坚持“时代是出卷人、我们是答卷人、人民是阅卷人”，把人

---

〔1〕《马克思恩格斯全集》（第2版）（第10卷），中共中央马克思恩格斯列宁斯大林著作编译局编译，人民出版社1998年版，第315页。

民答应不答应、高兴不高兴、满意不满意作为检验全过程人民民主成效成色的根本尺度。

二是，发展全过程人民民主必须充分保障人民民主权利。要不断健全完善充分保障人民通过各种途径实现当家作主的制度机制。在民主选举方面，通过宪法法律保障公民人人享有民主选举权利，着力深化和加强代表工作，推动各级人大代表密切联系群众，始终对人民负责，自觉接受人民监督。在民主决策方面，不断拓宽民主渠道，通过听证会、咨询会、论证会、评议会等方式和网络等信息化载体，有序组织人民群众直接参与国家重大事项决策，有力落实人民群众知情权、参与权和建议权。在民主协商方面，既围绕党和国家大事开展政治协商、政党协商、人大协商，也围绕具体立法事项、政策制定等，开展立法协商、政策咨询等，画好民心民意同心圆。在民主管理方面，要将全过程人民民主延伸至乡村社区等基层治理和企事业管理中，让人民真正成为主人。在民主监督方面，通过信访、评议、新闻舆论监督等方式依法保障人民群众的批评建议、申诉、控告或检举等权利。

三是，发展全过程人民民主必须不断健全人民当家作主制度保障体系。坚持把人民代表大会制度作为人民当家作主的重要途径和最高实现形式，不断完善以宪法为核心的中国特色社会主义法律体系，强化对权力运行的监督，保持同人民群众的密切联系，巩固人民代表大会制度的根本性地位，更好发挥人民代表大会制度实现全过程人民民主的制度载体作用。坚持和完善中国共产党领导的多党合作和政治协商制度，推动发扬民主和增进团结相互贯通、建言资政和凝聚共识双向发力。贯彻落实民族区域自治制度，高举民族团结旗帜，尊重和保障少数民族各项权益，铸牢中华民族共同体意识，促进各民族像石榴籽一样紧紧抱在一起。推进基层群众自治制度，引导人民群众从各层次各领域有序参与政治生活，把全过程人民民主的阳光洒落到人民群众的心坎上。

（三）依法治国：全过程人民民主的制度保障

依法治国是党领导人民治理国家的基本方略。社会主义民主是“制度化、规范化、程序化”的民主，是法治框架内的民主。一切民主实践活动应当有章可循、有法可依；制度一旦制定出来，一切社会组织和成员都必须遵守，在其规定的范围内活动。只有坚持依法行事，人民才能真正实现当家作主。

一是，要通过制度机制保障全过程人民民主切实解决实际问题。民主不是装饰品，不是用来做摆设的，而是要用来解决人民要解决的问题的。发展全过程人民民主要着眼解决人民内部矛盾，落实依法治国基本方略，健全调解、仲裁、诉讼等社会矛盾纠纷多元预防调处化解综合机制，将矛盾纠纷化解在萌芽状态、化解在基层，着力保障人民群众合法权益受到公平对待、尊严获得应有尊重。要聚焦人民群众急难愁盼问题，通过强化深化优化基层立法联系点载体功能、发挥人大代表作用等举措，进一步畅通社情民意表达和反馈机制，解民忧、纾民困、暖民心，让人民群众获得感、幸福感、安全感更加充实、更有保障、更可持续。

二是，要通过制度机制保障全过程人民民主始终维护人民权益。人民权益要靠法律保障，法律权威要靠人民维护。要通过不断完善以宪法为核心的中国特色社会主义法律体系，持续拓宽人民群众有序参与法治实施的渠道，扩大人民群众知情权、参与权、表达权、监督权，依法保证人民通过各种途径和形式，积极投身全面依法治国实践，广泛持续深入参与国家和社会治理。

三是，要通过制度机制保障全过程人民民主彰显“中国之治”的制度优势。在进行社会主义建设的长期奋斗中，我们党带领人民坚持人民民主，不断完善人民当家作主的制度机制，极大激发了亿万群众投身伟大事业的主动性、积极性、创造性，创造了世所罕见的经济快速发展和社会长期稳定“两大奇迹”。在推进中国式现代化建设中，我们要不断发展完善全过程人民民主，努力提升国家治理效能，用民主法治力量集中展现“中国制度”的治理效能、发挥“中国之治”的制度优势，创造更加辉煌的人间奇迹。

第二编

制 度 体 系

第三章　全过程人民民主的制度安排

发展全过程人民民主是中国式现代化的本质要求。全过程人民民主重大理念是习近平总书记思考民主性质规律、比较中外民主异同、总结我国民主发展经验提出的重大理论创新成果，是我们党对马克思主义民主理论发展的最新成果，为新时代发展中国特色社会主义民主、更好保证人民当家作主提供了指引和遵循。习近平总书记在中央人大工作会议上的重要讲话，从完善和发展中国特色社会主义制度、推进国家治理体系和治理能力现代化的战略高度，系统阐述了全过程人民民主的重大理念，并强调必须坚持用制度体系保障人民当家作主。

制度是关系党和国家事业发展的根本性、全局性、稳定性、长期性问题。坚持和完善我国社会主义根本政治制度、基本政治制度、重要政治制度，拓展民主渠道，丰富民主形式，确保人民通过各种途径和形式管理国家事务，管理经济和文化事业，管理社会事务，既是社会主义民主政治的本质要求，也为我们坚持和发展全过程人民民主、实现人民当家作主提供了重要保障。特别是党的十八大以来，全过程人民民主在具体实践中形成了全面、广泛、有机衔接的人民当家作主制度体系，构建了多样、畅通、有序的民主渠道，有效保证了党的主张、国家意志、人民意愿相统一，有效保证了人民当家作主。其中，以宪法为核心的中国特色社会主义法律体系明确了一切权力属于人民的原则，全面系统规定了公民基本权利和义务，以人民当家作主为宗旨确立了各项国家制度，以实现好、维护好、发展好最广大人民根本利益为目的确定了各领域的重要法律制度。人民代表大会制度、中国共产党领导的多党合作和政治协商制度、民族区域自治制度、基层群众自治制度、社会主义基本经济制度和社会保障、文化发展、生态文明等重要制度有机衔接贯通，将党的领导、人民当家作主、依法治国有机统一起来，把执政与参政、领导与合作、协商与监督有机统一起来，把物质文明建设与精神文明建设、人与自然和谐发展、社会公平与正义有机统一起来，充分调动了各族人民群众的积极性主动性创造性，有力保障了全过程人民民主的实现。

一、宪法为发展全过程人民民主提供根本法依据

宪法集中体现了党和人民的统一意志和共同愿望，是国家意志的最高表现形式。毛泽东同志曾指出，宪法以根本大法的形式把人民民主和社会主义原则固定下来，“使全国人民有一条清楚的轨道，使全国人民感到有一条清楚的明确的和正确的道路可走，就可以提高全国人民的积极性”。我国宪法深刻总结我们党领导人民进行革命、建设和改革的经验，以保障人民当家作主为逻辑主线，以根本法形式，确立了中国特色社会主义道路、理论、制度、文化及其前进方向，是一部真正的人民宪法，体现了全过程人民民主重大理念，明确了全过程人民民主制度架构，引领了全过程人民民主实践。

一是，全过程人民民主理念贯穿宪法文本。我国宪法虽然没有明确的对“全过程人民民主”这一概念的文字表述，但通篇体现了发展全过程人民民主的理论本质和实践要求，即“保障人民当家作主”的人民民主原则。宪法序言深刻阐述了中国共产党带领全国各族人民建立和巩固人民政权的伟大历程，以法律的形式确认了党领导中国各族人民奋斗的成果，明确指出中华人民共和国的建立，标志着中国人民掌握了国家的权力、成为国家的主人。宪法总纲规定，中华人民共和国是工人阶级领导的、以工农联盟为基础的人民民主专政的社会主义国家；规定中华人民共和国的一切权力属于人民，人民依照法律规定，通过各种途径和形式，管理国家事务，管理经济和文化事业，管理社会事务；规定一切国家机关和工作人员必须依靠人民支持，经常保持同人民的密切联系，倾听人民意见建议，接受人民监督，努力为人民服务。宪法作为人民权利的保障书，公民基本权利和义务是其核心内容。宪法第二章规定国家尊重和保障人权，系统规定了保障人民当家作主的各项权利，与全过程人民民主强调的民主选举、民主协商、民主决策、民主管理、民主监督等各环节相对应，有效实现了人民民主权利的全链条、全方位、全覆盖。

二是，宪法确定了坚持和发展全过程人民民主制度架构。宪法确定了国家的根本政治制度、基本政治制度和各项重要制度，规定了民主集中制原则，为在国家各项事务过程中落实全过程人民民主理念提供了基本遵循。宪法总纲第一条明确提出，社会主义制度是中华人民共和国的根本制度，中国共产党领导是中国特色社会主义最本质的特征，这是实现和发展全过程人民民主的根本政治保证。

宪法总纲还规定，人民行使国家权力的机关是全国人民代表大会和地方各级人民代表大会，它们都由民主选举产生，对人民负责，受人民监督；国家行政机关、监察机关、审判机关、检察机关都由人民代表大会产生，对它负责，受它监督，明确了人民代表大会制度作为国家根本政治制度的地位。此外，宪法序言确认了中国共产党领导的多党合作和政治协商制度将长期存在和发展，宪法还分别对民族区域自治制度、基层群众自治制度、国家基本经济制度和其他重要制度作了规定，极大拓展民主渠道、丰富民主形式，是实现全过程人民民主理念规范化、制度化的具体体现。

三是，宪法确定了坚持和发展全过程人民民主的根本法治保障。我国宪法规定了坚持和发展全过程人民民主的制度架构，同时规定了使这些制度得到落实的保障途径。宪法总纲规定我国实行依法治国，建设社会主义法治国家。宪法是中国特色社会主义法律体系的核心和基础，是国家一切法律法规的总依据、总源头。坚持依法治国首先是坚持依宪治国，必须围绕保障和促进社会公平正义，坚持依法治国、依法执政、依法行政共同推进，坚持法治国家、法治政府、法治社会一体建设，全面推进国家各方面工作法治化。纵向地看，宪法贯穿全过程人民民主重大理念，落实健全保障人民当家作主制度要求，确立了统一的、分层次的立法体制。这种体制既保证了人民在法律、行政法规、地方性法规等各种不同层级法律法规制度建设中，能参与国家制度建设与管理，行使当家作主权利，实现有序政治参与；又能较好坚持人民主体地位，发挥人民群众在民主法治建设中的积极性主动性创造性，巩固和发展生动活泼、安定团结的政治局面。横向地看，我国宪法确立了中国特色社会主义制度和国家治理体系的四梁八柱，规定了国家政治、经济、社会、文化等各领域基本制度，规定公民的权利和义务亦涉及政治、经济、社会、文化等各方面。这些制度的落实，需要全面把握贯穿宪法中的全过程人民民主的本质要求，通过立法完善和发挥各领域法律法规的制度作用，推动党和国家各项事业在法治轨道上发展，以制度的力量让人民群众的获得感、幸福感、安全感更加充实、更有保障、更可持续。

二、国家政治制度为发展全过程人民民主提供政治保障

习近平总书记多次强调，坚持中国特色社会主义政治发展道路，发展社会主义民主政治，保证国家政治生活既充满活力又安定有序，关键是要坚持党的领导、人民当家作主、依法治国有机统一。全过程人民民主是对三者统一制度安排的经典阐释、丰富完善，发展了社会主义民主政治理论。在中国共产党的领导下，我国全过程人民民主以根本政治制度为主轴、以基本政治制度为依托、以各项重要制度为延伸，使人民民主深入覆盖党政机关、事业单位、国有企业、城乡社区、新社会组织、新经济组织等人民群众基本生活单元和生产单位，实现了国家治理与基层治理相促进。坚持和发展全过程人民民主，只有坚定坚持党的领导，坚定不移走中国特色社会主义法治道路，完善以宪法为核心的中国特色社会主义法律体系，才能为人民当家作主提供根本保证，充分调动人民的积极性、主动性、创造性，更加切实有效地实施人民民主。

一是，人民代表大会制度是我国的根本政治制度，是实现全过程人民民主的重要制度载体，是保证人民当家作主的重要途径和最

高实现形式。习近平总书记在中央人大工作会议上的讲话中指出，人民代表大会制度是符合我国国情和实际、体现社会主义国家性质、保证人民当家作主、保障实现中华民族伟大复兴的好制度，是我们党领导人民在人类政治制度史上的伟大创造，是在我国政治发展史乃至世界政治发展史上具有重大意义的全新政治制度。

首先，这体现在中国特色的民主选举制度上。民主选举被广泛应用于国家政治生活和社会生活各方面，主要包括国家机构选举、村（居）委会选举等。其中，保证各级人大都由民主选举产生、对人民负责、受人民监督，是支持和保证人民通过人民代表大会行使国家权力、加强人民当家作主制度保障的最重要环节。全国人大及其常委会先后 7 次对选举法进行了重要修改，为逐步形成一套满足发展全过程人民民主要求的选举制度提供了法治保障。根据选举法的规定，中华人民共和国年满 18 周岁的公民，不分民族、种族、性别、职业、家庭出身、宗教信仰、教育程度、财产状况和居住期限，都有选举权和被选举权，这从法律上保障了每个公民参与民主选举的权利。改革开放以来，我国进行了 12 次乡级人大代表选举、11 次县级人大代表选举，均保持了较高的选民参选率。截至 2023 年 2 月，我国共有各级人大代表 277 万多名，其中县乡两级人大代表 262 万多名，约占代表总数的 95%，他们都是由选民一人一票直接选举产生的，是全过程人民民主最生动的实践。

其次，人民代表大会制度框架下的其他各项具体工作机制也围绕着落实人民主体地位不断巩固发展。人民代表大会制度优势发挥得越好，全过程人民民主就越有保障。2021 年十三届全国人大四次会议修改后的全国人大组织法，2023 年十四届全国人大一次会议修改后的立法法，分别写入了“坚持全过程民主”、“坚持和发展全过程人民民主”相关条文，为更好地践行全过程人民民主提供了更坚实的制度保障，进一步推动从制度和实际运行上保证全国人大及其常委会始终同人民保持密切联系，倾听人民的意见和建议，体现人民意志，保障人民权益。各级人民代表大会在立法、监督和代表工作中不断健全完善相关制度安排，使民主贯穿各领域公共决策全过程、各方面，成为我国民主制度创新、民主实践拓展和民主效能提升的主要依托。比如，在立法工作中，从立法前的项目征集、规划及工作计划编制，到立法过程中向各部门各地方、基层立法联系点并通过互联网向广大社会公众广泛征求意见，从法律案的审议、表决和通过，到法规和规范性文件的备案审查，每个环节都通过程序机制的设计，确保立法能倾听民意、纾解民忧、汇聚民智。十三届全国人大及其常委会先后就 154 件次法律草案公开征求意见，在十二届基础上增长 88%；参与征求意见的人次近 110 万，增长近 4 倍；收到意见建议近 340 万条，增长 5 倍多。备案审查工作方面，5 年共收到 17000 余件审查建议，对其中通过备案审查在线提交平台提出的审查建议 11800 余件均进行逐一登记、逐件研究，提出处理意见，及时作出反馈。基层立法联系点是在贯彻发展全过程人民民主中应运而生的制度创新之一，是立法体现全过程人民民主的生动缩影。截至 2023 年 7 月，全国人大常委会法工委在 31 个省自治区、直辖市设立 32 个基层立法联系点和 1 个立法联系点，辐射带动全国有立法权的各地人大常委会设立了 6500 多个基层立法联系点，覆盖人群不断扩大，使基层声音能够更便捷地、原汁原味地抵达立法机关，使立法能够更好回应社会关切。

二是，协商民主是实践全过程人民民主的重要形式。人民政协是我国政治生活中发扬社会主义民主的重要渠道，坚持党的领导、统一战线、协商民主有机结合是凝聚人心、汇聚力量的强大法宝。

首先，这体现在人民政协发挥专门协商机构作用，加强制度化、规范化、程序化等功能建设方面。中国共产党领导的多党合作和政治协商制度作为中国特色的政党制度，为凝聚最大政治共识和全社会智慧提供了制度保证。人民政协作为我国最广泛的爱国统一战线的组织、多党合作和政治协商的机构、人民民主的重要实现形式，是社会主义协商民主的重要渠道和专门机构，是国家治理体系的重要组成部分。协商民主作为我国社会主义民主政治的特有形式和独特优势，其界别特点和委员构成，把我国人民民主扩大到最大限度范围，有效保障了各党派、各团体、各民族、各阶层、各界人士，包括海内外中华儿女参政议政、共商国是的民主权利，实现了最广泛有效的人民民主。人民政协坚持协商于决策之前和决策实施之中，集思广益促进决策优化，汇聚共识助力决策实施，同时开展民主监督推进决策落地见效，体现了我国全过程人民民主的本质特征，有效保证了人民当家作主。实践中，人民政协在深度协商互动、意见充分表达、广泛凝聚共识等方面水平不断提高，协商民主形式不断探索创新，通过提案、会议、座谈、论证、听证、评估、咨询、网络反馈、民意调查等多种途径、渠道和形式，听取人民群众对改革发展稳定等重大问题的意见建议，反映人民群众对事关切身利益问题的观点立场，寻求最大共识，实现了执政与参政、领导与合作、协商与监督的有机统一，使“有事好商量”的社会主义协商民主深深嵌入中国民主政治全过程。比如，在国家“十四五”规划的编制和实施过程中，全国政协在规划编制前，通过视察调研、协商议政、主题议政群等形式，组织各界代表人士为“十四五”规划出主意、提建议；编制过程中，通过委员讲堂、委员宣讲团、委员读书活动等平台宣介“十四五”规划内容；在实施过程中，全国政协十个专委会围绕规划各领域工作重点开展专项民主监督，每年选择一个角度持续跟踪监督，充分发挥了人民政协汇聚各界智慧、凝聚和传播共识、督促规划落地见效的积极作用。

其次，协商民主体系不断完善，呈现广泛多层制度化发展，统一战线作用持续强化。党的二十大报告指出，要统筹推进政党协商、人大协商、政府协商、政协协商、人民团体协商、基层协商以及社会组织协商，健全各种制度化协商平台，加强制度化、规范化、程序化等功能建设，提高深度协商互动、意见充分表达、广泛凝聚共识水平。一方面，这要求各级人大、政府在重大决策前，根据需要进行充分协商，增强决策透明度和公众参与度，有效推进科学民主依法决策，更好汇聚民智、听取民意；另一方面，这也要求人民政协、人民团体、基层和社会组织更好发挥桥梁和纽带作用，广泛凝聚共识，更有效地反映群众意愿和利益诉求。只有通过加强各种制度化协商平台建设，使人民群众能够经常地、广泛地参与到民主决策、民主管理、民主监督当中去，才能有力激发人民群众的政治参与热情，同时有效防止和克服由于参与渠道不畅而导致的某些弊端，真正做到坚持发扬民主和增进团结相互贯通、建言资政和凝聚共识双向发力，形成协商民主与选举民主相互促进、相得益彰的局面。

三是，民族区域自治制度是在国家统一、领土完整的前提下，充分尊重各族人民当家作主权利的制度。根据我国宪法和民族区域自治法，在维护国家统一、民族平等前提下，各少数民族聚居地方实行区域自治，设立自治机关，行使自治权，体现了统一与自治、民族因素与区域因素的结合，从制度和政策层面体现了对少数民族公民平等享有各项权利的尊重和保障。实施民族区域自治，极大增强了各族人民当家作主的自豪感责任感，极大调动了各族人民共创中华民族美好未来、共享中华民族伟大荣光的积极性主动性创造性，有利于铸牢中华民族共同体意识，发展平等团结互助和谐的社会主义民族关系，实现各民族共同团结奋斗、共同繁荣发展。

四是，基层群众自治制度是在基层党组织领导和支持下，群众依法直接行使民主权利，实现自我管理、自我服务、自我教育、自我监督的制度。基层民主是落实全过程人民民主的根基。基层群众自治制度以村民自治制度、居民自治制度和职工代表大会制度为主要形式，符合我国基层治理差异大的特征。一方面，宪法和居委会组织法、村委会组织法等法律对城乡基层自治组织的产生方式、居民选举权和被选举权、选举程序等均作了详细规定，确保基层选举民主有序有效。另一方面，党和国家就加强社会主义协商民主建设、加强城乡社区协商专门出台指导文件，对城乡基层协商民主的主体、内容、形式和程序等作了系统规范，落实协商于民、协商为民的要求，推动基层协商民主程序机制不断完善。“小院议事厅”“线上议事群”等充满烟火气的基层协商民主的鲜活实践形式不断涌现，有力促进了人人有责、人人尽责、人人享有的社会治理共同体的形成。

三、基本经济制度保障了发展全过程人民民主的坚实物质基础

基本经济制度主要包括生产资料所有制结构、国民收入分配制

度、经济运行和资源配置体制等方面内容，本质上是社会生产关系的制度体现。我们党领导革命、建设、改革的一个重要初心使命，就是为人民谋幸福，彻底消灭旧中国人剥削人的经济制度。新中国成立以来，我们党领导开展社会主义经济建设，在实践中逐步探索建立了符合中国国情实际、适应现阶段生产力发展水平、日趋成熟完备的社会主义基本经济制度，为建立发展中国特色社会主义民主政治的物质基础提供了制度保障。

一是，宪法明确了我国基本经济制度在中国特色社会主义制度中具有基础性地位。1982 年宪法规定了我国的基本经济制度和分配制度，并通过几次宪法修正日趋完善。宪法第六条规定："中华人民共和国的社会主义经济制度的基础是生产资料的社会主义公有制，即全民所有制和劳动群众集体所有制。社会主义公有制消灭人剥削人的制度，实行各尽所能、按劳分配的原则。国家在社会主义初级阶段，坚持公有制为主体、多种所有制经济共同发展的基本经济制度，坚持按劳分配为主体、多种分配方式并存的分配制度。"第十五条规定："国家实行社会主义市场经济。"明确"国家加强经济立法，完善宏观调控"，来依法促进保障经济发展。这些规定，使广大人民群众摆脱了人剥削人和依附于资本的压迫，成为经济上真正独立的国家主人，实现了社会主义和市场经济有机融合，从而极大解放了生产力，调动了人民参与社会主义国家建设的积极性。宪法还对国有经济、城乡集体经济、非公有制经济在社会主义市场经济中的地位、作用、发展权利和利益、经营管理、公私财产保护、涉外企业经济发展和保护等作出规定，既保护了广大人民群众发展经济的积极性，又保证了我国经济的社会主义性质。在此基础上，党的十九届四中全会决定对我国社会主义基本经济制度的内涵作了概括，并指出这一基本经济制度体现了社会主义制度优越性，同我国社会主义初级阶段社会生产力发展水平相适应，是党和人民的伟大创造，应当坚持和完善，并推动经济高质量发展。2020 年制定的民法典在物权编（第二百零六条）写入相关内容，作为我国物权制度的基础性条款，对我国基本经济制度作了完整表述。该条规定，国家坚持和完善公有制为主体、多种所有制经济共同发展，按劳分配为主体、多种分配方式并存，社会主义市场经济体制等社会主义基本经济制度；国家巩固和发展公有制经济，鼓励、支持和引导非公有制经济的发展；国家实行社会主义市场经济，保障一切市场主体的平等法律地位和发展权利。

改革开放以来，我国在坚持以公有制为主体的基础上鼓励、支持和引导多种所有制经济共同发展，在以按劳分配为主体的前提下允许多种分配方式并存，在社会主义条件下创造性地发展市场经济，对社会主义市场经济规律的认识和驾驭能力不断提高，市场体系和宏观调控体系持续完善，综合国力不断迈上新台阶，我国快步平稳踏上全面建设社会主义现代化国家新征程。实践证明，我国基本经济制度符合市场经济和社会发展规律，有效解放和发展了社会生产力，促进了社会经济发展，塑造兼顾效率和公平、适应高质量发展要求的社会主义市场经济环境，体现了依靠共同奋斗、推进共同富裕的发展目标，反映了人民对美好生活的向往和追求，从制度上保证了发展全过程人民民主具备坚实物质基础。

二是，通过完善市场机制立法，着眼于把“蛋糕”做大，在党和国家各项事业发展的过程中提高人民生活水平，夯实发展全过程人民民主的“地基”。正所谓“礼生于有而废于无”，发展全过程人民民主，要求充分保障公民各项权利，确保人民群众在各领域遇到的实际问题与困难能够得到及时反馈、及时解决，事实上需要经济社会发展到一定程度才能实现。比如，提高国民受教育水平是实现有效政治表达的基础，而保障公民受教育权则需要以教育事业的整体发展为前提；又如，加强人大代表与人民群众的联系，是提高代表履职水平和审议质量的必然要求，而实现零距离全天候联络、提高沟通效率，都有赖于现代交通和通讯技术的发展。这些都需要社会财富的积累和大量的公共支出，均须以经济发展、社会稳定为前提。我国基本经济制度既体现了社会主义制度优越性，又同我国社会主义初级阶段生产力发展水平相适应，既克服了生产资料私有制下社会生产服务于私利的弊病，又避免了计划经济体制下社会生产僵化、效率低下的问题，更充分地解放和发展了社会生产力，有利于通过全国人民共同奋斗，不断创造和积累社会财富，实现共同富裕。经过艰苦卓绝的持续奋斗，我国已经实现了由一穷二白、人口众多的东方大国大步迈进社会主义社会的伟大飞跃，完成了人民生活从温饱不足到实现全面小康的历史性跨越，还正在不断创造长期稳健增长和发展的新历史，充分验证了我国社会主义基本经济制度在促进经济发展、改善人民生活方面的科学性有效性。近年来，我国出台民法典，明确各类民事主体权利义务，推动其积极参与市场经济活动，释放经济发展潜力；修改专利法、著作权法、科学技术进步法等，助力科技强国建设；制定乡村振兴促进法，修改种子法、农村土地承包法等农业领域立法，助推乡村振兴和农业农村发展；制定外商投资法、海南自由贸易港法，修改完善对外贸易法等涉外经济立法，推动新一轮高水平对外开放。这些法律制度的建立和发展，继续解放生产力、促进经济增长，从而为在当前时代背景下发展全过程人民民主所需物质供给不断提供有力法治保障。

三是，通过惠民立法，致力把“蛋糕”分好，激发人民群众参与实现中国式现代化的积极性主动性创造性，推动形成经济社会发展与全过程人民民主的良性互动。广大人民群众是中国式现代化的建设者和受益者，也是全过程人民民主的参与者和受益者。要发展全过程人民民主，就要让人民群众既有能力也有意愿参与到民主选举、民主协商、民主决策、民主管理、民主监督各环节中来；反过来看，也只有发展全过程人民民主，才能对人民群众积极有序的政治参与形成制度激励，真正使人民群众通过人民代表大会等制度平台参与管理国家各项事务，从而在真正意义上落实全过程人民民主理念，保障实现人民当家作主。改革开放以来，从重新确立以按劳分配为基本分配原则，到允许各种要素按贡献程度参与分配，从“先富带后富”到实现全面小康、追求共同富裕，从效率优先到兼顾公平、突出共享，我国分配制度的内涵不断发展完善，以人民为中心的立场越来越清晰。迈向第二个百年奋斗目标的征程已经开启，我国社会主要矛盾已经转化为人民日益增长的美好生活需要和不平衡不充分的发展之间的矛盾。国家更加重视采取有力措施保障和改善民生，着力解决我国城乡、区域发展差距和收入分配差距较大、发展不平衡不充分的问题，在兼顾效率和公平的同时更加突出公平，就是要追求高质量发展，坚持新发展理念，提高人民就业与收入水平，提供更加充分优质的公共服务，使发展成果更多更公平惠及全体人民。围绕促进高质量发展，近年来，我国编纂民法典，确立调整社会主义市场经济关系的基本法律规范，推动形成更加公平合理的市场经济法治环境；出台外商投资法、优化营商环境条例，研究制定金融稳定法、修改公司法等，不断强化对市场主体的平等保护；以教育、医疗、养老、住房等人民群众最关心的领域为重点，加强社会建设和民生领域立法，不断完善公共服务政策制度体系。这些法律制度的健全完善，有针对性地回应人民群众反映强烈的社会问题，有利于使制度发展更加充分地体现人民意志、保障人民权益、激发人民创造活力，与经济社会的发展相互促进、相得益彰。

四、社会保障法律制度为人民群众参与全过程人民民主解除后顾之忧

习近平总书记指出，社会保障是保障和改善民生、维护社会公平、增进人民福祉的基本制度保障，是促进经济社会发展、实现广大人民群众共享改革发展成果的重要制度安排，发挥着民生保障安全网、收入分配调节器、经济运行减震器的作用，是治国安邦的大问题。

我国宪法就社会保障制度作出相关规定，为完善我国社会保障法律制度提供了根本法依据。宪法第十四条第三款、第四款规定："国家合理安排积累和消费，兼顾国家、集体和个人的利益，在发展生产的基础上，逐步改善人民的物质生活和文化生活。国家建立健全同经济发展水平相适应的社会保障制度。"第二十一条第一款规定："国家发展医疗卫生事业，发展现代医药和我国传统医药，鼓励和支持农村集体经济组织、国家企业事业组织和街道组织举办各种医疗卫生设施，开展群众性的卫生活动，保护人民健康。"第四十二

条第二款规定："国家通过各种途径，创造劳动就业条件，加强劳动保护，改善劳动条件，并在发展生产的基础上，提高劳动报酬和福利待遇。"第四十五条第一款规定："中华人民共和国公民在年老、疾病或者丧失劳动能力的情况下，有从国家和社会获得物质帮助的权利。国家发展为公民享受这些权利所需要的社会保险、社会救济和医疗卫生事业。"同时，宪法还对残废军人、烈属军属、残疾人、妇女、儿童等权益保护作出相应规定，等等。这些制度安排，既体现了我们党全心全意为人民服务的根本宗旨，有利于保障人民当家作主权利得到真正落实，也为构建我国社会保障法律制度体系提供了宪法遵循。

我国社会保障体系建设坚持以人民为中心的发展思想，贯彻和践行全过程人民民主重大理念，使社会保障制度安排能确保国家发展成果更多更公平惠及全体人民。我国社会保障法律政策坚持人民至上，贯彻以民生为重、增进人民福祉的价值取向，推动社会保障最大程度体现普惠公平、共建共享、互助共济的原则。改革开放以来，我国制定社会保险法、慈善法、社会救助暂行办法等法律法规，面向老年人、残疾人、未成年人等特殊群体制定专门法律保障其权益，逐步建立起较为完备的社会保障法律制度体系，为健全与社会主义市场经济体制相适应的现代化社会保障体系提供了重要支撑。党的十八大以来，我国制定基本医疗卫生与健康促进法、疫苗管理法、法律援助法等，研究制定退役军人保障法、无障碍环境建设法等，修改教育法、未成年人保护法、妇女权益保障法等法律，民生和社会保障立法力度持续加强。同时，国家按照全覆盖、保基本、多层次、可持续的方针，建立全国统一的城乡居民基本养老保险制度，建立健全企业职工基本养老保险基金中央调剂制度，建立统一的城乡居民基本医疗保险和大病保险制度，统筹推进医疗、医保、医药“三医联动”改革，积极推进工伤保险预防、补偿、康复“三位一体”制度体系建设，强化失业保险在保生活、防失业、促就业等方面的功能，社会保障制度体系渐趋完善，成效显著。2021 年，我国脱贫攻坚战取得全面胜利，现行标准下 9899 万农村贫困人口全部脱贫，832 个贫困县全部摘帽，12.8 万个贫困村全部出列，区域性整体贫困得到解决，完成了消除绝对贫困的艰巨任务。2022 年，我国基本养老保险参保人数达 10.3 亿人，按月领取养老金的人数增长到近 3 亿人，基本医疗保险参保人数达 13.6 亿人，失业保险参保人数 2.3 亿人，工伤保险参保人数 2.8 亿人，已建立起世界上覆盖人数最多的社会保障体系。〔1〕

整体上看，我国社会保障法律制度通过规范社会财富的再分配，有效引导将社会资源用于改善人民群众特别是困难群众生活条件，及时帮助处于不利地位的市场主体渡过难关，保护劳动者权益，促进公平分配、缩小收入差距，在预防和消除贫困、实现社会共济、促进人民精神生活富足、促进实现共同富裕等方面都发挥着十分重要的作用。从发展全过程人民民主的角度看，社会保障法律制度是加强人权法治保障的重要方面，为人民群众参与管理国家和社会各项事务营造了和谐稳定的社会环境，解除了后顾之忧。

〔1〕 参见邱玥：《社会保障这十年：织就更牢更密的民生保障网》，载《光明日报》2022 年 4 月 28 日，第 5 版。

五、社会主义文化法律制度为发展全过程人民民主注入强大精神力量

文化是一个国家、一个民族最基本、最深沉、最持久的力量。习近平总书记强调，统筹推进“五位一体”总体布局、协调推进“四个全面”战略布局，文化是重要内容；推动高质量发展，文化是重要支点；满足人民日益增长的美好生活需要，文化是重要因素；战胜前进道路上各种风险挑战，文化是重要力量源泉，深刻阐明了文化在中国特色社会主义事业全局中的重要地位。我国文化法律制度旨在不断推动先进文化发展，发挥育人化人作用，为发展全过程人民民主事业持续注入强大精神力量。

一是，宪法对发展社会主义文化事业提出总要求。我国素有重视文化教育的传统，尊重公民的文化活动自由。宪法明确规定，国家发展社会主义的教育事业，提高全国人民的科学文化水平。宪法除了规定要加强和发展各种教育、以提高公民的科学文化素质外，第二十二条还特别规定：“国家发展为人民服务、为社会主义服务的文学艺术事业、新闻广播电视事业、出版发行事业、图书馆博物馆文化馆和其他文化事业，开展群众性的文化活动。国家保护名胜古迹、珍贵文物和其他重要历史文化遗产。”第二十四条强调国家要通过各种教育，加强社会主义精神文明建设，明确“国家倡导社会主义核心价值观，提倡爱祖国、爱人民、爱劳动、爱科学、爱社会主义的公德，在人民中进行爱国主义、集体主义和国际主义、共产主义的教育，进行辩证唯物主义和历史唯物主义的教育，反对资本主义的、封建主义的和其他的腐朽思想”等。这些规定，为发展社会

主义的先进文化指明方向，代表了中国先进文化的前进方向，符合最广大人民的根本利益，是发展社会主义民主的内在要求和文化基础。

二是，文化法律制度始终以满足人民群众日益增长的精神文化需求为目标，弘扬革命文化，传承中华优秀传统文化，引导全社会坚持社会主义先进文化前进方向，推动形成高度的文化自信、制度自信。在立法层面，党的十八大以来，全国人大常委会加强文化立法，在原有文物保护法、档案法、著作权法、非物质文化遗产法等法律的基础上，推进制定电影产业促进法、网络安全法、公共文化服务保障法、公共图书馆法，修改档案法、著作权法等法律，国务院出台博物馆条例等行政法规，有关部门出台互联网新闻信息服务管理规定等规章，还有许多地方人大结合当地实际情况制定历史文化保护、公共文化服务保障、文化产业促进等方面的地方性法规和规章，为全方位多层次推进社会主义文化建设、传承中华传统优秀文化、弘扬社会主义先进文化提供了坚实有力的法治保障。在实施和监督层面，全国人大常委会围绕多部文化领域法律实施情况开展执法检查，听取和审议国务院关于公共文化服务体系建设、文化遗产工作、文化产业发展、文物工作和文物保护法实施情况等的专项工作报告，督促和支持政府及有关部门依法履职、改进工作，各级政府及有关部门也有针对性地开展行政执法监督检查等工作，有力推进文化法律制度贯彻实施。我国文化法律制度的制定、实施和监督过程，始终坚持问需于民、问计于民、问效于民，已经成为人民群众广泛参与、各方面充分反映诉求的人民民主实践过程，有利于推动形成适应新时代要求的思想观念、精神面貌、文明风尚、行为规范，增强人民群众文化自信、制度自信，激励社会各方面积极参与全过程人民民主实践，准确、高效表达利益诉求，共同参与国家建设、社会发展。

三是，文化法律制度始终坚持正确意识形态导向和价值引领，向社会传导正确价值取向，积聚正能量。中共中央办公厅、国务院办公厅印发《关于进一步把社会主义核心价值观融入法治建设的指导意见》，中共中央印发《社会主义核心价值观融入法治建设立法修法规划》，明确提出要倡导富强、民主、文明、和谐，自由、平等、公正、法治，爱国、敬业、诚信、友善的社会主义核心价值观，明确指出社会主义核心价值观是社会主义法治建设的灵魂，体现了发展全过程人民民主的价值追求。社会主义核心价值观从国家、社会和公民三个层面明确提出价值要求，实际上回答了建设什么样的国家、建设什么样的社会、培育什么样的公民三个重大问题，集中呈现了个体与共同体相互协调、共同发展的理想图景。在法治建设中融入社会主义核心价值观，有助于强化制度自信，形成并巩固人民群众对中国民主法治的信仰和认同，使法律权威、法治理念深植于民心，引导人民群众以高度的使命感责任感参与全过程人民民主实践。一方面，全国人大及其常委会将社会主义核心价值观融入法治建设，在民法典、公共文化服务保障法、电影产业促进法、网络安全法、英雄烈士保护法等法律中写入社会主义核心价值观条款，一些地方在文明行为促进、精神文明建设、历史文化保护等领域的地方性法规中也写入相关条款，使整个法律制度体系直观体现出国家价值取向、社会价值标准和公民价值准则。另一方面，全国人大及其常委会以核心价值观引领法治建设，制定英雄烈士保护法、家庭教育促进法等，修改国旗法、国徽法等，抓好弘德立法，培育和践行社会主义核心价值观。这些法律规定将社会道德共识上升为法治共识，为凝聚全社会力量实现中华民族伟大复兴的中国梦提供最深沉持久的力量，更为永葆这一力量的效用提供坚实制度保障。

六、生态文明法律制度是开展全过程人民民主实践的重要场域

生态文明建设关系中华民族永续发展。党的十八大以来，在习近平生态文明思想指引下，美丽中国建设迈出重大步伐，生态文明法律制度体系不断完善。良好的生态环境是最普惠的公共产品和民生福祉。从发展全过程人民民主角度看，生态文明建设与人民群众生产生活息息相关，既是人民对美好生活向往的重要方面，更是强国建设、民族复兴的应有之义和重要内容，是中国式现代化建设的本质要求。生态文明法律制度的制定、实施和监督，必须坚持为了人民、依靠人民，充分发挥人民的主体作用，让人民成为生态文明的建设者、受益者。要把生态文明建设领域打造成为开展人民民主实践、培育和发展全过程人民民主理念的又一重要场域。

一是在生态文明制度的宪法规范层面。我国宪法序言明确指出要不断完善社会主义的各项制度，发展社会主义市场经济，发展社会主义民主，健全社会主义法治，贯彻新发展理念，推动物质文明、政治文明、精神文明、社会文明、生态文明协调发展，把我国建设成为富强民主文明和谐美丽的社会主义现代化强国，实现中华民族伟大复兴。宪法明确规定，“国家保障自然资源的合理利用，保护珍贵的动物和植物。禁止任何组织或者个人用任何手段侵占或者破坏自然资源”，“国家保护和改善生活环境和生态环境，防治污染和其

他公害”，“国家组织和鼓励植树造林，保护林木”等，既为我国生态文明建设指明了发展方向，也为健全我国生态文明法律制度体系提供了根本依据。

二是在制度设计层面。生态文明制度需要妥善处理人与自然的关系、发展与保护的关系以及资源与生态环境之间的关系，对个人的生活和企业的生产经营活动都有直接影响。为此，生态环境法律制度的出台必须深入践行全过程人民民主理念，紧扣民生福祉和人民关切，畅通民意表达与反馈渠道，使生态文明法治建设真正成为听民声、聚民意、汇民智的生动实践，通过加强法治建设使生态环境保护和改善、资源开发和利用的成果更多更好地惠及人民群众。十三届全国人大常委会制定土壤污染防治法、噪声污染防治法、长江保护法、黄河保护法、黑土地保护法、湿地保护法，修改大气污染防治法等，由一部环境保护法、若干部专门环保法律和四部特殊区域性、流域性环保法组成的“1+N+4”的生态环保领域法律制度体系已基本形成。十四届全国人大常委会研究制定青藏高原生态保护法，研究修改海洋环境保护法、矿产资源法等法律，推动生态环保领域法律制度体系继续完善和发展。人民群众通过多种形式参与到相关法律审议过程中，人大代表充分发挥主体作用，全国人大专门委员会认真办理相关代表议案和建议，常委会工作委员会赴相关地区进行走访、调研、座谈，采取多种形式征求社会各方面意见建议，都是深入推进全过程人民民主的生动体现。

三是在制度落实和监督层面。生态文明法律制度的有效性应体现在治标有效、治本有道，需要实现对环境污染从源头预防到末端治理的全过程控制，对流域区域环境、山水林田湖草沙冰生态系统全覆盖的保护和治理，以及对各类自然资源的有力保护、高效开发和利用。为此，生态环境法律制度的贯彻落实必须深入践行全过程人民民主理念，以人民群众的满意度作为评价标准，依法加强监督，确保有关法律制度落实落地，以法治方式不断满足人民群众对优美生态环境的需要。十三届全国人大常委会在监督工作中突出问题导向，审议年度环境状况和环境保护目标完成情况、长江流域生态环境保护工作情况的报告，开展固体废物污染环境防治法执法检查并进行专题询问，聚焦生态环境保护等人民群众高度关心的事项精准发力，刚性约束得到有效彰显。十四届全国人大常委会将研究确定一批资源环境保护重点问题，统筹运用听取审议专项工作报告、开展执法检查、专题询问、专题调研等法定监督方式，深入开展跟踪监督，继续推动各有关方面全面落实环境资源领域法定职责和法定义务，深入实施生态环保法律，在法治轨道上持续推进生态文明建设。

我国全过程人民民主是理念、制度和实践三个维度的统一，发展全过程人民民主离不开理论的指导、实践的基础，更离不开系统完备、科学规范、运行有效的制度体系作保障。党的二十大报告明确提出发展全过程人民民主是中国式现代化的本质要求，对发展全过程人民民主作了全面部署，强调要健全人民当家作主制度体系，扩大人民有序政治参与，保证人民依法实行民主选举、民主协商、民主决策、民主管理、民主监督，发挥人民群众积极性、主动性、创造性，巩固和发展生动活泼、安定团结的政治局面。新征程上，要推动全过程人民民主制度更加健全，推动全过程人民民主制度化、规范化、程序化水平进一步提高，推动中国特色社会主义法治体系更加完善，必须充分发挥人民代表大会制度实现我国全过程人民民主的重要制度载体作用。立法是国家重要的政治活动，是制度建设的基础性工作。人大及其常委会必须深入学习贯彻习近平总书记关于发展全过程人民民主的重要论述，坚持人民主体地位，坚持立法为了人民、依靠人民、造福人民、保护人民，持续推动国家制度和法律制度不断健全完善，为推进国家治理体系和治理能力现代化、全面建设社会主义现代化国家提供有力法治保障。

第四章　党的领导是实现全过程人民民主的根本政治保证

民主是全人类的共同价值，是中国共产党和中国人民始终不渝坚持的重要理念。中国共产党在领导人民进行革命、建设和改革的伟大斗争中，创造性地把马克思主义国家学说同中国具体实际相结合，把实现人民当家作主作为构建国家制度和法律制度的政治理想和追求，建立了人民民主专政的新型国家政权，真正实现了最真实最广泛的人民民主。党的十八大以来，我们党深化对民主政治发展规律的认识，提出全过程人民民主重大理念并大力推进，民主价值和理念进一步转化为科学有效的制度安排和具体现实的民主实践。历史和实践证明，中国共产党领导是中国特色社会主义最本质的特征，是实现我国全过程人民民主的根本政治保证。

一、我们党把马克思主义基本原理和国家学说与中国实际相结合，提出实行人民民主的基本主张

人民民主是中国共产党始终高举的旗帜。中国共产党一经诞生，就把为中国人民谋幸福、为中华民族谋复兴确立为自己的初心使命。以毛泽东同志为代表的中国共产党人在领导中国人民实现民族独立、

人民解放的革命进程中，将马克思主义国家学说与中国实际相结合，创造性地提出实行人民民主的主张，对实现人民当家作主的发展道路和制度模式进行了积极探索〔1〕，对新型国家制度进行了系统擘画〔2〕，并在新中国国家政权制度建设中积极付诸实践。改革开放以来，我们党强调“把马克思主义的普遍真理同我国的具体实际结合起来，走自己的道路，建设有中国特色的社会主义”，成功开辟和坚持了中国特色社会主义政治发展道路，为实现最广泛的人民民主开

---

〔1〕 党的一大明确宣布把建立苏维埃制度作为自己的政治纲领。党的二大正确分析了中国的社会性质，中国革命的性质、对象、动力和前途，第一次明确提出了彻底的反帝反封建的民主革命纲领。土地革命战争时期，党领导人民制定《中华苏维埃共和国宪法大纲》（1931 年），规定中华苏维埃共和国的国体是“工人和农民的民主专政的国家”，政体即组织形式是民主集中的工农兵代表会议，实行工农兵代表大会制度。在陕甘宁边区局部执政期间，党领导人民制定《陕甘宁边区施政纲领》（1941 年），实行以“三三制”为原则的参议会制度。解放战争时期，党领导人民制定《陕甘宁边区宪法原则》（1946 年），确定边区、县、乡人民代表会议为人民管理政权机关；在石家庄召开华北临时人民代表大会，为建立新中国、开展国家政权建设积累经验。

〔2〕 毛泽东同志在《新民主主义论》（1940 年）中第一次正式提出新中国的国体和政体的构想和理论，所谓国体，就是“社会各阶级在国家中的地位”，就是“各革命阶级联合专政”；所谓政体，就是“政权构成的形式”，“没有适当形式的政权机关，就不能代表国家。中国现在可以采取全国人民代表大会、省人民代表大会、县人民代表大会、区人民代表大会直到乡人民代表大会的系统，并由各级代表大会选举政府”，“这种制度即是民主集中制”。毛泽东同志在《论联合政府》（1945 年）中进一步指出，“新民主主义的政权组织，应该采取民主集中制，由各级人民代表大会决定大政方针，选举政府”，“只有这个制度，才既能表现广泛的民主，使各级人民代表大会有高度的权力；又能集中处理国事，使各级政府能集中地处理被各级人民代表大会所委托的一切事务，并保障人民的一切必要的民主活动”。1945 年 7 月，毛泽东同志在同民主人士黄炎培谈到如何跳出中国历史上“人亡政息”周期率时明确指出：“我们已经找到新路，我们能跳出这周期率。这条新路，就是民主。只有让人民来监督政府，政府才不敢松懈。只有人人起来负责，才不会人亡政息。”毛泽东同志在《论人民民主专政》（1949 年）中进一步概括指出，“对人民内部的民主方面和对反动派的专政方面，互相结合起来，就是人民民主专政”，“总结我们的经验，集中到一点，就是工人阶级（经过共产党）领导的以工农联盟为基础的人民民主专政”。

辟了适合国情发展的正确道路。

党的十八大以来，以习近平同志为核心的党中央坚持把马克思主义基本原理同中国具体实际相结合、同中华优秀传统文化相结合，总结我国民主法治实践经验，创造性提出并深刻阐释了全过程人民民主重大理念，先后提出“八个能否”、“六个切实防止”、“四个要看、四个更要看”、关于人民民主的“五个基本观点”等重要论断，为丰富和发展马克思主义民主理论作出了重大原创性贡献。

二、党领导人民制定修改宪法，确认和强化中国共产党的领导地位，将人民民主原则制度化、法律化

（一）在宪法中明确中国共产党的领导地位

我国宪法以国家根本法的形式，确认了中国共产党领导人民进行革命、建设、改革的伟大斗争和根本成就，确认了中国共产党在国家政权结构中总揽全局、协调各方的核心地位，为我们党长期执政提供了根本法律依据。

毛泽东同志在一届全国人大一次会议开幕词中指出：“领导我们事业的核心力量是中国共产党。指导我们思想的理论基础是马克思列宁主义。”本次大会通过的五四宪法在序言中规定了党的领导地位。八二宪法在序言中有四处关于中国共产党领导的表述。[1]

---

〔1〕一是序言第五自然段中规定：“一九四九年，以毛泽东主席为领袖的中国共产党领导中国各族人民，在经历了长期的艰难曲折的武装斗争和其他形式的斗争以后，终于推翻了帝国主义、封建主义和官僚资本主义的统治，取得了新民主主义革命的伟大胜利，建立了中华人民共和国。”二和三是序言第七自然段中的两处：“中国新民主主义革命的胜利和社会主义事业的成

十三届全国人大一次会议审议通过的宪法修正案，在宪法的条文第一条中增写“中国共产党领导是中国特色社会主义最本质的特征”，是在宪法序言原有的明确党的领导基础上新的强化、深化和拓展。

（二）党通过领导制宪修宪将人民民主原则制度化、法律化

党领导人民制定五四宪法，确立人民民主专政的国体和人民代表大会制度的政体，以及中国共产党领导的多党合作和政治协商制度、民族区域自治制度。八二宪法以五四宪法为基础系统修改而来，继承和发展了五四宪法关于国体、政体、基本政治制度等制度和原则。八二宪法序言第五自然段确认了党领导人民建立新中国、人民当家作主从梦想变为现实这一伟大历程。总结社会主义民主建设正反两方面经验，在宪法序言第七自然段规定了“发展社会主义民主，健全社会主义法制”的内容。将“公民的基本权利和义务”从原来的“国家机构”后面前移到“总纲”后面、“国家机构”前面，条文数量从五四宪法的 19 条、七八宪法的 16 条，增加到 24 条。这种安排和规定，充分彰显了我们党坚持人民主体地位，凸显人民在国

就，都是中国共产党领导中国各族人民，在马克思列宁主义、毛泽东思想的指引下，坚持真理，修正错误，战胜许多艰难险阻而取得的。今后国家的根本任务是集中力量进行社会主义现代化建设。中国各族人民将继续在中国共产党领导下，在马克思列宁主义、毛泽东思想指引下，坚持人民民主专政，坚持社会主义道路，不断完善社会主义的各项制度，发展社会主义民主，健全社会主义法制，自力更生，艰苦奋斗，逐步实现工业、农业、国防和科学技术的现代化，把我国建设成为高度文明、高度民主的社会主义国家。”四是序言第十自然段中规定：“在长期的革命和建设过程中，已经结成由中国共产党领导的，有各民主党派和各人民团体参加的，包括全体社会主义劳动者、拥护社会主义的爱国者和拥护祖国统一的爱国者的广泛的爱国统一战线，这个统一战线将继续巩固和发展。”

家政治生活中的主人翁地位。

现行宪法正文中的很多制度和规定，都体现和反映了人民当家作主的核心要义。比如，根据现行宪法第一条、第二条的规定，国家一切权力属于人民，体现在国家性质（即国体）上，就是工人阶级领导的、以工农联盟为基础的人民民主专政的社会主义国家；体现在国家政权组织形式（即政体）上，就是人民通过各级人民代表大会行使国家权力。比如，宪法序言中关于中国共产党领导的多党合作和政治协商制度、第三条“国家机构实行民主集中制”、第五条“实行依法治国，建设社会主义法治国家”、第三章第六节“民族自治地方的自治机关”、第一百一十一条基层群众自治等制度和规定，要求国家建立健全法律法规和体制机制，保证人民依照法律规定，通过各种途径和形式参与国家和社会治理。比如，宪法和立法法、监督法等宪法相关法规定了国家制定法律法规、制度政策的一系列制度、原则和规则，确保国家法律法规和制度政策体现和维护最广大人民的根本利益。比如，现行宪法第二十七条规定，一切国家机关和国家工作人员必须依靠人民的支持，经常保持同人民的密切联系，倾听人民的意见和建议，接受人民的监督，努力为人民服务。比如，为了保证宪法第二章“公民的基本权利和义务”中各项权利的实现，宪法规定国家发展教育、医疗卫生、自然科学和社会科学、文学艺术等事业，国家尊重和保障人权，国家保护和改善生活环境和生态环境等，保证人民依法享有广泛的权利和自由，等等。

三、党领导建立起一套实现全过程人民民主的成熟完备的制度体系，确保党的政策和国家法律体现和保障人民意志

新中国成立后，党领导人民制定五四宪法、选举法等一系列法律法令，规定了国家的国体、政体等政治制度，建立健全选举制度、国家机构组织制度，探索建立基层群众自治制度等，为人民当家作主提供了基本制度框架。改革开放以来，党领导人民坚持走中国特色社会主义政治发展道路，坚定不移推进社会主义民主法治建设，坚持党的领导、人民当家作主、依法治国有机统一，积极稳妥推进政治体制改革，巩固和发展人民代表大会制度，进一步完善各项基本政治制度，民主发展的政治制度保障和社会物质基础更加坚实。党的十八大以来，以习近平同志为核心的党中央，立足新的历史方位，深刻把握我国社会主要矛盾发生的新变化，积极回应人民对民主的新要求新期盼，推进发展全过程人民民主，健全全面、广泛、有机衔接的人民当家作主制度体系，构建多样、畅通、有序的民主渠道，丰富民主形式，从各层次各领域扩大人民有序政治参与，使各方面制度和国家治理更好体现人民意志、保障人民权益、激发人民创造，人民当家作主的制度保障日趋成熟完备。

（一）坚持把民主集中制作为党和国家组织、活动的准则

民主集中制是党的根本组织原则，是党内政治生活正常开展的

重要制度保障。[1] 习近平总书记深刻指出："民主集中制是我们党的根本组织制度和领导制度，它正确规范了党内政治生活、处理党内关系的基本准则，是反映、体现全党同志和全国人民利益与愿望，保证党的路线方针政策正确制定和执行的科学的合理的有效率的制度。"[2] 我国宪法规定，中华人民共和国的国家机构实行民主集中制的原则。民主集中制是民主基础上的集中和集中指导下的民主相结合的制度，它把充分发扬党内民主和正确实行集中有机结合起来，既可以最大限度激发全党创造活力，又可以统一全党思想和行动，有效防止和克服议而不决、决而不行的分散主义，是科学合理而有效率的制度。党的代表大会报告、党的全会文件、党的重要文件和重大决策、国民经济和社会发展五年规划、政府工作报告、重大改革发展举措等，都要在党内一定范围征求意见。党和国家工作的重大决策部署，在听取各方面意见和建议后，最后的决定权在党中央。在酝酿和讨论过程中，大家可以充分发表意见，畅所欲言，可以提

[1] 1956 年党的八大正式确立了民主集中制的科学内涵，即民主基础上的集中和集中指导下的民主相结合，并沿用至今。毛泽东同志就贯彻民主集中制多次发表重要讲话，提出要"造成一个又有集中又有民主，又有纪律又有自由，又有统一意志、又有个人心情舒畅、生动活泼，那样一种政治局面"。中共中央文献研究室编：《毛泽东年谱（1949—1976）》（第 3 卷），中央文献出版社 2013 年版，第 192 页。以邓小平同志为主要代表的中国共产党人坚持和发展了民主集中制原则。邓小平同志指出："民主集中制是党和国家的最根本的制度……坚持这个传统的制度，并且使它更加完善起来，是十分重要的事情，是关系我们党和国家命运的事情。凡是违反这个制度的，都要纠正过来。"《邓小平文选》（第 1 卷），人民出版社 1994 年版，第 312 页。江泽民同志和胡锦涛同志都对坚持和发展民主集中制作出过重要论述。比如，江泽民同志指出，"民主集中制的民主，就是党员和党组织的意愿、主张的充分表达和积极性创造性的充分发挥；民主集中制的集中，就是全党意志、智慧的凝聚和行动的一致"。胡锦涛同志注重扩大党内民主，要求"保障党员民主权利"，并将其写入党章。

[2] 中共中央文献研究室编：《十七大以来重要文献选编》（下），中央文献出版社 2013 年版，第 1023 页。

修改意见，可以批评，甚至可以反对。但是，一旦党中央作出决定，各方就要坚决贯彻执行。这些是贯彻民主集中制的体现，目的就是充分发扬民主，形成正确集中。

以编制和实施国民经济和社会发展五年规划为例，实践中已经形成了一套充分发扬民主、正确有效集中的编制办法：每5年，根据党中央提出的建议，国务院编制规划纲要草案，由全国人民代表大会审查批准后向社会公布实施，把党的主张通过法定程序转化为国家意志和全民行动。[1] 习近平总书记在关于《中共中央关于制定国民经济和社会发展第十四个五年规划和二〇三五年远景目标的建议》的说明中强调指出："这次建议稿起草的一个重要特点是坚持发扬民主、开门问策、集思广益。""要把加强顶层设计和坚持问计于民统一起来，鼓励广大人民群众和社会各界以各种方式为'十四五'规划建言献策。"为此，习近平总书记于2020年7月下旬至9月下旬专门主持召开了一系列座谈会，当面听取各方面的意见和建议。国务院有关部门在编制规划纲要的过程中，深入开展调查研究，广泛征求各方面意见，提出了"十四五"时期经济社会发展的目标、思路、任务和主要政策措施。

再以起草党的二十大报告为例，习近平总书记在报告起草伊始就明确强调："在起草工作中要充分发扬民主，加强调查研究，广泛

---

[1] 从1953年开始，我国已经编制实施了14个五年规划（计划），其中改革开放以来9个，有力推动了经济社会发展、综合国力提升、人民生活改善。

听取意见，集中起各方面智慧。”[1] 习近平总书记先后在成都、沈阳、北京主持召开五场党的二十大报告起草和党章修改工作征求意见座谈会，听取31个省区市党政主要负责同志、解放军各大单位和中央军委机关有关部门主要负责同志提出的修改意见和建议。党的二十大报告起草过程，成为坚持走群众路线、充分发扬民主、集中全党全国人民智慧的过程，成为深入调查研究、总结实践经验的过程，成为充分解放思想、广泛凝聚共识的过程。

（二）坚持党的领导、人民当家作主、依法治国有机统一

人民当家作主是社会主义民主政治的本质和核心。习近平总书记指出：“在中国，发展社会主义民主政治，保证人民当家作主，保证国家政治生活既充满活力又安定有序，关键是要坚持党的领导、人民当家作主、依法治国有机统一。”[2] 党的领导是人民当家作主和依法治国的根本保证，人民当家作主是社会主义民主政治的本质和核心，依法治国是党领导人民治理国家的基本方略，三者统一于我国社会主义民主政治伟大实践。

坚持党的领导、人民当家作主、依法治国有机统一，核心是坚持党的领导。我国宪法规定，中国共产党领导是中国特色社会主义

〔1〕 具体开展的相关工作有：就党的二十大报告议题在党内一定范围组织讨论，广泛征求意见，同时，通过一定方式征求部分党外人士意见和建议；按照党中央部署，54个单位承担重点课题调研任务，围绕26个专题开展调研，形成80份调研报告，共计132.7万字；开展党的二十大相关工作网络征求意见活动，通过互联网等各种渠道问需于民、问计于民；文件起草组召开四次党的二十大重点课题调研成果汇报会，分别听取了48个调研组围绕23个重点课题开展的调研成果汇报；党的二十大召开期间，根据各代表团和列席人员讨论反馈的意见，对报告稿又作出了修改，等等。

〔2〕 习近平：《论坚持人民当家作主》，中央文献出版社2021年版，第73页。

最本质的特征。在我国，法是党的主张和人民意愿的统一体现，党的领导和依法治国是高度统一的。习近平总书记指出，“我国社会主义法治凝聚着我们党治国理政的理论成果和实践经验，是制度之治最基本最稳定最可靠的保障”。“要坚持和完善人民当家作主制度体系，健全社会公平正义法治保障制度……使法律及其实施有效体现人民意志、保障人民权益、激发人民创造力”。[1] 只有坚持党的领导，人民当家作主才能充分实现，国家和社会生活制度化、法治化才能有序推进。要发挥党总揽全局、协调各方的领导核心作用，不断提高党科学执政、民主执政、依法执政水平，切实保证国家的一切权力属于人民，保证人民民主的理念、方针、政策贯彻到国家政治生活和社会生活的方方面面。坚持全面依法治国，通过法治保障党的政策有效实施、保障人民当家作主。

（三）坚持用制度体系保障人民当家作主

“经国序民，正其制度。”早在改革开放之初，邓小平同志就高度关注和重视制度问题，在总结“文化大革命”的教训时深刻指出：“为了保障人民民主，必须加强法制。必须使民主制度化、法律化，使这种制度和法律不因领导人的改变而改变，不因领导人的看法和注意力的改变而改变。”[2] 他在 1992 年进一步指出：“恐怕再有三十年的时间，我们才会在各方面形成一整套更加成熟、更加定型的制度。”[3]

---

〔1〕 习近平：《推进全面依法治国，发挥法治在国家治理体系和治理能力现代化中的积极作用》，载习近平：《论坚持全面依法治国》，中央文献出版社 2020 年版，第 272-273 页。

〔2〕《邓小平文选》（第 2 卷），人民出版社 1994 年版，第 146 页。

〔3〕《邓小平文选》（第 3 卷），人民出版社 1993 年版，第 372 页。

党的十八大以来，以习近平同志为核心的党中央把制度建设摆到更加突出的位置，高度重视制度在治国理政中的重要作用。习近平总书记在庆祝改革开放40周年大会上的讲话中指出："改革开放40年的实践启示我们：制度是关系党和国家事业发展的根本性、全局性、稳定性、长期性问题。"[1] 党的十九届四中全会着眼于党长期执政和国家长治久安，对坚持和完善中国特色社会主义制度、推进国家治理体系和治理能力现代化作出总体擘画，就坚持和完善人民当家作主制度体系，发展社会主义民主政治进行专门部署。[2] 党的二十大报告就健全人民当家作主制度体系，加强人民当家作主制度保障作出新的部署安排，要求坚持和完善我国根本政治制度、基本政治制度、重要政治制度，拓展民主渠道，丰富民主形式，确保人民依法通过各种途径和形式管理国家事务，管理经济和文化事业，管理社会事务。

（四）人民代表大会制度是实现我国全过程人民民主的重要制度载体

人民代表大会制度是我国的根本政治制度，是坚持党的领导、人民当家作主、依法治国有机统一的根本政治制度安排，是党领导国家政权的重要制度载体，是党在国家政权中充分发扬民主、贯彻群众路线的重要实现形式，是实现我国全过程人民民主的重要制度载体。党的路线方针政策通过人民代表大会制度转化为国家法律

---

[1] 《习近平谈治国理政》（第3卷），外文出版社2020年版，第185页。

[2] 包括：坚持和完善人民代表大会制度这一根本政治制度；坚持和完善中国共产党领导的多党合作和政治协商制度；巩固和发展最广泛的爱国统一战线；坚持和完善民族区域自治制度；健全充满活力的基层群众自治制度。

法规，进而在国家治理中得到全面贯彻、充分体现、有效执行。通过人民代表大会，使党组织推荐的人选通过法定程序成为国家政权机关的领导人员，通过国家政权机关实施党对国家和社会的领导。

为有效实现全过程人民民主，人民代表大会制度规定了一系列紧密联系、相互贯通、构建科学、运转协调的政治制度和规则作支撑。根据我国宪法规定，总结60多年来的成功实践经验，人民代表大会制度的核心内容包括：全国人民代表大会是最高国家权力机关，地方各级人民代表大会是地方国家权力机关，人民通过人民代表大会行使国家权力；各级人民代表大会由民主选举产生，对人民负责、受人民监督；各级国家行政机关、监察机关、审判机关、检察机关都由人民代表大会产生，对人大负责、受人大监督；国家机关实行决策权、执行权、监督权既有合理分工又有相互协调；中央和地方的国家机构职权的划分，遵循在中央统一领导下，充分发挥地方主动性和积极性的原则，保证国家统一高效组织推进各项事业；坚持各民族一律平等，各少数民族聚居的地方实行区域自治，维护和发展平等团结互助和谐的社会主义民族关系；实行依法治国，健全社会主义法治，建设社会主义法治国家；坚持中国共产党的领导和理论指导，沿着中国特色社会主义道路，把我国建设成为富强民主文明和谐美丽的社会主义现代化强国，实现中华民族伟大复兴。这样一套制度安排，既有坚强的领导核心，又有科学的决策安排、有力的组织实施力量和完备的监督制约机制，将党的领导、人民当家作主、依法治国贯穿打通，确保中国特色社会主义民主政治既充满活力又安定有序。

（五）坚持全面依法治国，用法治保障人民当家作主

我们党高度重视法治建设。改革开放以来，党深刻总结我国社会主义法治建设的成功经验和深刻教训，提出为了保障人民民主，必须加强法制，必须使民主制度化、法律化，把依法治国确定为党领导人民治理国家的基本方略，把依法执政确定为党治国理政的基本方式。党的十八大以来，党中央把全面依法治国纳入“四个全面”战略布局予以大力推进，作出一系列重大决策部署，基本形成全面依法治国总体格局。习近平总书记指出：“发展人民民主必须坚持依法治国、维护宪法法律权威，使民主制度化、法律化，使这种制度和法律不因领导人的改变而改变，不因领导人的看法和注意力的改变而改变。”[1]“坚持人民主体地位，必须坚持法治为了人民、依靠人民、造福人民、保护人民。”“要把体现人民利益、反映人民愿望、维护人民权益、增进人民福祉落实到依法治国全过程，使法律及其实施充分体现人民意志。”[2]

一方面，国家通过制定修改全国人大组织法、国务院组织法、全国人大议事规则、全国人大常委会议事规则、地方组织法、选举法、代表法、立法法、监督法等宪法相关法律，不断健全我国选举制度、国家机构制度体系、基层民主制度、人大组织制度和议事规则，为民主选举、民主协商、民主决策、民主管理、民主监督提供法律制度保障；另一方面，在具体法治实践中，健全民主参与的工作机制，将全过程人民民主的理念和要求贯彻其中。

---

〔1〕 习近平：《论坚持人民当家作主》，中央文献出版社 2021 年版，第 75 页。

〔2〕 习近平：《论坚持全面依法治国》，中央文献出版社 2020 年版，第 107 页。

四、坚持党的全面领导，为实现全过程人民民主提供根本政治保证

人民民主是社会主义的生命，是全面建设社会主义现代化国家的应有之义。党的二十大报告指出："中国式现代化，是中国共产党领导的社会主义现代化。"坚持党的全面领导是坚持和发展中国特色社会主义的必由之路，是实现全过程人民民主的根本政治保证。

（一）办好中国的事情关键在党

中国共产党代表中国最广大人民根本利益，没有任何自己特殊的利益，从来不代表任何利益集团、任何权势团体、任何特权阶层的利益。中国人民和中华民族之所以能够扭转近代以后的历史命运、取得今天的伟大成就，最根本的是有中国共产党的坚强领导。毛泽东同志指出："中国共产党是全中国人民的领导核心。没有这样一个核心，社会主义事业就不能胜利。"〔1〕邓小平同志强调："党是无产阶级最高组织形式……党领导一切，是一切问题根本的根本。"〔2〕江泽民同志指出，努力开创建设有中国特色社会主义事业新局面，必须毫不动摇地坚持和改善党的领导，全面推进党的建设新的伟大工程。胡锦涛同志强调，中国共产党始终是中国特色社会主义事业的坚强领导核心，必须不断加强和改善党的领导。习近平总书记指出："江山就是人民，人民就是江山。中国共产党领导人民打江山、

〔1〕中共中央文献研究室编：《毛泽东文集》（第7卷），人民出版社1999年版，第303页。

〔2〕中共中央文献研究室编：《邓小平文集（1949—1974年）》（中卷），人民出版社2014年版，第387页。

守江山，守的是人民的心。”[1]“中国共产党领导是中国特色社会主义最本质的特征，是中国特色社会主义制度的最大优势”。[2]历史和现实都证明，没有中国共产党，就没有新中国，就没有中华民族伟大复兴。坚持党对一切工作的领导，是党和国家的根本所在、命脉所在，是全国各族人民的利益所在、幸福所在。

党的十八大以来，我们坚持和加强党的全面领导，坚决维护党中央权威和集中统一领导，把党的领导落实到党和国家事业各领域各方面各环节，续写了经济快速发展和社会长期稳定两大奇迹新篇章。新时代新征程全面建设社会主义现代化国家、全面推进中华民族伟大复兴，关键在党。党确立习近平同志党中央的核心、全党的核心地位，确立习近平新时代中国特色社会主义思想的指导地位，反映了全党全军全国各族人民共同心愿，对新时代党和国家事业发展、对推进中华民族伟大复兴历史进程具有决定性意义。

（二）发挥党在百年奋斗历程中积累形成的实现全过程人民民主的独特优势

我们党在百年奋斗历程中形成了一系列独特优势，为实现全过程人民民主提供政治、思想、组织、制度等方面保障：坚持把马克思主义基本原理同中国具体实际相结合，同中华优秀传统文化相结合，用中国化、时代化的马克思主义武装全党，为发展全过程人民民主提供科学指导思想；具有坚定理想信念、崇高政治理想和顽强

---

〔1〕习近平：《高举中国特色社会主义伟大旗帜　为全面建设社会主义现代化国家而团结奋斗——在中国共产党第二十次全国代表大会上的报告》，人民出版社 2022 年版，第 46 页。

〔2〕习近平：《在庆祝中国共产党成立 100 周年大会上的讲话》，人民出版社 2021 年版，第 11 页。

革命意志，能够为实现全过程人民民主、实现和保障人民当家作主百折不挠、不懈奋斗；把民主集中制作为正确规范党内政治生活、处理党内关系的基本准则，明确国家机构实行民主集中制，确保党和人民赋予的权力始终用来为人民谋幸福；坚持依法治国、依规治党，建立健全国家制度和法律制度，推进国家各项工作法治化，不断深化和拓展人民群众参与国家和社会治理的途径和方式；坚持党的群众路线，始终保持同人民群众的血肉联系，使党始终成为风雨来袭时全体人民最可靠的主心骨，把践行初心使命、发展全过程人民民主的鲜活实践贯穿联系群众的全过程各环节；具有严密组织体系和强大组织动员能力，聚天下英才而用之，为发展全过程人民民主提供强大组织动员和实施力量；勤于学习、善于学习，始终保持虚怀若谷、如饥似渴的学习状态，建设马克思主义学习型政党，使我们党始终永葆先进性和纯洁性，永远走在时代前列；全面从严治党，勇于自我革命，不断提高自我净化、自我完善、自我革新、自我提高能力，是发展全过程人民民主的重要组织保障。这些独特优势和宝贵经验，体现和反映了党的性质和宗旨，蕴含着党治国理政的政治智慧和制度密码，也是我们党总揽全局、协调各方领导核心作用的生动体现。

（三）坚持党的全面领导，进一步提高全过程人民民主的制度化、规范化、程序化水平

党的二十大明确指出，发展全过程人民民主是中国式现代化本质要求，强调全过程人民民主是社会主义民主政治的本质属性，对“发展全过程人民民主，保障人民当家作主”作出全面部署、提出明

确要求。

新时代新征程推进发展全过程人民民主，要坚持以习近平新时代中国特色社会主义思想为指导，深刻领悟“两个确立”的决定性意义，增强“四个意识”、坚定“四个自信”、做到“两个维护”。要坚持党总揽全局、协调各方的领导核心作用，坚决维护以习近平同志为核心的党中央权威和集中统一领导，健全党在政治生活中居于领导地位的制度机制，健全和完善党领导全过程人民民主的制度机制，把党的领导贯穿于发展全过程人民民主的全流程各环节，把党关于全过程人民民主的价值理念、原则精神、目标任务、实践要求等，落实到人民当家作主各领域各方面，落实到人民群众参与国家和社会治理的具体实践中，不断提高全过程人民民主的制度化、规范化、程序化水平，推动全过程人民民主制度优势有效转化为国家治理效能。

第五章　人民代表大会制度是实现全过程人民民主的重要制度载体

人民代表大会制度是我国的根本政治制度，是我们党领导人民在人类政治制度史上的伟大创造，是在我国政治发展史乃至世界政治发展史上具有重大意义的全新政治制度。党的十八大以来，以习近平同志为核心的党中央深化对民主政治发展规律的认识，总结民主法治发展实践经验，提出全过程人民民主重大理念，强调人民代表大会制度是实现我国全过程人民民主的重要制度载体。这一重要论断，有着深刻的历史逻辑、理论逻辑、实践逻辑，拓展了人民代表大会制度的时代内涵和实践要求，明确了新时代新征程坚持和完善人民代表大会制度的使命任务。

一、人民代表大会制度是我们党在探索实行人民民主、实现和保障人民当家作主的历史进程中作出的历史性选择

中国共产党从成立之日起，就以实现人民当家作主为己任。以毛泽东同志为代表的中国共产党人在领导中国人民实现民族独立、人民解放、建立新型民主政权的过程中，将马克思主义国家学说与中国实际相结合，创造性地提出了实行人民民主的主张，在局部执

政中对人民当家作主的制度模式进行实践探索和理论总结，积极擘画新中国的政权组织形式，并在建立新中国时历史性地选择人民代表大会制度作为国家根本政治制度。

（一）党领导人民在局部执政期间对人民民主的理论和实践探索

土地革命战争时期，党领导人民制定《中华苏维埃共和国宪法大纲》（1931 年），实行工农兵代表大会制度。[1] 在陕甘宁边区局部执政期间，党领导人民制定《陕甘宁边区施政纲领》（1941 年），实行以“三三制”为原则的参议会制度[2]；制定《陕甘宁边区选举条例》，规定实行普遍、直接、平等、无记名投票等基本原则。解放战争时期，党领导人民制定《陕甘宁边区宪法原则》（1946 年），确

---

〔1〕《中华苏维埃共和国宪法大纲》规定，“中国苏维埃政权所建设的是工人和农民的民主专政的国家；苏维埃全政权是属于工人、农民、红军兵士及一切劳苦民众的”。根据宪法大纲，中华苏维埃共和国实行工农兵代表大会制度的政体。通过召开各级工农兵代表大会，吸收工农群众参加政权，行使自己的民主权利。工农兵代表大会包括乡（市）、区、县、省和全国五级。符合条件的选民按一定比例直接选举产生乡工农兵代表大会代表，组成乡工农兵代表大会，并选举产生乡苏维埃政府组成人员。区、县、省工农兵代表大会，均由下一级代表大会按一定比例选举的代表组成，并产生区、县、省苏维埃政府组成人员。中华苏维埃全国代表大会，由各省工农兵代表大会所选举的代表组成，选举产生中华苏维埃共和国中央政府组成人员。各级工农兵代表大会闭会期间，由相应的各级执行委员会代行权力，对各级工农兵代表大会负责。工农兵代表大会制度具有人民代表大会制度的基本特征，在中国共产党领导的政权建设史上具有重要地位和重大意义。

〔2〕所谓“三三制”，是指在各级参议员和政权机关人员构成中，共产党员、非党的左派进步分子、中间分子各占 1/3。在政权机构设置上，边区、县、区实行代议制，每级均设参议会、政府和法院，分别行使立法权、行政权和审判权。参议会既是民意机关，也是最高政权机关，政府和法院由它产生、对它负责、受它监督，在参议会闭会期间，由选出的常务议员或驻会议员办理日常事务。乡一级实行议行合一制，由参议会代行乡政府的各项职权，不另设行政机构。在党的统一领导下，这些机关分工履职，为新中国成立后国家政权机关的设置、职能划分和协调运转积累了经验。

定边区、县、乡人民代表会议为人民管理政权机关。随着解放战争不断取得胜利，考虑到新解放区召开普选的人民代表大会的条件还不成熟，我们党将地方各界人民代表会议作为人民代表大会的雏形和准备，积极推进民主政权建设。“这样的人民代表会议一经建立，就应当成为当地的人民的权力机关，一切应有的权力必须归于代表会议及其选出的政府委员会。”〔1〕解放区的政权组织形式开始由参议会向人民代表会议过渡。1948 年 5 月晋冀鲁豫解放区和晋察冀两个解放区合并为华北解放区后，在石家庄召开的华北临时人民代表大会，是新中国成立前唯一以“人民代表大会”命名的地方权力机构，从会议组织、程序、功能等方面看，其已经具有新中国成立后人民代表大会的主要特征，为新中国国家政权建设积累了宝贵经验。

毛泽东同志总结中国革命的实践经验，在《新民主主义论》中第一次正式提出新中国的国体和政体的构想和理论，他在《论联合政府》中进一步指出，“新民主主义的政权组织，应该采取民主集中制，由各级人民代表大会决定大政方针，选举政府。它是民主的，又是集中的，就是说，在民主基础上的集中，在集中指导下的民主。只有这个制度，才既能表现广泛的民主，使各级人民代表大会有高度的权力；又能集中处理国事，使各级政府能集中地处理被各级人民代表大会所委托的一切事务，并保障人民的一切必要的民主活动”。〔2〕

---

〔1〕《毛泽东选集》（第 4 卷），人民出版社 1991 年版，第 1308 页。

〔2〕《毛泽东选集》（第 3 卷），人民出版社 1991 年版，第 1057 页。

（二）党领导人民制定《共同纲领》和五四宪法，确立人民代表大会制度为国家的根本政治制度，人民当家作主由梦想变为现实

1949 年 9 月，新中国成立前夕，党领导召开中国人民政治协商会议，通过具有临时宪法作用的《共同纲领》。《共同纲领》对国体和政体作出规定：中华人民共和国的国家政权属于人民，人民行使国家政权的机关为各级人民代表大会和各级人民政府。各级人民代表大会由人民用普选方法产生之，各级人民代表大会选举各级人民政府。明确在普选的人民代表大会召开以前，由中国人民政治协商会议的全体会议执行全国人民代表大会的职权；在普选的地方人民代表大会召开以前，由地方各界人民代表会议逐步地代行人民代表大会的职权。[1] 到 1952 年底，人民代表会议形成一项经常的制度，在全国普遍实行。

1953 年开始，随着全国范围内的普选和地方各级人民代表大会的召开，尽快召开全国人民代表大会、制定宪法，就提上了日程，各项筹备工作稳步推进。1954 年 6 月，毛泽东同志在《关于中华人民共和国宪法草案》中指出："原则基本上是两个：民主原则和社会主义原则。我们的民主不是资产阶级的民主，而是人民民主，这就是无产阶级领导的、以工农联盟为基础的人民民主专政。人民民主的原则贯串在我们整个宪法中。"[2] "一个团体要有一个章程，一个国家也要有一个章程，宪法就是一个总章程，是根本大法。用宪法

---

〔1〕 1951 年 4 月，政务院发出《关于人民民主政权建设工作的指示》，要求各级政府必须按期召开人民代表会议；各级人民政府的一切重大工作，应向同级人民代表会议提出报告，并在代表会议上进行讨论与审查；一切重大问题应经人民代表会议讨论决定。

〔2〕 中共中央文献研究室编：《毛泽东文集》（第 6 卷），人民出版社 1999 年版，第 326 页。

这样一个根本大法的形式，把人民民主和社会主义原则固定下来，使全国人民有一条清楚的轨道，使全国人民感到有一条清楚的明确的和正确的道路可走，就可以提高全国人民的积极性。”[1]

1954 年 9 月，刘少奇同志在《关于中华人民共和国宪法草案的报告》中指出：“我们国家的大事不是由一个人或少数几个人来决定的。人民代表大会制既规定为国家的根本政治制度，一切重大问题就都应当经过人民代表大会讨论，并作出决定。”[2] 9 月 20 日，一届全国人大一次会议通过新中国第一部宪法即五四宪法。五四宪法规定：“中华人民共和国是工人阶级领导的、以工农联盟为基础的人民民主国家。”“中华人民共和国的一切权力属于人民。人民行使权力的机关是全国人民代表大会和地方各级人民代表大会。全国人民代表大会、地方各级人民代表大会和其他国家机关，一律实行民主集中制。”自此，人民代表大会制度作为新中国根本政治制度在全国范围建立起来。

宪法是国家的根本法，是国家法律法规和制度政策的总依据。将人民民主原则在宪法中固定下来，确立人民民主专政的国体、人民代表大会制度的政体，具有特殊重要意义。一是举旗定向。人民民主是无产阶级领导的、以工农联盟为基础的人民民主专政的社会主义民主，有别于资产阶级民主。二是统领贯穿。人民民主原则贯穿宪法始终，无论是宪法序言还是宪法正文各章节，无论是宪法实施、宪法解释还是宪法监督等宪法实践活动，都是以实行人民民主、

[1] 中共中央文献研究室编：《毛泽东文集》（第 6 卷），人民出版社 1999 年版，第 328 页。

[2] 刘少奇：《关于中华人民共和国宪法草案的报告》（1954 年 9 月 15 日），载全国人大常委会办公厅、中共中央文献研究室编：《人民代表大会制度重要文献选编》（一），中国民主法制出版社、中央文献出版社 2015 年版，第 214 页。

实现和保障人民当家作主为价值取向。三是凝心聚力。毛泽东同志指出："我们现在要团结全国人民，要团结一切可以团结和应当团结的力量，为建设一个伟大的社会主义国家而奋斗。这个宪法就是为这个目的而写的。"[1] 在宪法中确立人民民主原则，有助于激发人民群众的国家主人翁意识，巩固全国人民团结奋斗的思想政治基础。

二、改革开放和社会主义现代化建设历史新时期，坚持和完善人民代表大会制度，加强人民当家作主制度保障

党的十一届三中全会实现新中国成立以来社会主义建设的伟大历史转折，发展社会主义民主、健全社会主义法制成为党和国家工作坚定不移的基本方针。在党中央集中统一领导下，与时俱进修改宪法，制定修改人民代表大会制度相关法律，不断健全我国选举制度、国家机构制度体系、基层民主制度、人大组织制度和议事规则，人民代表大会制度焕发出新的生机活力，人民当家作主的制度保障更加坚实。

（一）总结历史经验教训，确立加强民主法制建设的基本方针

"文化大革命"期间，民主法制遭到严重破坏，人民代表大会制度陷于停滞。"文化大革命"结束后，1978 年 12 月 13 日，邓小平同志在中共中央工作会议闭幕会上发表题为《解放思想，实事求是，团结一致向前看》的讲话，总结党和国家事业发展的经验教训，深刻指出，"为了保障人民民主，必须加强法制。必须使民主制度化、

[1] 中共中央文献研究室编：《毛泽东文集》（第 6 卷），人民出版社 1999 年版，第 329-330 页。

法律化，使这种制度和法律不因领导人的改变而改变，不因领导人的看法和注意力的改变而改变”。[1] 1978年12月13日，叶剑英同志在中央工作会议闭幕会上的讲话中指出：“人大常委会如果不能尽快担负起制定法律、完善社会主义法制的责任，那人大常委会就是有名无实，有职无权，尸位素餐，那我这个人大常委委员长就没有当好，我就愧对全党和全国人民。”[2] 随后召开的党的十一届三中全会强调，“从现在起，应当把立法工作摆到全国人民代表大会及其常务委员会的重要议程上来。检察机关和司法机关要保持应有的独立性；要忠实于法律和制度，忠实于人民利益，忠实于事实真相；要保证人民在自己的法律面前人人平等，不允许任何人有超于法律之上的特权”，“做到有法可依，有法必依，执法必严，违法必究”。[3] 1979年6月，彭真同志在《关于七个法律草案的说明》中讲道：“没有健全的社会主义法制，就很难发展社会主义民主。”“‘人心思法’，全国人民都迫切要求有健全的法制。”[4]

1981年6月27日，党的十一届六中全会通过的《关于建国以来党的若干历史问题的决议》指出：“逐步建设高度民主的社会主义政治制度，是社会主义革命的根本任务之一。建国以来没有重视这一任务，成了‘文化大革命’得以发生的一个重要条件，这是一个沉

---

〔1〕《邓小平文选》（第2卷），人民出版社1994年版，第146页。

〔2〕《叶剑英选集》，人民出版社1996年版，第500页。

〔3〕参见《中国共产党第十一届中央委员会第三次全体会议公报》（1978年12月22日通过），载全国人大常委会办公厅、中共中央文献研究室编：《人民代表大会制度重要文献选编》（二），中国民主法制出版社、中央文献出版社2015年版，第377页。

〔4〕《彭真文选》，人民出版社1991年版，第368页。

痛教训。"[1] "必须根据民主集中制的原则加强各级国家机关的建设，使各级人民代表大会及其常设机构成为有权威的人民权力机关"，[2] "必须巩固人民民主专政，完善国家的宪法和法律并使之成为任何人都必须严格遵守的不可侵犯的力量，使社会主义法制成为维护人民权利，保障生产秩序、工作秩序、生活秩序，制裁犯罪行为，打击阶级敌人破坏活动的强大武器"[3]。这些重要思想，为"文化大革命"结束后拨乱反正、开启改革开放和社会主义现代化建设新时期的民主法制建设，指明了前进方向，提供了科学指导。

（二）加强人民代表大会制度相关立法，推进全过程人民民主体制机制建设

改革开放以来，全国人大修改通过了八二宪法，全国人大及其常委会制定修改全国人大组织法、国务院组织法、全国人大议事规则、全国人大常委会议事规则、地方组织法、选举法、代表法、监督法、立法法、预算法等宪法相关法律，进一步理顺了各国家机构的相互关系，完善了国家权力机关的组织、职权和工作制度，使人民代表大会制度这一实现和保障发展全过程人民民主的制度载体不

---

〔1〕《关于建国以来党的若干历史问题的决议》（1981 年 6 月 27 日中国共产党第十一届中央委员会第六次全体会议一致通过），载中共中央文献研究室编：《三中全会以来重要文献选编》（下），中央文献出版社 2011 年版，第 169 页。

〔2〕《关于建国以来党的若干历史问题的决议》（1981 年 6 月 27 日中国共产党第十一届中央委员会第六次全体会议一致通过），载中共中央文献研究室编：《三中全会以来重要文献选编》（下），中央文献出版社 2011 年版，第 169 页。

〔3〕《关于建国以来党的若干历史问题的决议》（1981 年 6 月 27 日中国共产党第十一届中央委员会第六次全体会议一致通过），载中共中央文献研究室编：《三中全会以来重要文献选编》（下），中央文献出版社 2011 年版，第 170 页。

断完善。

1. 将民主集中制确立为人民代表大会制度的组织和活动原则

民主集中制是我国国家机构的组织形式和活动方式。五四宪法和八二宪法都对国家机构实行民主集中制原则作出了规定。[1] 人民代表大会制度作为我们国家的根本政治制度，既是按照民主集中制原则组织起来的，也是按照民主集中制原则运转的：国家一切权力属于人民，人民通过人民代表大会统一行使国家权力；国家机构实行民主集中制原则，各级人民代表大会由民主选举产生，对人民负责，受人民监督；各级国家行政机关、审判机关、检察机关都由人民代表大会产生，对人大负责，受人大监督；实行决策权、执行权、监督权既合理分工又相互协调，涵盖了民主选举、民主协商、民主决策、民主管理、民主监督各个环节，把党的领导、人民当家作主、依法治国有机统一起来，为人民有序政治参与提供了重要制度平台和载体。

2. 加强国家政权机关特别是权力机关建设，保障人民更好行使国家权力

八二宪法就加强国家政权机关建设作出一系列重要规定，如扩大全国人大常委会的职权，恢复设立国家主席和副主席，设立中央

〔1〕 五四宪法规定："全国人民代表大会、地方各级人民代表大会和其他国家机关，一律实行民主集中制。"八二宪法对此作了修改完善，在总纲中第三条第一款作出原则性规定："中华人民共和国的国家机构实行民主集中制的原则。"还规定："全国人民代表大会和地方各级人民代表大会都由民主选举产生，对人民负责，受人民监督。国家行政机关、审判机关、检察机关都由人民代表大会产生，对它负责，受它监督。中央和地方的国家机构职权的划分，遵循在中央的统一领导下，充分发挥地方的主动性、积极性的原则。"八二宪法第三章"国家机构"对各国家机构职责职权的规定，也贯彻体现了民主集中制原则。这些都为我们在人民代表大会制度和人大工作实践中实行民主集中制提供了根本原则遵循。

军事委员会等。八二宪法、地方组织法、立法法等法律对国家权力机关组织和职权作出重要修改完善。一是，适当扩大全国人大常委会的职权。如规定全国人大和全国人大常委会共同行使国家立法权[1]，共同监督宪法实施等。二是，在县级以上地方人大设立常委会。这是新时期我国推进社会主义民主法制建设的重大举措，是人民代表大会制度的重大发展，也是地方政权建设的重大革新。[2] 三是，完善国家立法体制，赋予省级人大及其常委会、较大的市人大及其常委会制定地方性法规的职权；制定立法法（2000 年），对我国的立法体制、立法权限、立法程序、立法监督等作出全面规范，要求立法应当体现人民的意志，发扬社会主义民主，保障人民通过多种途径参与立法活动。四是，完善监督制度。如制定监督法（2006 年），对各级人大常委会行使监督权的原则、监督宪法和法律的实施等作出规定；加强对法律、预算、计划执行情况的监督，提升了人大监督的制度化、规范化水平。制定修改行政复议法、行政诉讼法、行政处罚法、国家赔偿法等，规范行政权力，保障公民合法权利。五是，其他方面。如各级人大常委会组成人员不得担任国家行政机关、审判机关和检察机关的职务，有利于在闭会期间对"一府两院"开展经常性监督；县级以上人大增设了一些专门委员会，在人大及其常委会领导下，研究、审议和拟定有关议案；完善

---

[1] 全国人大常委会有权制定和修改除应当由全国人大制定的法律以外的其他法律。在全国人大闭会期间，对全国人大制定的法律进行部分补充和修改，但不得同该法律的基本原则相抵触。

[2] 1979 年 7 月，五届全国人大二次会议通过关于修正宪法若干规定的决议和地方组织法，明确县级以上地方人大设立常委会。县级以上地方人大设立常委会从最初的研究论证，到最终的决定和设立，历经"四次酝酿、三次搁置"的曲折过程。参见全国人大常委会办公厅研究室课题组：《地方人大设立常委会的过程和有关情况》，载中国人大网 2011 年 2 月 18 日，http：//www. npc. gov. cn/npc/c1773/c2518/c9754/c10454/201905/t20190522_65057. html。

了组成和任期制度[1]。这些重要举措，特别是县级以上人大设立常委会以及赋予省级人大及其常委会、较大的市人大及其常委会地方立法权，坚持和完善了人民代表大会制度，增强了人大及其常委会工作的连续性、稳定性和权威性，对于推进和保障改革开放以及社会主义现代化建设顺利进行，从制度和组织上保证全体人民更好行使国家权力，有重大而深远的影响。

党的十三大至党的十七大报告都继续把坚持和完善人民代表大会制度作为社会主义民主政治建设的重要内容加以部署推进。随着人民代表大会制度的优势和功效逐步彰显，我们党对人民代表大会制度建设的规律性认识也逐步深化，不断强调坚持和发展完善人民代表大会制度，以保障实现人民当家作主。1990 年 3 月，江泽民同志指出，人民代表大会制度“是我们党长期进行人民政权建设的经验总结，也是我们党对国家事务实施领导的一大特色和优势”[2]。2002 年 11 月，党的十六大报告首次提出：“发展社会主义民主政治，最根本的是要把坚持党的领导、人民当家作主和依法治国有机统一起来。”2004 年 9 月，胡锦涛同志在首都各界纪念全国人民代表大会成立五十周年大会上的讲话中指出：“人民代表大会制度是中国人民当家作主的重要途径和最高实现形式，是中国社会主义政治

[1] 关于完善组成制度，如 1997 年、1999 年香港、澳门先后回归祖国，2004 年宪法修正案在关于全国人民代表大会组成的规定中增加“特别行政区”的内容，增强代表性和广泛性。关于完善任期制度，八二宪法规定省市为 5 年，县乡两级为 3 年，1993 年宪法修正案将县级人大的任期由 3 年改为 5 年，2004 年宪法修正案将地方各级人大任期统一修改为 5 年。

[2] 江泽民：《坚持和完善人民代表大会制度》（1990 年 3 月 18 日），载《江泽民文选》（第 1 卷），人民出版社 2006 年版，第 111 页。

文明的重要制度载体。"[1] 党的十七大报告提出："人民当家作主是社会主义民主政治的本质和核心。要健全民主制度，丰富民主形式，拓宽民主渠道，依法实行民主选举、民主决策、民主管理、民主监督，保障人民的知情权、参与权、表达权、监督权。"

三、新时代持续推进人民代表大会制度理论和实践创新，明确人民代表大会制度是实现我国全过程人民民主的重要制度载体

党的十八大以来，以习近平同志为核心的党中央从坚持和发展中国特色社会主义全局和战略高度，继续推进人民代表大会制度理论和实践创新，形成了习近平总书记关于坚持和完善人民代表大会制度的重要思想。习近平总书记总结新时代民主法治实践经验，创造性地提出全过程人民民主的重大理念，强调人民代表大会制度是实现我国全过程人民民主的重要制度载体，为新时代新征程更好发挥人民代表大会制度职能作用，进一步提高全过程人民民主的制度化、规范化、程序化水平，提供了科学指南和根本遵循。

（一）形成了习近平总书记关于坚持和完善人民代表大会制度的重要思想，明确人民代表大会制度是实现我国全过程人民民主的重要制度载体

党的十八大以来，党中央、全国人大常委会隆重举行庆祝全国人民代表大会成立60周年大会，制定出台关于加强县乡人大工作和

---

〔1〕 胡锦涛：《在首都各界纪念全国人民代表大会成立五十周年大会上的讲话》（2004年9月15日），载《胡锦涛文选》（第2卷），人民出版社2016年版，第231页。

建设的若干意见。习近平总书记专门就纪念地方人大设立常委会40周年作出重要指示[1]，在党的历史上首次召开中央人大工作会议，习近平总书记就坚持和完善人民代表大会制度提出一系列新理念新思想新战略，强调人民代表大会制度是坚持党的领导、人民当家作主、依法治国有机统一的根本政治制度安排，是支撑中国国家治理体系和治理能力的根本政治制度，是党领导国家政权机关的重要制度载体，是党在国家政权中充分发扬民主、贯彻群众路线的重要实现形式，是实现我国全过程人民民主的重要制度载体，是保障实现中华民族伟大复兴的好制度，形成了习近平总书记关于坚持和完善人民代表大会制度的重要思想。

关于道路和方向层面，习近平总书记论述了发展社会主义民主政治的一系列重大原则问题，提出了全过程人民民主理念和发展要求，特别强调坚持和完善人民代表大会制度，一定要坚持正确的政治方向，坚定不移走中国特色社会主义政治发展道路。关于人民代表大会制度层面，习近平总书记深刻阐述了人民代表大会制度的历史必然和特点优势，拓展了人民代表大会制度的性质内涵和实践要求，鲜明提出了坚持和完善人民代表大会制度，必须坚持中国共产

[1] 2019年7月，习近平总书记专门就纪念地方人大设立常委会40周年作出重要指示：“县级以上地方人大设立常委会，是发展和完善人民代表大会制度的一个重要举措。四十年来，地方人大及其常委会坚持党的领导、人民当家作主、依法治国有机统一，履职尽责，开拓进取，为地方改革发展稳定工作作出了重要贡献。”“新形势新任务对人大工作提出新的更高要求。地方人大及其常委会要按照党中央关于人大工作的要求，围绕地方党委贯彻落实党中央大政方针的决策部署，结合地方实际，创造性地做好立法、监督等工作，更好助力经济社会发展和改革攻坚任务。要自觉接受同级党委领导，密切同人民群众的联系，更好发挥人大代表作用，接地气、察民情、聚民智，用法治保障人民权益、增进民生福祉。要加强自身建设，提高依法履职能力和水平，增强工作整体实效。”参见习近平：《论坚持人民当家作主》，中央文献出版社2021年版，第261页。

党领导，坚持用制度体系保障人民当家作主，坚持全面依法治国，坚持民主集中制，坚持中国特色社会主义政治发展道路，坚持推进国家治理体系和治理能力现代化。关于人大工作层面，习近平总书记对人大工作有很多明确具体的指示要求，如全面贯彻实施宪法，维护宪法权威和尊严；加快完善中国特色社会主义法律体系，以良法促进发展、保障善治；用好宪法赋予人大的监督权，实行正确监督、有效监督、依法监督；充分发挥人大代表作用，做到民有所呼、我有所应；强化政治机关意识，加强人大自身建设；加强党对人大工作的全面领导。

人民代表大会制度的运行和人大立法、监督、代表等各项工作，覆盖全过程人民民主和社会主义法治建设的各方面各领域，是全过程人民民主的重要实践平台。习近平总书记强调，人民代表大会制度是实现我国全过程人民民主的重要制度载体，要在党的领导下，不断扩大人民有序政治参与，加强人权法治保障，保证人民依法行使选举权利，完善人大的民主民意表达平台和载体，健全吸纳民意、汇集民智的工作机制，保证人民的知情权、参与权、表达权、监督权落实到人大工作各方面各环节全过程，把各方面社情民意统一于最广大人民根本利益之中。[1]

（二）加强人民代表大会制度相关立法，推进全过程人民民主体制机制建设

党的十八大以来，全国人大及其常委会深入学习贯彻习近平总书记关于全过程人民民主的重要论述精神，贯彻党中央对人大制度、

〔1〕 参见习近平：《坚持和完善人民代表大会制度，不断发展全过程人民民主》（2021 年 10 月 13 日），载习近平：《论坚持人民当家作主》，中央文献出版社 2021 年版，第 337 页。

人大工作的新部署新要求，加强人民代表大会制度相关立法工作，从各个层次各个领域不断扩大人民群众民主政治参与，推动全过程人民民主发展更加广泛、更加充分、更加健全。

一是，通过宪法修正案。完善了国家主席任职方面的有关规定；将全国人大“法律委员会”更名为“宪法和法律委员会”，根据全国人大常委会有关决定，宪法和法律委员会在继续承担统一审议法律草案工作的基础上，增加推动宪法实施、开展宪法解释、推进合宪性审查、加强宪法监督、配合宪法宣传等职责；确认立法法关于赋予设区的市地方立法权的规定；增加有关监察委员会的各项规定[1]，推动人民代表大会制度与时俱进、完善发展。二是，修改全国人大组织法、全国人大议事规则、全国人大常委会议事规则、地方组织法、选举法、代表法、立法法，在总则和有关职责职权中明确规定了坚持和发展全过程人民民主的内容和要求，完善立法体制机制，将实践中行之有效的科学立法、民主立法的经验做法上升为法律规范，更好保障人民当家作主。三是，制定监察法，修改预算法，通过关于加强国有资产管理情况监督的决定等，完善权力运行监督的法律制度。四是，其他有关立法。比如，制定人民陪审员法，对人民陪审员选任的广泛性和代表性、充分发挥人民陪审员参审作用、加强履职保障等作出规定，方便人民群众了解、参与、监督司

[1] 为了贯彻和体现党的十八大以来深化国家监察体制改革的精神，为成立监察委员会提供宪法依据，2018 年宪法修正案在宪法第三章“国家机构”第六节后增加一节，作为第七节“监察委员会”，就国家监察委员会和地方各级监察委员会的性质、地位、名称、人员组成、任期任届、领导体制、工作机制等作出规定。与此相适应，对宪法第三条第三款、第六十五条第四款、第一百零三条第三款等相关条款作出修改，以反映设立国家监察委员会和地方各级监察委员会后，全国人民代表大会及其常务委员会和地方各级人民代表大会及其常务委员会、国务院和地方各级人民政府职权的新变化以及工作的新要求。

法。总之，全国人大及其常委会制定、修改宪法法律，监督宪法法律的实施，是全过程人民民主的生动实践，也为全过程人民民主提供法治保障。

四、在人大制度和人大工作中贯彻全过程人民民主

发展全过程人民民主，是各级人大的职责使命，也是人大工作保持生机活力的关键所在。人大工作的各个方面各个环节，都充分贯彻和体现全过程人民民主的要求。

（一）选举工作

人大代表选举是人民代表大会制度运作的起点，是全过程人民民主的首要环节。宪法第三条、第三十四条、第五十九条等有关选举的规定为选举制度提供了根本法依据。国家先后于 1953 年[1]、1979 年两次制定选举法，对选举的基本原则、制度程序等作出规定。选举法、代表法、地方组织法等法律对民主选举制度作出具体规定。全国人大常委会还制定了《关于县级以下人民代表大会代表直接选举的若干规定》《中国人民解放军选举全国人民代表大会和地方各级人民代表大会代表的办法》等法律文件，每届全国人大及其

---

〔1〕 1953 年 2 月，中央人民政府委员会审议通过选举法。邓小平同志在选举法草案说明中指出："《选举法（草案）》贯穿着一个总的精神，就是如何根据国家的情况，规定一个合乎当前实际的最民主的选举制度。"中共中央文献研究室编：《邓小平文集（1949—1974 年）》（中卷），人民出版社 2014 年版，第 55 页。从 1953 年下半年开始，在全国范围内进行了我国历史上第一次规模空前的普选工作。1954 年 6 月至 7 月，全国各县、区级全部召开了人民代表大会。7 月底至 8 月中旬，各省、自治区、直辖市先后召开了人民代表大会会议。经由各省、自治区、直辖市和较大的市人民代表大会以及中国人民解放军、华侨等方面选举，产生了第一届全国人民代表大会的代表 1226 名，保障了一届全国人大一次会议的顺利召开。

常委会还对下一届全国人大代表名额和选举问题、香港澳门选举全国人大代表的办法、台湾省代表协商选举方案等选举事项作出决定。此外，各省级人大制定选举实施细则，对本辖区选举制度作出细化规定。

一是，选举具有平等性。我国选举制度真正实现了男女平等、民族平等、地区平等、人人平等。〔1〕二是，选举程序公开公正。我国选举严格按照法定程序进行，并接受监督。〔2〕三是，直接选举与间接选举相结合。我国五级人大代表中，县乡两级人大代表由选民直接选举产生，约占我国五级人大代表总数的95%，这些代表都是选民一人一票选出来的，体现了全过程人民民主的广泛性和真实性。〔3〕四

〔1〕1953年选举法就规定妇女有与男子同等选举权和被选举权。八二宪法和现行选举法都规定，我国年满18周岁的公民，除依照法律被剥夺政治权利的人以外，都有选举权和被选举权。现行选举法设专章对各少数民族的选举作出规定，保证聚居的少数民族在当地人大中有相应比例甚至更高比例的代表，规定人口特少的其他聚居民族至少应有代表1人；香港、澳门回归祖国后，在关于全国人民代表大会组成的规定中增加“特别行政区”的内容。2010年第五次修改选举法，实现城乡按相同人口比例选举各级人大代表。

〔2〕比如，各党派、各人民团体推荐的代表候选人与选民或者代表10人以上联名推荐的代表候选人，具有同等法律地位。实行差额选举，有利于选出人民群众满意的人大代表。采用无记名投票方式选举，投票场所应当设有秘密写票处。禁止境外势力资助、干预选举，等等。

〔3〕选举人大代表是人民行使国家权力的重要方式。改革开放以来，我国进行了12次乡级人大代表选举、11次县级人大代表选举，均保持了较高的选民参选率。以最近一次县乡人大换届选举为例，根据宪法和有关法律规定，全国县乡两级人大换届选举从2021年上半年起陆续展开，至2022年6月底全面完成。31个省、自治区、直辖市直接选举产生2629447名县乡两级人大代表，比上届增加151459名，增长6.11%。本次县乡人大换届选举涉及10.64亿选民，参加县级人大代表选举投票的选民9.21亿人，占登记选民的86.49%；参加乡级人大代表选举投票选民6.23亿人，占登记选民的85.63%。县乡两级一次选举成功选区分别占选区总数的99.80%和99.97%。这次换届选举共选出县级人大代表670563名、乡级人大代表1958884名。这是世界上规模最大的基层民主选举，是全过程人民民主的生动实践。其中一线工人、农民、专业技术人员等基层代表比例分别为52.53%和76.75%，比上届分别上升1.47和0.21个百分点；妇女代表比例分别为31.64%和32.36%，比上届分别上升3.23和4.34个百分点；少数民族代表比例分别为15.42%和17.18%；归侨代表依照法律规定得以保证，代表结构进一步优化，充分体现了先进性、广泛性和代表性。各地依法选出县乡两级人大代表后，及时召开新一届人民代表大会第一次会议，选举产生了县乡两级国家机关领导人员，为加强基层国家政权建设、保证人民当家作主、巩固党长期执政基础提供了坚实组织保障。

是，不断提升选举的代表性、广泛性。适时修改选举法、地方组织法等，不断优化代表和常委会组成人员的结构，确保社会各方面各领域都能有效参与国家政治生活。[1] 五是，保障流动人口选举权。改革开放以来，适应我国流动人口和“人户分离”情况增多的现实情况，在流动人口居住比较集中的地方，将“常住人口”作为计算代表名额的基础数据，并视情况分配适当数量的流动人口代表名额。现在各级人大中都有进城务工人员的代表。六是，代表履职受监督。人大代表需要接受选民或者选举单位的监督。选民或者原选举单位对人大代表进行监督可以采取多种形式，如听取代表报告履职情况，向代表提出批评、意见、建议，罢免代表等。

（二）立法工作

立法是把党的主张和人民意志通过法定程序转化为国家意志的重要政治活动，是保障人民当家作主、推进全面依法治国的重要方面。立法活动需要充分发扬民主、集思广益，需要科学决策、民主决策，民主立法是立法法确立的立法基本原则。

为了在立法中践行全过程人民民主，实践中形成了一套科学合理的制度安排，确保立法决策反映人民意愿、集中人民智慧。一是，

[1] 比如，2010年修改选举法，针对乡镇合并较多、乡镇人口增加较多的情况，将乡镇人大代表名额上限由130名提高至160名；2020年再次修改选举法，针对各地基层行政区划撤乡并镇改设街道、基层人大代表数量逐届减少的实际情况，适当增加基层人大代表数量。比如，分别于2004年、2015年、2022年修改地方组织法，适当增加人大常委会组成人员的名额。2004年修改地方组织法，将设区的市、自治州人大常委会组成人员名额的上下限和最高限分别增加6名，将县、自治县、不设区的市、市辖区人大常委会组成人员名额的上下限分别增加4名、最高限增加6名；2015年修改地方组织法，增加县级人大常委会组成人员名额；2022年修改地方组织法，适当增加省市两级人大常委会组成人员名额，上下限和最高限分别增加10名，增强其广泛性和代表性。

科学编制立法规划计划，贯彻党中央的重大决策部署，将人民群众关心关切的事项纳入立法议程。[1] 二是，在法律草案起草和审议过程中，坚持开门立法，通过调研、座谈、论证、评估等各种途径和形式，广泛听取各方面意见。[2] 三是，发挥基层立法联系点的“直

---

〔1〕 在编制立法规划计划过程中，通过召开座谈会、书面发函等多种方式，向有关国家机关、企事业单位、群团组织、研究机构、基层立法联系点以及专家学者等征求意见，认真研究人大代表、政协委员提出的议案、建议、提案，在集思广益的基础上，科学评估论证，筛选确定立法项目，从立项这一立法工作源头上发扬民主、科学决策，保证立法工作不断适应经济社会发展新形势、人民群众新期待。比如，为编制好十四届全国人大常委会立法规划，赵乐际委员长在 2023 年 3 月十四届全国人大常委会第一次会议上就对抓紧做好立法规划编制工作专门作出部署。全国人大常委会领导同志深入开展调研，走访全国人大各专门委员会，召开 8 场座谈会听取 31 个省（区、市）人大常委会和 36 个中央国家机关负责同志意见建议，做到省级人大和主要中央部门全覆盖。向 177 个中央和地方单位书面征集到立法项目建议近 300 项，立法规划区分不同情况予以吸收采纳，作出相应安排。梳理研究全国人大代表提出的议案、建议，邀请全国人大代表参加有关座谈会、论证会，充分发挥代表在立法规划编制工作中的重要作用。专门向 31 个基层立法联系点征集立法项目，听取基层群众“原汁原味”的意见建议，使立法规划编制工作更加接地气、汇民意。对相关领域重要立法项目进行评估论证，就立法规划草案征求有关方面意见、反复沟通协调，凝聚更加广泛的共识。比如，2017 年十二届全国人大五次会议期间，共有 184 位代表提出了 8 件关于制定英雄烈士保护法的议案、建议，全国人大常委会及时将制定英雄烈士保护法列入立法规划计划。立法规划计划并不是一成不变的，而是可以适时发展调整的，以更好适应经济社会发展和人民利益的要求。比如，十三届全国人大常委会适应强化公共卫生法治保障实践需要，制定了强化公共卫生法治保障立法修法专项工作计划。

〔2〕 比如，毛泽东同志领导制定新中国第一部宪法即五四宪法，就特别注重充分发扬人民民主，组建了具有广泛代表性的宪法起草委员会，毛泽东同志在宪法草案的说明中指出：“起草宪法采取了领导机关的意见和广大群众的意见相结合的方法。这个宪法草案，结合了少数领导者的意见和八千多人的意见，公布以后，还要由全国人民讨论，使中央的意见和全国人民的意见相结合。这就是领导和群众相结合，领导和广大积极分子相结合的方法。过去我们采用了这个方法，今后也要如此。一切重要的立法都要采用这个方法。”参见毛泽东：《关于中华人民共和国宪法草案》（1954 年 6 月 14 日），载中共中央文献研究室编：《毛泽东文集》（第 6 卷），人民出版社 1999 年版，第 325 页。目前，全国人大和有立法权的地方人大普遍建立了法律法规草案网上公布征求意见制度。就全国人大而言，法律草案每一次审议后，原则上都要向全社会公布征求社会公众意见。在民法典编纂过程中，先后 10 次向社会公布征求意见，参与群众超过 40 万人次，提出意见建议超过 102 余万条。

通车”作用，吸纳民意、汇聚民智。[1] 四是，制定出台了关于立法中涉及的重大利益调整论证咨询的工作规范、关于争议较大的重大立法事项引入第三方评估的工作规范、法律通过前评估工作制度、立法后评估工作制度等，完善了民主参与的工作机制。

（三）监督工作

人民代表大会制度的重要原则和制度设计的基本要求，就是任何国家机关及其工作人员的权力都要受到制约和监督。人大及其常委会依照宪法和监督法等法律规定，监督“一府一委两院”[2] 的工作，统筹运用合宪性审查、备案审查、听取审议工作报告、执法检查、计划和预算决算审查、询问和质询等方式，推动“一府一委两院”在宪法和法律范围内履行职责。

一是，积极稳妥开展合宪性审查工作。宪法是人民权利的宣言书。党的十八大以来，全国人大常委会全面加强宪法实施和监督工作，健全涉宪问题事先审查和咨询机制，加强法律草案合宪性审查，制定关于完善和加强备案审查制度的报告，妥善处理备案审查工作中的合宪性、涉宪性问题，依法保障公民各项基本权利。[3] 二是，

---

[1] 有关基层立法联系点的具体情况见本书第十三章内容。

[2] 2018年宪法修正案在第三章“国家机构”增加了第七节“监察委员会”，人大监督对象由原来的“一府两院”变为“一府一委两院”。

[3] 比如，全国政协十三届一次会议期间，有全国政协委员提出提案，建议对收容教育制度进行合宪性审查。2019年十三届全国人大二次会议期间，有30名全国人大代表联名提出了关于废止收容教育制度的议案。2019年12月，十三届全国人大常委会第十五次会议审议了《国务院关于提请废止收容教育制度的议案》，通过了《关于废止有关收容教育法律规定和制度的决定》，废止了《关于严禁卖淫嫖娼的决定》第四条第二款、第四款，以及据此实行的收容教育制度。又如，十四届全国人大常委会第七次会议上，法工委关于2023年备案审查工作情况的报告反映：有的市辖区议事协调机构发布通告，对涉某类犯罪重点人员采取惩戒措施，其

在备案审查工作中积极推动解决人民群众关心关注的法律问题。备案审查制度赋予公民、组织审查建议权，即公民、组织认为有关法规、规章以及其他规范性文件与宪法、法律相抵触的，可以向全国人大常委会提出审查建议，由有关机关予以审查，是公民、组织对有关立法活动和有关国家机关制发文件进行监督、表达关切和诉求的有效渠道。[1] 三是，其他方面。逐条对照法律条文开展执法检查，健全人大对执法司法工作监督的机制和方式；开展预算审查监督，重点拓展对改革和国有资产管理监督情况的监督；设立预算工作基层联系点等。一些地方人大建立完善民主评议机制，组建由常委会组成人员、人大代表、专家学者等组成的工作专班，紧盯突出问题，强化跟踪问效，监督工作机制更加完善，实效明显增强。

（四）代表工作

人大代表由民主选举产生，是党和国家联系人民群众的桥梁。

中对涉罪重点人员的配偶、子女、父母和其他近亲属在受教育、就业、社保等方面的权利进行限制。有公民对此提出审查建议，认为这样的限制措施实际上属于“连坐”性质，应予停止执行。我国宪法规定，公民享有宪法和法律规定的权利，履行宪法和法律规定的义务。我们研究认为，任何违法犯罪行为的法律责任都应当由违法犯罪行为人本人承担，而不能株连或者及于他人，这是现代法治的一项基本原则；有关通告对涉罪人员近亲属多项权利进行限制，违背罪责自负原则，不符合宪法第二章关于“公民的基本权利和义务”规定的原则和精神，也不符合国家有关教育、就业、社保等法律法规的原则和精神。我们与有关主管部门督促有关机关对通告予以废止，支持有关主管部门在全国范围内部署开展自查自纠，防止、避免出现类似情况，确保执法司法工作在法治轨道上规范推进。

[1] 党的十八大以来，截至 2023 年 11 月，全国人大常委会共研究处理公民、组织提出的审查建议约 22000 件，积极推动解决人民群众关心关注的“夫妻共同债务”、“超生即辞退”、废止收容教育制度等法律问题。全国人大常委会和一些地方人大常委会还开通网上提交审查建议平台，人民群众提交审查建议更加便捷；发布了备案审查典型案例，备案审查工作“飞入寻常百姓家”，为公众所熟悉和掌握，人民群众行使监督权的渠道、机制、方式更加丰富多元。

人大代表依法参加行使国家权力，把反映民情民意、监督政府依法履职和推动解决实际问题有机结合起来，是发展全过程人民民主的生动实践。习近平总书记指出："要充分发挥人大代表作用，做到民有所呼、我有所应。要丰富人大代表联系人民群众的内容和形式，更好接地气、察民情、聚民智、惠民生。"〔1〕

一是，人大代表依法提出议案和建议，推动解决人民群众普遍关心的突出问题。各级人大代表通过深入调查研究，体察社情民意，找出具有普遍性、共通性且适宜在法律和制度政策上推动解决的问题，进行前瞻性思考，形成具有建设性的解决问题的思路，进而提出议案和建议，彰显"人民选我当代表，我当代表为人民"的责任和担当。二是，有关国家机关、组织认真审议代表议案，研究办理代表建议。人大及其常委会将办理代表议案建议与制定、实施立法、监督工作计划，起草修改法律等工作结合起来，将人大代表的真知灼见转化为具体政策和工作举措，推动解决代表关注、群众关心的重点难点问题，使党和国家在决策、执行、监督落实各个环节中都能听到来自人民的声音。〔2〕 三是，完善代表工作制度机制。十三届全国人大常委会制定关于加强和改进全国人大代表工作的具体措施，深化和拓展全国人大常委会同代表的联系，加强和改进专门委员会、工作机构同全国人大代表的联系，完善常委会组成人员联系基层代

〔1〕 习近平：《论坚持人民当家作主》，中央文献出版社 2021 年版，第 334 页。

〔2〕 比如，全国人大常委会 2020 年修改未成年人保护法，采纳了 214 名代表提出的完善青少年控烟长效机制，强化父母或者其他监护人监护职责，建立侵害未成年人违法犯罪人员信息查询系统，落实强制报告制度，加强网络信息内容监管等意见。按照内容高质量、办理高质量的要求，十三届全国人大常委会认真办理代表近 5 年提出的 4648 件议案、84028 件建议，做到件件有回音、有落实，推动解决一批人民群众普遍关心的突出问题。

表的工作机制，完善人大代表联系人民群众制度[1]。人民代表大会审议通过重要法律法规案，已经成为一项常规做法。[2] 完善法律草案征求全国人大代表意见工作机制，更加注重发挥专门从事法律工作的代表以及提出相关议案建议的代表的作用。建立列席常委会会议代表座谈会制度。[3]

此外，全国人大常委会还加强宣传平台建设，通过常委会发言人、外事委发言人、法工委发言人等机制，广泛宣传民主法治建设成就，讲好人大践行和发展全过程人民民主的生动故事。

五、坚持好贯彻好民主集中制原则，推动人民代表大会制度创新发展

民主集中制是我们党的根本组织原则和领导制度，也是人民代表大会制度的组织和活动原则。人民代表大会制度按照民主集中制原则组织并有效运行，本身就是坚持、践行和发展全过程人民民主。习近平总书记关于全过程人民民主的重要论述，特别是人民代表大会制度是实现我国全过程人民民主重要制度载体的论断，进一步丰富和拓展了人民代表大会制度的制度内涵、时代特色和实践要求，明确了新时代新征程坚持和完善人民代表大会制度、加强和改进人大工作的使命任务，为在人大制度、人大工作中更好坚持和践行全

---

〔1〕 深入推进代表之家、代表联络站等履职平台和基层立法联系点、预算工委基层联系点建设，使之成为人大代表密切联系人民群众的重要平台和载体。

〔2〕 十三届全国人大以来，全国人大常委会连续6年提请全国人民代表大会会议审议通过重要法律案，依次是：宪法修正案和监察法，外商投资法，民法典，全国人大组织法、议事规则，地方组织法，立法法。

〔3〕 探索建立与列席常委会会议的代表座谈机制，是近年来全国人大常委会密切同人大代表联系、同人民群众联系，加强和改进代表工作的创新之举。委员长、副委员长与列席常委会的代表面对面交流沟通，听取意见建议。

过程人民民主，保障人民当家作主，提供了行动指南和根本遵循。

回顾新中国的革命、改革、建设实践，我们党根据民主集中制原则加强人民代表大会制度建设，在党和国家各项工作中坚持走群众路线，充分发扬民主，加强调查研究，广泛听取意见，集中各方智慧，有力推进了科学决策、民主决策、依法决策，有力推动了国家治理体系和治理能力现代化进程。党的十八大以来，围绕坚持和发展全过程人民民主、保障人民当家作主，人大制度、人大工作推出一系列重要举措，极大拓展了人民群众参加行使国家权力的范围、程度、方式、渠道，既有效践行和发展全过程人民民主，丰富全过程人民民主的实践，又坚持和发挥人大及其常委会作为国家权力机关的职能作用，实现了民主与集中的统一，推进了党和国家事业发展，对回应人民群众对民主法治的需求、提高法律法规质量效率、依法提升国家治理水平，发挥了积极作用。

党的二十大将发展全过程人民民主作为中国式现代化的本质要求，列出专题对“发展全过程人民民主，保障人民当家作主”作出部署，对坚持和完善人民代表大会制度提出新要求[1]。新时代新征程上，要坚持以全过程人民民主重大理念为指引，坚持党的领导、人民当家作主、依法治国有机统一，坚持好、完善好、运行好人民代表大会制度，更好贯彻民主集中制原则，不断加强和改进人大工作，把重要制度载体的作用和优势更加充分地发挥出来，更好保障人民当家作主。

---

〔1〕 具体包括：支持和保证人民通过人民代表大会行使国家权力，保证各级人大都由民主选举产生、对人民负责、受人民监督。支持和保证人大及其常委会依法行使立法权、监督权、决定权、任免权，健全人大对行政机关、监察机关、审判机关、检察机关监督制度，维护国家法治统一、尊严、权威。加强人大代表工作能力建设，密切人大代表同人民群众的联系。健全吸纳民意、汇集民智工作机制，建设好基层立法联系点。

第六章　中国共产党领导的多党合作和政治协商制度是实践全过程人民民主的一种重要形式

党的二十大报告指出，“全过程人民民主是社会主义民主政治的本质属性”。政党制度是实现民主政治的重要载体。中国共产党领导的多党合作和政治协商制度作为我国的一项基本政治制度，是中国共产党团结带领中国人民和各民主党派、无党派人士在革命、建设和改革实践中创造的新型政党制度。我国新型政党制度以合作、参与、协商为基本精神，以团结、民主、和谐为本质属性，具有政治参与、利益表达、社会整合、民主监督和维护稳定的重要功能，实现了执政与参政、领导与合作、协商与监督的有机统一，丰富和发展了社会主义政治文明，是人民当家作主的重要实现形式和社会主义协商民主的重要制度载体，是实践全过程人民民主的一种重要形式。

一、中国共产党领导的多党合作和政治协商制度是从中国土壤中生长出来的新型政党制度

建立适合中国国情和实际的政党制度，是新中国民主政治建设的重要内容。我国确立中国共产党领导的多党合作和政治协商制度，

有着深刻的历史必然。

1840 年鸦片战争以后，中国逐步沦落成为一个半殖民地半封建社会的国家。为了拯救民族危亡、实现民族复兴，无数仁人志士不屈不挠、前仆后继，进行了各种形式的抗争。太平天国运动、洋务运动、戊戌变法、义和团运动、清末新政等接连而起，各种救国方案轮番出台，但都以失败告终。孙中山先生领导的辛亥革命推翻了统治中国几千年的封建君主专制制度，之后中国尝试过君主立宪制、议会制、多党制、总统制等各种形式，都未能完成救亡图存和反帝反封建的历史任务。

1921 年中国共产党登上历史舞台。在革命实践中，以毛泽东同志为代表的中国共产党人，历经曲折找到了把马克思主义同中国实际相结合的革命道路，提出了新民主主义的革命纲领。1940 年，毛泽东同志在《新民主主义论》一文中就“新民主主义的政治”作出深刻论述，提出“中国无产阶级、农民、知识分子和其他小资产阶级，乃是决定国家命运的基本势力……他们必然要成为中华民主共和国的国家构成和政权构成的基本部分，而无产阶级则是领导的力量。现在所要建立的中华民主共和国，只能是在无产阶级领导下的一切反帝反封建的人们联合专政的民主共和国，这就是新民主主义的共和国”[1]。1945 年，他在《论联合政府》中进一步提出，在打败日本侵略者之后，“需要在广泛的民主基础之上，召开国民代表大会，成立包括更广大范围的各党各派和无党无派代表人物在内的同样是联合性质的民主的正式的政府，领导解放后的全国人民，将中

〔1〕《毛泽东选集》（第 2 卷），人民出版社 1991 年版，第 674、675 页。

国建设成为一个独立、自由、民主、统一和富强的新国家。”[1] 这种政治主张，为以民族资产阶级、城市小资产阶级及其知识分子为阶级基础形成的各民主党派所认同，使得多党合作有了共同的政治基础，革命中有了共同的合作实践。

1948 年 4 月 30 日，中共中央发布纪念“五一”劳动节口号，发出了召开政治协商会议、成立民主联合政府的号召，得到各民主党派、无党派民主人士的热烈响应。1949 年 9 月，中国人民政治协商会议第一届全体会议召开，标志着中国共产党领导的多党合作和政治协商制度正式确立。会议通过《共同纲领》《中国人民政治协商会议组织法》《中华人民共和国中央人民政府组织法》。新政治协商会议共有 662 名代表，包括各党派、团体、区域以及特邀的代表，还有工人、农民、知识分子、工商、妇女、自由职业、华侨、宗教等 10 多个界别的各阶层代表，具有充分的代表性，体现了人民民主专政的国家政权的性质，全体中国人民真正成为国家的主人。正如毛泽东同志在 9 月 21 日的开幕式致辞中所指出的：“我们有一个共同的感觉，这就是我们的工作将写在人类的历史上，它将表明：占人类总数四分之一的中国人从此站立起来了。”[2]

1949 年 10 月 1 日，中央人民政府委员会举行第一次会议，一致决议接受《共同纲领》作为本政府的施政方针。《共同纲领》规定：“中国人民政治协商会议为人民民主统一战线的组织形式。”从 1949 年人民政协成立到 1954 年全国人民代表大会召开前，人民政协具有双重性质和职责，它的全体会议代行全国人民代表大会职权，它的

---

[1] 《毛泽东选集》（第 3 卷），人民出版社 1991 年版，第 1029、1030 页。

[2] 中共中央文献研究室编：《毛泽东文集》（第 5 卷），人民出版社 1996 年版，第 343 页。

全国委员会及其常务委员会是统一战线组织和协商机构，在新中国成立初期为巩固新生的人民政权、恢复和发展国民经济、推动社会改革、发展人民民主统一战线等，发挥了积极作用。

1949年10月9日，全国政协一届一次会议召开，选举产生常务委员会[1]，常务委员会通过了《中国人民政治协商会议全国委员会工作条例》，并决定设立政治法律组、财政经济组、文化教育组、外交组、国防组、民族事务组、华侨事务组、宗教事务组8个工作组。各省市相继召开各界人民代表会议，选举产生了省市协商委员会，代行政协地方委员会的职权。

人民政协根据《共同纲领》和《中国人民政治协商会议组织法》的规定，参与了许多涉及国家重大方针政策、重大法案、重大举措的协商，形成共识、达成协议后，由政府制定法律法规、政策措施，并公布实施，在推进国家民主政治建设方面发挥了重要作用。比如，1949年10月9日，全国政协一届一次会议通过《请政府明定十月一日为中华人民共和国国庆日，以代替十月十日的旧国庆日》的建议案，送请中央人民政府采择施行。这是人民政协历史上的第一件建议案。12月2日，中央人民政府委员会第四次会议通过《关于中华人民共和国国庆日的决议》，宣告自1950年起，以每年的10月1日为中华人民共和国的国庆日。又如，1950年6月21日，全国政协一届二次会议听取和讨论了国徽审查组关于国徽图案的报告，一致同意由五星红旗、天安门、麦穗、齿轮组成的国徽图案。6月28日，中央人民政府委员会通过了这一图案。人民政协还协商了大

[1] 常务委员会由28人组成，毛泽东为政协一届全国委员会主席，周恩来、李济深、沈钧儒、郭沫若、陈叔通为副主席。

量经济、文化等方面的重大事项。

政协第一届全国委员会任期内，还协商讨论了大量重要法案，如《土地改革法》《婚姻法》《省、市、县各级人民代表大会组织法》《新解放区农业税暂行条例》《劳动保险条例》《合作社法》《私营企业暂行条例》《惩治反革命条例》《惩治贪污条例》《公私合营工业企业暂行条例》等，为做好新中国初期的各项工作提供了法制保障。

适时组织召开全国人民代表大会，是《共同纲领》确定的重大任务，也是人民政协的重要职责。1952 年 12 月，在全国政协一届常委会第四十三次会议上，周恩来代表中国共产党提出了召开全国人民代表大会及其地方各级人民代表大会的建议。经过协商，会议一致同意中国共产党的建议，并建议由中央人民政府委员会组织实施，中央人民政府委员会接受政协常委会的建议，于 1953 年 1 月通过并公布了《中央人民政府委员会关于召开全国人民代表大会及地方各级人民代表大会的决议》，并决定成立宪法起草委员会和选举法起草委员会。1953 年 2 月，中央人民政府委员会通过《中华人民共和国全国人民代表大会及地方各级人民代表大会选举法》。这是新中国第一部选举法，开启了我国人民民主选举制度的新时代。1954 年 3 月，中共中央提出宪法草案初稿，经宪法起草委员会提交全国政协协商，提出了不少修改意见。经宪法起草委员会修改后，中央人民政府委员会于 1954 年 6 月正式公布了《中华人民共和国宪法（草案）》，交付全国人民讨论。从 1954 年 3 月开始，全国进行了各级人民代表大会代表的选举，并相继召开了地方各级人民代表大会。1954 年 7 月召开的全国政协一届常委会第五十六次会议，根据《中国人民政治协商会议组织法》关于“协商并提出参加中国人民政协的各单位在全国人民代表大会代表选举中的联合候选名单”的规定，对《全国人民代表大会代表由中央提名的候选人名单》进行协商，通过了501人的全国人民代表大会代表候选人名单。同年9月，一届全国人大一次会议在北京召开，通过了《中华人民共和国宪法》，选举了中华人民共和国主席和全国人大常务委员会，组织国务院，选举了最高人民法院院长和最高人民检察院检察长。以第一届全国人民代表大会召开为标志，作为代行全国人民代表大会职权的中国人民政治协商会议第一届全体会议，以圆满完成其历史任务而载入史册。

二、全国人民代表大会召开后，我们党加强与新型政党制度有关的国家制度和法律制度建设，继续发挥我国新型政党制度在社会主义民主政治中的重要作用

一届全国人大一次会议召开后，中国人民政治协商会议不再代行全国人民代表大会的职能。我们党继续加强与新型政党制度有关的国家制度和法律制度建设，发展社会主义民主政治。

（一）我们党关于新型政党制度的发展及安排

1. 明确人民政协是人民民主统一战线的组织，通过对国家重要问题进行协商发挥职能作用

1953年1月，中共中央决定实行普选，筹备召开全国人民代表大会和地方各级人民代表大会。全国人民代表大会召开后，中国人民政治协商会议将不再代行全国人民代表大会的职能。有关人民政协的性质、职能及其内部关系等基本问题，需要进一步加以明确。

1953 年，经中共中央批准，全国统战工作会议通过的《关于人民代表大会制实行后统一战线组织问题的意见》指出，在人民代表大会制度实行以后，中国人民政治协商会议应作为独立的统一战线组织而继续存在；其组成应具有广泛的代表性，既要做到保证共产党的领导，又要适当扩大团结面，把各民主阶级、民主党派、无党派民主人士、少数民族、华侨及其他爱国分子中必要的人选吸收进来；统一战线组织对各参加单位的关系，应该是协商关系，而不是领导关系，但共产党对统一战线组织则是领导关系；统一战线组织对人民政府的关系，则是协助和建议的关系。

1954 年 12 月，全国政协二届一次会议在北京举行。会前的 12 月 19 日，毛泽东同志邀请各民主党派、无党派民主人士座谈时指出："政协的性质有别于国家权力机关——全国人民代表大会，它也不是国家的行政机关……如果把政协全国委员会也搞成国家机关，那就会一国二公，是不行的。"〔1〕会议通过《中国人民政治协商会议章程》，肯定人民政协作为人民民主统一战线的组织仍然需要存在。会议明确人民政协今后的任务和奋斗目标是："在中国共产党领导下，将继续通过各民主党派、各人民团体的团结，更广泛地团结全国各族人民，共同努力，克服困难，为建设一个伟大的社会主义国家而奋斗"；人民政协的性质是"团结全国各民族、各民主阶级、各民主党派、各人民团体、国外华侨和其他爱国民主人士的人民民主统一战线的组织"〔2〕。这次会议解决了全国人民代表大会召开后人民政协的性质、地位、作用和任务的问题，强调了加强统一战

〔1〕中共中央文献研究室编：《毛泽东文集》（第 6 卷），人民出版社 1999 年版，第 384 页。

〔2〕中共中央党史研究室：《中国共产党历史》（第 2 卷）（1949—1978）（上册），中共党史出版社 2011 年版，第 266 页。

线和人民政协工作的必要性和重要性，为在中国长期坚持共产党领导的多党合作和政治协商制度奠定了思想基础、政治基础和组织基础。

1956 年 11 月 17 日，邓小平同志在会见国际青年代表团时对政协的性质和作用作了进一步阐释："人民代表大会是我国最高权力机关，一切重大问题都在人民代表大会上决定……政协不同，它主要是由各党派、各人民团体、社会各界代表人物组成，代表性很广泛。它是一个人民民主统一战线的组织。它的作用是对国家重要问题进行协商……许多问题在没有决定以前，经过充分地酝酿协商有好处……政协没有人民代表大会的权力，它不能制定法律、法令，但是可以提出重要的建议。"[1] 这一重要论述，进一步阐释了政协与人大的关系、政协发挥作用的方式，为多党合作事业发展，指明了前进方向。

2. 逐步确立"长期共存、互相监督、肝胆相照、荣辱与共"的多党合作方针，更好发挥人民政协在国家政治生活中的民主作用

1956 年 4 月，毛泽东同志在中央政治局扩大会议上发表《论十大关系》的讲话，在党与非党的关系方面，首次提出了"长期共存，互相监督"的方针。他说："究竟是一个党好，还是几个党好？现在看来，恐怕是几个党好。不但过去如此，而且将来也可以如此，就是长期共存，互相监督。"[2] 党的八大上，邓小平同志作关于修改党的章程的报告时指出，"我们需要实行党的内部的监督，也需要来自人民群众和党外人士对于我们党的组织和党员的监督"[3]，"这些

---

〔1〕中共中央文献研究室编：《邓小平文集（1949—1974 年）》（中卷），人民出版社 2014 年版，第 265 页。

〔2〕中共中央文献研究室编：《毛泽东文集》（第 7 卷），人民出版社 1999 年版，第 34 页。

〔3〕《邓小平文选》（第 1 卷），人民出版社 1994 年版，第 215 页。

党外的民主人士，能够对于我们党提供一种单靠党员所不容易提供的监督，能够发现我们工作中的一些我们所没有发现的错误和缺点，能够对于我们的工作作出有益的帮助……我们的任务就是继续扩大同党外人士的合作，使他们在我们的反对官僚主义的斗争中，和在国家各方面的事务中，发生更大的作用。”[1] 1956 年 12 月，毛泽东同志在同工商界人士的谈话中形象地说，“我们政府的性格，你们也都摸熟了，是跟人民商量办事的，是跟工人、农民、资本家、民主党派商量办事的，可以叫它是个商量政府。”[2]

从 1959 年开始，逐渐形成全国政协全体会议与全国人大会议每年同期召开的惯例，政协委员不仅要讨论政协的问题，还要列席全国人大会议，参加对有关法律修改、“一府两院”工作报告等的讨论。政协委员围绕党和国家发展事业提出各种提案，政府部门及有关方面则形成了政协委员提案办理机制，共同推进党和国家事业不断发展完善。这样的制度安排真正实现了让人人起来负责、人人监督政府工作，形成了具有中国特色的“两会”式民主。

党的十一届三中全会后，中国共产党领导的多党合作和政治协商制度在拨乱反正中得以重建。1982 年 9 月，党的十二大正式确立了新时期党与民主党派“长期共存、互相监督、肝胆相照、荣辱与共”的十六字方针，进一步加强和发展党同民主党派的合作，更好发挥民主党派的民主和监督作用。

3. 明确基本政治制度定位，推动人民政协规范化、制度化发展

1987 年，党的十三大正式提出“中国共产党领导的多党合作和政治协商制度”的表述，明确其为我国政治制度的重要组成部

---

〔1〕《邓小平文选》（第 1 卷），人民出版社 1994 年版，第 225 页。

〔2〕中共中央文献研究室编：《毛泽东文集》（第 7 卷），人民出版社 1999 年版，第 178 页。

分。[1]1989 年 12 月，中共中央下发了关于坚持和完善中国共产党领导的多党合作和政治协商制度的意见，明确提出中国共产党领导的多党合作和政治协商制度是我国一项基本政治制度，根本不同于西方资本主义国家的多党制或两党制，也有别于一些社会主义国家实行的一党制，是符合中国国情的社会主义政党制度。意见正式确立了我国各民主党派参政党的政治地位[2]，明确我国的多党合作必须坚持中国共产党的领导，必须坚持四项基本原则，这是中国共产党同各民主党派合作的政治基础，对我们党同民主党派进行政治协商的方式进行了归纳[3]，对进一步发挥民主党派成员、无党派人士在

---

〔1〕党的十三大强调，“人民代表大会制度，共产党领导下的多党合作和政治协商制度，按照民主集中制的原则办事，是我们的特点和优势，决不能丢掉这些特点和优势，照搬西方的‘三权分立’和多党轮流执政。”会议还提出：人民政协是包括各民主党派、各人民团体和社会各方面代表的爱国统一战线组织；要加强政协自身的组织建设，逐步使国家大政方针和群众生活重大问题的政治协商和民主监督经常化；要坚持“长期共存、互相监督，肝胆相照、荣辱与共”的方针，完善共产党领导下的多党合作和协商制度，进一步发挥民主党派和无党派爱国人士在国家政治生活中的作用。

〔2〕该意见指出：“我国是人民民主专政的社会主义国家。中国共产党是社会主义事业的领导核心，是执政党。各民主党派是各自所联系的一部分社会主义劳动者和一部分拥护社会主义的爱国者的政治联盟，是接受中国共产党领导的，同中共通力合作、共同致力于社会主义事业的亲密友党，是参政党。”

〔3〕明确主要采取以下几种形式：一是中共中央主要领导人邀请各民主党派主要领导人和无党派的代表人士举行民主协商会，就中共中央将要提出的大政方针问题进行协商。这种会议一般每年举行一次。二是中共中央主要领导人根据形势需要，不定期地邀请民主党派主要领导人和无党派的代表人士举行高层次、小范围的谈心活动，就共同关心的问题自由交谈、沟通思想、征求意见。三是由中共召开民主党派、无党派人士座谈会，通报或交流重要情况，传达重要文件，听取民主党派、无党派人士提出的政策性建议或讨论某些专题。这种会议大体每两月举行一次。四是除会议协商以外，各民主党派和无党派人士可就国家大政方针和现代化建设中的重大问题向中共中央提出书面的政策性建议，也可约请中共中央负责人交谈。上述各种协商形式，原则上也适用于中国共产党地方党委和民主党派地方组织之间的协商活动。该意见还对进一步发挥民主党派成员、无党派人士在人民代表大会中的作用，举荐民主党派成员、无党派人士担任各级政府及司法机关的领导职务，进一步发挥民主党派在人民政协中的作用，支持民主党派加强自身建设等方面作了具体规定。

人民代表大会中的作用，举荐民主党派成员、无党派人士担任各级政府及司法机关的领导职务，进一步发挥民主党派在人民政协中的作用，支持民主党派加强自身建设等方面作出具体规定，有利于加强党领导的多党合作和政治协商制度建设。还制定出台《关于加强统一战线工作的决定》（2000 年）、《关于进一步加强中国共产党领导的多党合作和政治协商制度建设的意见》（2005 年）[1]、《关于加强人民政协工作的意见》（2006 年）[2]。这些制度化规范，有力加强了党领导的多党合作和政治协商制度建设，推动了人民政协制度发展完善。全国政协修改《中国人民政治协商会议章程》（1994 年、2004 年），制定《关于政治协商、民主监督、参政议政的规定》（1995 年），制定、修改《政协全国委员会常务委员会工作规则》《政协全国委员会提案工作条例》《政协全国委员会专门委员会通则》等规章制度，推进人民政协履行职能的规范化、制度化。

（二）我国宪法关于统一战线、人民政协的安排及发展

1. 五四宪法关于人民民主统一战线的规定

党在过渡时期的总路线提出后，党内一些干部对同资产阶级团结合作的统一战线产生误解，把它看作包袱，主张干脆取消、丢掉；1953 年 1 月，党中央决定实行普选后，一些资产阶级代表人物担心

---

〔1〕 该意见对人民政协制度的发展完善作出安排部署，提出在新的历史条件下，发展社会主义民主政治、建设社会主义政治文明，其中一个重要方面就是坚持和完善中国共产党领导的多党合作和政治协商制度，扩大各界人士有序的政治参与，拓宽社会利益表达渠道，促进社会和谐发展，实现中国共产党的领导、人民当家作主和依法治国的有机统一。

〔2〕 该意见进一步明确，中国人民政治协商会议是中国人民爱国统一战线的组织，是中国共产党领导的多党合作和政治协商的重要机构，是我国政治生活中发扬社会主义民主的重要形式。

人民代表普选的结果只有共产党有份，而他们现有的政治地位和政治权利将得不到保障。针对这些错误认识和疑虑，1953 年召开的全国统战工作会议认为，人民代表大会制度的实行，决不意味着要削弱统一战线，而是更应使之巩固和加强。

贯彻我们党关于巩固和加强人民民主统一战线的精神，五四宪法在序言中对过渡时期统一战线的重要性和政治基础作了明确阐述："我国人民在建立中华人民共和国的伟大斗争中已经结成以中国共产党为领导的各民主阶级、各民主党派、各人民团体的广泛的人民民主统一战线。今后在动员和团结全国人民完成国家过渡时期总任务和反对内外敌人的斗争中，我国的人民民主统一战线将继续发挥它的作用。"根据党的政策和宪法规定，在全面开展社会主义改造的情况下，工人阶级在工农联盟的基础上，仍需保持同民族资产阶级在经济上、政治上的联盟关系；在工人阶级领导的国家政权中，仍需吸收一定数量的民主人士参加对国家事务的管理。[1]

2. 八二宪法关于中国共产党领导的多党合作和政治协商制度的规定及其发展

一是，以根本法的形式肯定了爱国统一战线和人民政协的性质、地位和作用。八二宪法序言中明确指出："中国人民政治协商会议是有广泛代表性的统一战线组织，过去发挥了重要的历史作用，今后在国家政治生活、社会生活和对外友好活动中，在进行社会主义现代化建设、维护国家的统一和团结的斗争中，将进一步发挥它的重要作用。"

---

〔1〕 以一届全国人大一次会议通过国家机构的组成为例，13 位全国人大常委会副委员长中，有共产党员 5 人，党外人士 8 人；新组建的国务院 35 个部、委的部长、主任中，有共产党员 22 人，党外人士 13 人。

二是，明确中国共产党领导的多党合作和政治协商制度将长期存在和发展。1993 年 3 月 1 日，民建中央向中共中央正式提出《关于在宪法中明确规定中国共产党领导的多党合作和政治协商制度的建议》，得到中共中央的采纳。1993 年 3 月 14 日，中共中央向八届全国人大一次会议主席团提出了关于修改宪法部分内容的补充建议，建议在宪法的序言第十自然段增加“中国共产党领导的多党合作和政治协商制度将长期存在和发展”的内容。关于修改宪法部分内容的建议的说明指出，中国共产党领导的多党合作和政治协商制度，是由我国具体历史条件和现实条件所决定的，在建设有中国特色社会主义中发挥着重要作用。[1] 根据中共中央的建议，1993 年通过的宪法修正案在宪法序言第十自然段末尾增加了“中国共产党领导的多党合作和政治协商制度将长期存在和发展”的内容，为这一基本政治制度在社会主义民主政治建设中继续长期存在并发挥重要作用提供了宪法依据和保障。

三、党的十八大以来，更好发挥新型政党制度在社会主义协商民主中的重要制度载体作用，保障人民当家作主

党的十八大以来，以习近平同志为核心的党中央统筹中华民族伟大复兴战略全局和世界百年未有之大变局，把坚持和完善中国共产党领导的多党合作和政治协商制度纳入党治国理政的基本方略，发挥新型政党制度的政治优势，完善民主党派中央对重大决策部署贯彻落实情况实施专项监督、直接向中共中央提出建议等制度，加

〔1〕 参见全国人大常委会法制工作委员会宪法室编：《中华人民共和国制宪修宪重要文献资料选编》，中国民主法制出版社 2020 年版，第 145 页。

强人民政协专门协商机构制度建设，推进社会主义协商民主广泛多层制度化发展，形成中国特色协商民主制度体系，为发展全过程人民民主、保障人民当家作主提供了重要制度保障。

（一）形成了我们党关于做好新时代党的统一战线工作、加强和改进人民政协工作的理论创新成果

党的十八大以来，以习近平同志为核心的党中央继续推进爱国统一战线、中国共产党领导的多党合作和政治协商制度理论和实践创新，习近平总书记就做好新时代统一战线工作、人民政协工作提出一系列新理念新思想新战略，形成了习近平总书记关于做好新时代党的统一战线工作的重要思想、习近平总书记关于加强和改进人民政协工作的重要思想。

在2022年7月的中央统战工作会议上，习近平总书记指出，要坚持爱国统一战线发展的正确方向，准确把握新时代爱国统一战线的历史方位，并明确提出了新时代爱国统一战线的基本任务〔1〕，将关于做好新时代党的统一战线工作的重要思想概括为“十二个必须”〔2〕。

---

〔1〕新时代爱国统一战线的基本任务是：坚持以新时代中国特色社会主义思想为指导，坚持中国共产党领导，坚持中国特色社会主义道路，高举爱国主义、社会主义伟大旗帜，坚持一致性和多样性统一，坚持围绕中心、服务大局，坚持与时俱进、守正创新，加强思想政治引领，发挥凝聚人心、汇聚力量的政治作用，促进政党关系、民族关系、宗教关系、阶层关系、海内外同胞关系和谐，促进海内外中华儿女团结奋斗，为全面建成社会主义现代化强国、实现中华民族伟大复兴汇聚磅礴伟力。

〔2〕“十二个必须”包括：必须充分发挥统一战线的重要法宝作用，必须解决好人心和力量问题，必须正确处理一致性和多样性关系，必须坚持好发展好完善好中国新型政党制度，必须以铸牢中华民族共同体意识为党的民族工作主线，必须坚持我国宗教中国化方向，必须做好党外知识分子和新的社会阶层人士统战工作，必须促进非公有制经济健康发展和非公有制经济人士健康成长，必须发挥港澳台和海外统战工作争取人心的作用，必须加强党外代表人士队伍建设，必须把握做好统战工作的规律，必须加强党对统战工作的全面领导。

习近平总书记在中央政协工作会议暨庆祝中国人民政治协商会议成立70周年大会上的讲话中，深刻阐述了人民政协的政治原则、性质定位、目标任务、职能作用、特色优势、创新路径，要求发挥我国社会主义新型政党制度优势，发挥人民政协作为专门协商机构作用，对做好新时代人民政协工作提出了八个方面的要求。[1] 习近平总书记关于做好新时代党的统一战线工作的重要思想、习近平总书记关于加强和改进人民政协工作的重要思想，是党的统一战线百年发展史的智慧结晶，是新时代新征程做好多党合作事业的行动指南，对于新征程上更好发挥新型政党制度在发展全过程人民民主特别是协商民主中的重要作用，提供了科学指导。

（二）充分发挥新型政党制度在社会主义协商民主中的重要制度载体作用

2018年3月，习近平总书记在全国政协联组会上发表重要讲话，明确提出“新型政党制度”的重大政治论断，指出我国新型政党制度能够真实、广泛、持久代表和实现最广大人民根本利益、全国各族各界根本利益；把各个政党和无党派人士紧密团结起来、为着共同目标而奋斗；通过制度化、程序化、规范化的安排集中各种意见和建议、推动决策科学化民主化，深刻阐释了我国新型政党制度的鲜明特色和显著优势。习近平总书记还着重指出，完善政党协商制度决不是搞花架子，要做到言之有据、言之有理、言之有度、言之

---

[1] 八个方面要求为：一是加强党对人民政协工作的领导；二是准确把握人民政协性质定位；三是发挥好人民政协专门协商机构作用；四是坚持和完善我国新型政党制度；五是广泛凝聚人心和力量；六是聚焦党和国家中心任务履职尽责；七是坚持人民政协为人民；八是以改革创新精神推进履职能力建设。

有物，真诚协商、务实协商，道实情、建良言，参政参到要点上，议政议到关键处，努力在会协商、善议政上取得实效。

进入新时代以来，我们党坚持和完善中国共产党领导的多党合作和政治协商制度，坚持长期共存、互相监督、肝胆相照、荣辱与共，加强同民主党派和无党派人士的团结合作，注重发挥政党协商这个民主形式和制度渠道作用，有事多商量、有事好商量、有事会商量，通过协商凝聚共识、凝聚智慧、凝聚力量。各民主党派和无党派人士坚持做中国共产党的好参谋、好帮手、好同事，增强责任和担当，共同把中国的事情办好。比如，每年年底，中共中央总书记主持召开党外人士座谈会，就全年经济形势和下一年度经济工作听取各民主党派、无党派民主人士的意见建议。会后，中共中央办公厅会同中共中央统战部对党外人士的建议梳理汇总后交付相关部门，并向党外人士反馈。每年梳理汇总的意见建议很多得到采纳，转化为相关政策和措施。

（三）充分发挥人民政协专门协商机构保障人民当家作主的制度作用

协商民主是保证人民当家作主的重要制度。习近平总书记指出："在中国社会主义制度下，有事好商量、众人的事情由众人商量，找到全社会意愿和要求的最大公约数，是人民民主的真谛。"〔1〕"协商民主是党领导人民有效治理国家、保证人民当家作主的重要制度设计，同选举民主相互补充、相得益彰。"〔2〕

---

〔1〕 习近平：《论坚持人民当家作主》，中央文献出版社 2021 年版，第 267、268 页。
〔2〕 习近平：《论坚持人民当家作主》，中央文献出版社 2021 年版，第 268 页。

人民政协作为统一战线的组织、多党合作和政治协商的机构、人民民主的重要实现形式，是社会主义协商民主的重要渠道和专门协商机构，是国家治理体系的重要组成部分，是具有中国特色的社会主义民主制度。党的十八大以来，我们更好发挥人民政协作为政治组织和民主形式的效能，发挥人民政协专门协商机构作用，坚持党的领导、统一战线、协商民主有机结合，坚持发扬民主和增进团结相互贯通、建言资政和凝聚共识双向发力，加强专门协商机构制度化、规范化、程序化等功能建设，健全发挥民主党派和无党派人士在政协有效履职的机制，拓展不同意见观点交流交融的平台和渠道，提高深度协商互动、意见充分表达、广泛凝聚共识水平，把协商民主贯穿履行职能全过程。全国政协不断建立健全各项工作制度，对各民主党派以本党派名义在全体会议期间通过参加共商国是活动、提出提案、提交大会发言、反映社情民意信息、视察考察、调查研究等形式履行职责，提出意见、批评和建议，作出制度性机制性安排。比如，十二届全国政协创设双周协商会，大大增加了协商频次，使得一些重要议题能够及时充分进行协商。十三届全国政协适应新的形势任务要求，创设了远程协商会和专家协商会，进一步拓展了协商的深度和广度。此外，全国政协还完善人民政协民主监督制度机制，发挥协商式监督作用，推动党中央决策部署落地见效；建立委员联系界别群众的制度机制，及时反映群众意见和建议，深入宣传党和国家方针政策，协助党和政府协调关系、理顺情绪、化解矛盾。十四届全国政协围绕“构建新发展格局，推进中国式现代化”“完善科技创新体系，加快实施创新驱动发展战略”“加强生态环境保护，推进美丽中国建设”等“国之大者”深入协商议政，积极建言献策。

（四）健全完善新型政党制度的法规制度体系

坚持依法治国和依规治党有机统一，是习近平法治思想的核心要义之一。党的十八大以来，以习近平同志为核心的党中央加强对多党合作事业的全面领导，作出一系列重大决策部署，召开中央统一战线工作会议、中央政协工作会议等，印发关于加强社会主义协商民主建设的意见、关于加强人民政协协商民主建设的实施意见、关于加强政党协商的实施意见、关于加强中国特色社会主义参政党建设的意见、关于新时代加强和改进人民政协工作的意见等重要文件，制定中国共产党统一战线工作条例、社会主义学院工作条例、中国共产党政治协商工作条例等重要法规文件，初步形成以国家宪法为基础、以中共中央文件和法规为主体、以相关配套政策为辅助的制度体系，推动我国新型政党制度日益巩固和发展。[1]

党的二十大指出，协商民主是实践全过程人民民主的重要形式，强调要坚持和完善中国共产党领导的多党合作和政治协商制度，坚持党的领导、统一战线、协商民主有机结合，坚持发扬民主和增进团结相互贯通、建言资政和凝聚共识双向发力，发挥人民政协作为专门协商机构作用，为新时代新征程多党合作事业发展指明了前进

〔1〕比如，2022 年中共中央印发中国共产党政治协商工作条例，进一步明确政治协商的含义，即在中国共产党领导下，中国共产党同各民主党派和各界代表人士围绕党和国家大政方针、经济社会发展重要问题以及其他重要事项开展的协商；明确政治协商是中国共产党领导的多党合作和政治协商制度的重要组成部分，是社会主义协商民主的重要形式，是凝聚智慧、增进共识、促进科学民主决策的重要途径；明确政党协商和人民政协政治协商，是政治协商的基本方式等。该条例对于坚持和完善中国共产党领导的多党合作和政治协商制度，巩固和发展爱国统一战线，发展和完善社会主义协商民主，具有重要意义。

方向、提供了根本遵循。新时代新征程发展全过程人民民主，要更好发挥新型政党制度在政治参与、利益表达、社会整合、民主监督和维护团结等方面的重要功能，把各方面智慧和力量凝聚起来，促进海内外中华儿女团结奋斗，全面建设社会主义现代化国家，全面推进中华民族伟大复兴。

第七章　民族区域自治制度是全过程人民民主在民族地区的重要制度安排

习近平总书记指出，“民族区域自治是党的民族政策的源头，我们的民族政策都是由此而来、依此而存”[1]；我们党采取民族区域自治这个新办法，既保证了国家团结统一，又实现了各民族共同当家作主[2]。民族区域自治制度是适合我国国情的基本政治制度，是中国特色解决民族问题的重要内容和制度保障，是全过程人民民主在民族地区的重要制度安排。

一、民族区域自治制度是我们党为解决民族问题、实现各民族共同当家作主作出的历史性选择

从世界范围来看，国家的结构形式有单一制和复合制（联邦、邦联）两类。多民族国家在处理各自的民族问题时，从各国的历史传统、现实国情、民族特性、文化背景等具体实际出发，选择了不

〔1〕中共中央宣传部编：《习近平总书记系列重要讲话读本》，学习出版社、人民出版社2016年版，第168页。

〔2〕参见中共中央文献研究室编：《习近平关于社会主义政治建设论述摘编》，中央文献出版社2017年版，第151页。

同的制度模式。目前，世界上200多个国家中，有20多个国家实行联邦制，其余基本上实行单一制。我国是集中统一的单一制社会主义国家。实行民族区域自治制度，是我们党把马克思主义民族理论同我国民族问题实际相结合的一个创举；是我们党尊重历史、把握规律，长期探索、反复比较，立足国情、顺应民意作出的正确抉择；是解决我国民族问题的正确途径和有效形式。我国没有采取联邦制作为国家的政体结构形式，而是在单一制国家结构形式下用民族区域自治形式来解决国内的民族问题，有着深刻的历史必然。

我国自古以来就是一个统一的多民族国家。秦始皇统一六国，实行“车同轨、书同文、行同伦”，客观上促进了各民族交流交往交融。在长期的经济、文化交流过程中，各民族群众紧密地联系在一起，形成了相互依存、相互促进、共同发展的关系，共同创造和发展了中华文明，逐渐形成一个“我中有你、你中有我，而又各具个性的多元统一体”[1]。历史上，蒙古族、满族等少数民族还曾入主中原，建立中央政府，推进了各民族的融合，为实现国家统一、民族团结作出了重大贡献。无论在汉族中间还是少数民族中间，国家统一的观念早已深入人心。在中国实行联邦制，不符合各族人民的根本利益和中国历史发展的客观规律。

---

〔1〕 墨子言：“圣人能以天下为一家，中国为一人。”唐朝实行开明的民族政策，册封少数民族首领，在少数民族地区设立行政机构，实行和亲政策，有力促进了多民族交流交融。梁启超在20世纪初首次提出“中华民族”的称谓和概念，是较早对中国历史上的民族进行整体性考察的学者。中国共产党早期领导人李大钊在《晨钟之使命》一文中指出，“吾国历史相沿最久，积亚洲由来之数民族多民族融洽而成此中华民族，畛域不分、血统全泯也久矣，此实吾民族高远博大之精神有以铸成之也”。新中国成立后，著名社会学家费孝通1988年发表《中华民族的多元一体格局》，提出“多元一体”是中华民族的重要特征，是一个“我中有你、你中有我，而又各具个性的多元统一体”。

近代中国各民族反帝反封建的斗争增强了中华民族的凝聚力，为新中国成立后实行民族区域自治提供了重要基础。抗日战争和解放战争时期，我们党高度重视民族问题，坚持民族平等和民族团结，反对民族压迫和民族分裂，强调必须注意尊重各民族的文化、习俗。在中国共产党的领导下，汉族和各少数民族人民在反帝反封建的斗争中互相支持、团结战斗，结下了深厚的友情，大大增强了中华民族的凝聚力。因此，建立各民族平等联合的统一的共和国，是历史发展的必然趋势。[1]

我们党高度重视民族平等问题，并在局部执政中就维护民族平等、充分发挥各民族的作用，进行了积极的实践探索。1936 年 5 月成立的陕甘宁豫海县回族自治政府，是少数民族区域自治最早的实践之一。1938 年 10 月，毛泽东同志在党的六届六中全会上提出："允许蒙、回、藏、苗、瑶、夷、番各民族与汉族有平等权利，在共同对日原则之下，有自己管理自己事务之权，同时与汉族联合建立统一的国家。""各少数民族与汉族杂居的地方，当地政府须设置由当地少数民族的人员组成的委员会，作为省县政府的一部门，管理和他们有关事务，调节各族间的关系，在省县政府委员中应有他们的位置。"1941 年制定的《陕甘宁边区施政纲领》第十七条明确规定："依据民族平等原则，实行蒙、回民族与汉族在政治、经济、文化上的平等权利，建立蒙、回民族的自治区，尊重蒙、回民族的宗

---

〔1〕 20 世纪 30 年代，日本在发动全面侵华战争的同时，假借"民族自决"等名义搞民族分裂，扶植傀儡政权"伪满洲国"。我国著名历史学家顾颉刚 1939 年撰文《中华民族是一个》，提出"我们只有一个中华民族""对外只有一个中华民族"。

教信仰与风俗习惯。"[1] 1945 年，毛泽东同志在《论联合政府》中关于"必须帮助各少数民族的广大人民群众……争取他们在政治上、经济上、文化上的解放和发展"等论述，为开辟中国特色解决民族问题的正确道路奠定了思想政治基础。1946 年 2 月 18 日，中共中央明确提出："根据和平建国纲领要求民族平等自治，但不应提出独立自决口号。"[2] 1946 年制定的《陕甘宁边区宪法原则》规定："边区人民不分民族，一律平等"，"人民为行使政治上各项自由权利，应受到政府的诱导与物质帮助"，"边区各少数民族，在居住集中地区，得划成民族区，组织民族自治政权，在不与省宪抵触原则下，得订立自治法规"，明确规定了民族区域自治的内容。1947 年建立的内蒙古自治区，是解放战争时期我们党领导建立的第一个省级边疆少数民族自治区。[3]《内蒙古人民代表会议宣言》郑重宣告："内蒙古自治政府是内蒙民族各阶层联合内蒙古区域内各民族，实行高度区域性自治的地方民主联合政府，并非独立自治政府。"[4]

新中国把民族平等作为立国的根本原则之一。在筹建新中国的

---

〔1〕在这一政策的指导下，陕甘宁边区在 1941 年后建立了 5 个回民自治乡和 1 个蒙民自治区。这包括关中新正县一乡回民自治乡、九乡回民自治乡，定边县城关区新华街回民自治乡，陇东三岔回民自治乡，盐池县回六庄回民自治乡，城川蒙民自治区。此外，在安徽定远县二龙乡也建立了回民自治乡。这是我们党在革命根据地实施民族区域自治制度的一次重要尝试。

〔2〕中共中央统战部编：《民族问题文献汇编》，中共中央党校出版社 1991 年版，第 1000 页。

〔3〕1945 年 8 月，中央决定由候补中央委员乌兰夫任绥蒙省政府主席，在晋察冀中央局领导下，负责在内蒙古地区开展工作。1945 年 10 月，中央书记处发出《中共中央关于内蒙工作方针给晋察冀中央局的指示》，提出："对内蒙的基本方针，在目前是实行区域自治。"根据这一指示精神，乌兰夫等人团结当地各族人民，经过艰苦斗争和扎实工作，于 1947 年 4 月 23 日至 5 月 1 日召开内蒙古人民代表会议，正式成立内蒙古自治政府。乌兰夫当选为内蒙古自治政府主席。

〔4〕《乌兰夫传》（1906—1988），中央文献出版社 2007 年版，第 159 页。

过程中，党中央就新中国的国家结构形式和民族关系进行了慎重研究。新政协筹备期间，毛泽东同志就是否实行联邦制的问题征求了李维汉同志的意见。李维汉同志在研究之后，认为我国同苏联国情不同，不宜实行联邦制。[1] 在研究参考苏联通过建立联邦制国家解决民族问题和总结党领导局部执政处理民族问题实践经验的基础上，党中央采纳了这一意见，提出了建立统一国家前提下实行民族区域自治的主张，认为单一制的国家结构形式，更加符合中国的国情；在统一的国家内实行民族区域自治，更有利于实现民族平等原则。[2]《共同纲领》确认了党的民族政策，规定各少数民族聚居的

---

〔1〕 理由是：（1）苏联少数民族约占全国总人口的47%，与俄罗斯民族相差不远。我国少数民族只占全国总人口的6%，并且呈现出大分散小聚居的状态，汉族和少数民族之间以及几个少数民族之间往往相互杂居或交错聚居。（2）苏联实行联邦制是由当时的形势决定的。俄国经过二月革命和十月革命，许多民族实际上已经分离成为不同国家，不得不采取联邦制把按照苏维埃形式组成的各个国家联合起来，作为走向完全统一的过渡形式。我国则是各民族在中国共产党领导下由平等联合进行革命，到平等联合建立统一的人民共和国，并没有经过民族分离。因此，单一制的国家结构形式，更加符合中国的实际，在统一的国家内实行民族区域自治，更有利于民族平等原则的实现。参见江平：《前言》，载中共中央统战部编：《民族问题文献汇编》，中共中央党校出版社1991年版，第10页。

〔2〕 1949年9月7日，在中国人民政治协商会议第一届全体会议召开前，周恩来同志在向政协代表所作的《关于人民政协的几个问题》的报告中提出："关于国家制度方面，还有一个问题就是我们的国家是不是多民族联邦制。现在可以把起草时的想法提出来，请大家考虑。"他说："中国是多民族的国家，但其特点是汉族占人口的最大多数，有四亿人以上；少数民族有蒙族、回族、藏族、维吾尔族、苗族、夷族（即彝族）、高山族等，总起来，还不到全国人口的百分之十。当然，不管人数多少，各民族间是平等的。首先是汉族应该尊重其他民族的宗教、语言、风俗、习惯。这里主要的问题在于民族政策是以自治为目标，还是超过自治范围。我们主张民族自治，但一定要防止帝国主义利用民族问题来挑拨离间中国的统一。如英帝国主义对西藏及新疆南部的阴谋，美帝国主义对于台湾及海南岛的阴谋。不错，这些地方是有少数民族的，但是他们一向是在中国领土之内。""今天帝国主义者又想分裂我们的西藏、台湾甚至新疆，在这种情况下，我们希望各民族不要听帝国主义者的挑拨。为了这一点，我们国家的名称，叫中华人民共和国，而不叫联邦。今天到会的许多人是民族代表，我们特地向大家解释，同时也希望大家能同意这个意见。我们虽然不是联邦，但却主张民族区域自治，行使民族自治的权力"。中共中央统一战线工作部、中共中央文献研究室编：《周恩来统一战线文选》，人民出版社1984年版，第139、140页。

地区应实行民族区域自治，建立自治机关。这标志着民族区域自治制度从此在我国确立起来。

2019 年 9 月 7 日，习近平总书记在全国民族团结进步表彰大会上讲话指出，“70 年前，我国各族人民在中国共产党领导下，共同缔造了新中国。我们党创造性地把马克思主义民族理论同中国民族问题具体实际相结合，走出一条中国特色解决民族问题的正确道路，确立了党的民族理论和民族政策，把民族平等作为立国的根本原则之一，确立了民族区域自治制度，各族人民在历史上第一次真正获得了平等的政治权利、共同当家做了主人，终结了旧中国民族压迫、纷争的痛苦历史，开辟了发展各民族平等团结互助和谐关系的新纪元。”〔1〕

目前，我国已成立 155 个民族自治地方，包括内蒙古、新疆、广西、宁夏、西藏 5 个自治区〔2〕和 30 个自治州、120 个自治县。〔3〕此外，还成立了近千个民族乡，作为民族区域自治的重要补充。70 多年的发展实践充分证明，民族区域自治制度是适合我国国情的基本政治制度，在维护国家统一、巩固民族团结、保证各民族共同当家作主方面发挥了重要作用。

二、党和国家关于坚持和完善民族区域自治制度的方针政策及法律规范

新中国成立以来，党和国家适应各个历史时期的民族工作需要，

---

〔1〕 习近平：《在全国民族团结进步表彰大会上的讲话》，载《人民日报》2019 年 9 月 28 日，第 2 版。

〔2〕 1955 年 10 月，新疆维吾尔自治区成立；1958 年 3 月，广西壮族自治区成立；1958 年 10 月，宁夏回族自治区成立；1965 年 9 月，西藏自治区成立。

〔3〕 参见国家民族委员会协调推进司：《必须坚持和完善民族区域自治制度》，载国家民族事务委员会网 2022 年 9 月 21 日，https：//www. neac. gov. cn/seac/c103245/202209/1158825. shtml。

坚持和完善民族区域自治的制度政策、法律法规，保障各民族共同当家作主。

1952 年 2 月，中央人民政府颁布《民族区域自治实施纲要》，对民族自治地方的建立、自治机关的组成、自治机关的自治权等作出规定。五四宪法以国家根本法的形式确认了民族区域自治制度，将民族自治地方分为自治区、自治州、自治县，县以下的少数民族聚居区设立民族乡，使民族区域自治更加符合我国实际情况；在第二章第五节对民族自治地方的自治机关作了较为详尽的规定。“文化大革命”期间，民族工作战线受到严重破坏，体现在法律制度上，七五宪法大幅删减了五四宪法关于民族自治地方行使自治权的具体内容，仅笼统规定民族自治地方的自治机关可以依照法律规定的权限行使自治权。七八宪法部分恢复了五四宪法关于民族区域自治的规定，但实践中发挥作用有限。

改革开放以来，民族工作回到了正确的发展轨道，进入新的历史时期。《关于建国以来党的若干历史问题的决议》指出：“必须坚持实行民族区域自治，加强民族区域自治的法制建设，保障各少数民族地区根据本地实际情况贯彻执行党和国家政策的自主权。”1981 年 8 月，邓小平同志在听取新疆维吾尔自治区负责同志汇报时强调，“要把我国实行的民族区域自治制度用法律形式规定下来，要从法律上解决这个问题，要有民族区域自治法”[1]。八二宪法全面恢复了五四宪法关于民族区域自治制度的规定，并在总结民族区域自治正反两方面经验教训的基础上，从当时民族自治地方的实际情况出发，

---

〔1〕 中共中央文献研究室编：《邓小平思想年谱（1975—1997）》，中央文献出版社 1998 年版，第 199 页。

作出一系列重要修改和补充。1984 年 5 月，六届全国人大二次会议通过了民族区域自治法，规定了我国民族区域自治制度的性质、内容和基本原则，民族自治地方的建立和自治机关的组成，自治机关的自治权，民族自治地方内的民族关系，上级国家机关的帮助职责等内容。党中央分别于 1992 年、1999 年、2005 年召开中央民族工作会议，不断完善党的民族工作大政方针，民族区域自治制度实现与时俱进和发展，各民族共同当家作主的制度更加完善。2001 年 2 月，全国人大常委会对民族区域自治法作出修改，将民族区域自治制度“是国家的一项重要政治制度”修改为“是国家的一项基本政治制度”。2005 年 5 月，国务院颁布施行了实施民族区域自治法的若干规定，对各级人民政府帮助民族自治地方加快经济社会发展作了比较具体的规定。此外，1993 年，国务院颁布《民族乡行政工作条例》，以保障民族乡制度的实施。还有 90 余部法律对民族问题作了规定。[1]

党的十八大以来，以习近平同志为核心的党中央站在坚持和发展中国特色社会主义、实现中华民族伟大复兴的战略高度，谋划部署和推进新时代民族工作，坚定不移走中国特色解决民族问题的正确道路。2014 年、2021 年两次召开中央民族工作会议，提出一系列

---

〔1〕 比如，选举法、全国人大组织法、地方组织法、城市居民委员会组织法、村民委员会组织法、人民调解法等法律就民族事务管理及少数民族参与管理国家和社会公共事务作出规定；选举法、就业促进法、教育法、义务教育法、未成年人保护法、科学技术进步法、红十字会法、商标法、电影产业促进法、广告法、邮政法、治安管理处罚法和刑法等法律就保障民族平等、反对民族歧视和促进民族团结进步作出规定；民法典、乡村振兴促进法、旅游法、消费者权益保护法、农民专业合作社法、人口与计划生育法、电影产业促进法、教育法就帮助民族地区发展、尊重民族地区风俗习惯、保护少数民族文化传统、保护民族语言和加强民族教育作出规定；等等。这些法律规定，为民族自治地方依法行使自治权提供了有效法律制度保障。

关于民族工作的新思想新论断新要求，形成了习近平总书记关于加强和改进民族工作的重要思想，这一重要思想提炼概括为“十二个必须”〔1〕。习近平总书记关于加强和改进民族工作的重要思想，系统阐明了新时代党的民族工作的历史方位、重要任务、工作主线、制度保障、实现方式等，深刻回答了民族工作举什么旗、走什么路的根本性问题，既一脉相承又与时俱进发展了党的民族理论和民族政策，是党的治国方略在民族工作领域的集中体现，是马克思主义民族理论中国化的最新成果，是做好新时代党的民族工作的根本遵循，必须完整、准确、全面把握和贯彻。

在 2014 年 9 月的中央民族工作会议上，习近平总书记指出，坚持和完善民族区域自治制度，要做到“两个结合”。一是坚持统一和自治相结合。团结统一是国家最高利益，是各族人民共同利益，是实行民族区域自治的前提和基础。没有国家团结统一，就谈不上民族区域自治。同时，要在确保国家法律和政令实施的基础上，依法保障自治地方行使自治权，给予自治地方特殊支持，解决好自治地方特殊问题。二是坚持民族因素和区域因素相结合。民族区域自治，既包含了民族因素，又包含了区域因素。民族区域自治不是某个民族独享的自治，民族自治地方更不是某个民族独有的地方。这一点必须搞清楚，否则就会走到错误的方向上去。习近平总书记还深刻

〔1〕“十二个必须”包括：必须从中华民族伟大复兴战略高度把握新时代党的民族工作的历史方位，必须把推动各民族为全面建设社会主义现代化国家共同奋斗作为新时代党的民族工作的重要任务，必须以铸牢中华民族共同体意识为新时代党的民族工作的主线，必须坚持正确的中华民族历史观，必须坚持各民族一律平等，必须高举中华民族大团结旗帜，必须坚持和完善民族区域自治制度，必须构筑中华民族共有精神家园，必须促进各民族广泛交往交流交融，必须坚持依法治理民族事务，必须坚决维护国家主权、安全、发展利益，必须坚持党对民族工作的领导。

指出，落实民族区域自治制度，关键是帮助自治地方发展经济、改善民生。

2022 年 3 月，十三届全国人大五次会议修改地方组织法，在地方各级人大、各级政府的职权中，补充完善了铸牢中华民族共同体意识，促进各民族广泛交往交流交融，保障少数民族的合法权利和利益，保障少数民族保持或者改革自己的风俗习惯的自由等方面的内容。此外，有立法权的地方人大及其常委会就本行政区域内的民族发展问题，制定了一系列有关促进民族地区政治、经济、社会、文化、生态文明建设的地方性法规，民族区域自治地方还制定了许多自治条例和单行条例，我国民族工作法律法规制度日益完善。比如，党的十八大以来，内蒙古、西藏、宁夏、新疆、广西等民族自治地方制定有关民族团结进步方面的地方性法规、单行条例，以法治方式保障民族团结，发展民族团结进步事业，起到了良好的政治效果、法治效果和社会效果。

三、贯彻体现全过程人民民主、保障和实现各民族共同当家作主的民族区域自治制度安排

我国现行宪法法律确立了民族区域自治制度及其运行实施的一系列制度安排，为在党和国家统一领导下实现各民族共同当家作主，提供了重要制度保障。

（一）宪法关于民族问题特别是民族区域自治的规定，为各民族共同当家作主提供了根本法保障

宪法序言载明了我国是统一的多民族国家的国情，中国共产党

领导中国各族人民进行革命、建设和改革的光辉历程；规定了社会主义民族关系，明确了维护、发展民族关系的准则。实现各民族平等、团结和共同繁荣，是党和国家奉行的基本宪法原则。党的十八大以来，以习近平同志为核心的党中央强调巩固和发展平等团结互助和谐的社会主义民族关系，2018 年修改宪法时对社会主义民族关系在“平等”“团结”“互助”的基础上增加了“和谐”要求。

宪法正文 143 条，涉及民族问题的规定有 23 条，其中第三章“国家机构”第六节专门规定了“民族自治地方的自治机关”。根据宪法正文有关规定，各民族自治地方都是中华人民共和国不可分离的部分；中央和地方的国家机构职权的划分，遵循在中央的统一领导下，充分发挥地方的主动性、积极性的原则；民族自治地方的自治机关行使宪法规定的地方国家机关的职权，同时依照宪法、民族区域自治法和其他法律规定的权限行使自治权，根据本地方实际情况贯彻执行国家的法律、政策；中华人民共和国公民有维护国家统一和全国各民族团结的义务；禁止破坏民族团结和制造民族分裂的行为；各民族都有使用和发展自己的语言文字的自由；国家推广全国通用的普通话。这些都体现了维护国家统一与依法保障各少数民族权利和自由的精神。

根据宪法有关规定，中华人民共和国各民族一律平等；在维护民族团结的斗争中，要反对大民族主义，主要是大汉族主义，也要反对地方民族主义；国家尽一切努力，促进全国各民族的共同繁荣；国家保障各少数民族的合法的权利和利益，维护和发展各民族的平等团结互助和谐关系；禁止对任何民族的歧视和压迫，禁止破坏民族团结和制造民族分裂的行为；国家根据各少数民族的特点和需要，帮助各少数民族地区加速经济和文化的发展；国务院领导和管理民族事务，保障少数民族的平等权利和民族自治地方的自治权利；国家从财政、物资、技术等方面帮助各少数民族加速发展经济建设和文化建设事业；国家帮助民族自治地方从当地民族中大量培养各级干部、各种专业人才和技术工人；等等。这些都是宪法序言中平等团结互助和谐的社会主义民族关系的具体体现。

宪法规定了民族自治地方的自治机关行使六个方面自治权：制定自治条例和单行条例的立法权；财政管理权；经济管理权；文化管理权；组织公安部队权；使用当地通用的语言文字执行职务的权利。此外，宪法还规定民族乡的人民代表大会可以依照法律规定的权限采取适合民族特点的具体措施。

（二）关于民族事务管理以及少数民族参与管理国家和社会公共事务

民族自治地方的自治机关依照宪法法律赋予的职权，行使管理本民族、本地区内部事务的民主权利。宪法规定，各少数民族聚居的地方实行区域自治，设立自治机关，行使自治权；自治区、自治州、自治县是民族自治地方，民族自治地方的自治机关是自治区、自治州、自治县的人民代表大会和人民政府；自治区、自治州、自治县的人民代表大会中，除实行区域自治的民族的代表外，其他居住在本行政区域内的民族也应当有适当名额的代表；民族自治地方的人大常委会中应当有实行区域自治的民族的公民担任主任或者副主任；自治区主席、自治州州长、自治县县长由实行区域自治的民族的公民担任。这些规定从组织上保证了少数民族依法管理民族事务。

关于民族事务管理，地方组织法规定了县级以上的地方各级人大及其常委会讨论、决定本行政区域内民族工作的重大事项，保障少数民族权利的职权；县级以上地方人民政府行使管理本行政区域内民族事务，保障少数民族权利和尊重少数民族风俗习惯，帮助本行政区域内的民族自治地方依照宪法和法律实行区域自治，帮助各少数民族发展政治、经济和文化的建设事业的职权；规定了乡、民族乡、镇的人民代表大会和人民政府保障少数民族的权利、尊重少数民族的风俗习惯的职权，并规定少数民族聚居的乡、民族乡、镇的人民代表大会在行使职权的时候，可以依照法律规定的权限采取适合民族特点的具体措施。根据宪法和全国人大组织法，全国人民代表大会设立民族委员会，民族委员会可以对加强民族团结问题进行调查研究，提出建议；审议自治区报请全国人大常委会批准的自治区的自治条例和单行条例，向全国人大常委会提出报告。

关于少数民族参与管理国家和社会公共事务，选举法规定，全国人民代表大会代表名额，由全国人大常委会按照保证各民族都有适当数量代表的要求进行分配；全国少数民族应选全国人民代表大会代表，由全国人大常委会参照各少数民族的人口数和分布等情况，分配给各省、自治区、直辖市的人民代表大会选出；人口特少的民族，至少应有代表 1 人。选举法第五章就“各少数民族的选举”专章予以规定。地方组织法规定，地方各行政区域内的少数民族应当在地方各级人民代表大会有适当的代表名额。比如，落实这些法律规定，十四届全国人大代表共有 2977 名，其中少数民族代表 442 名，占代表总数的 14.85%，全国 55 个少数民族都有十四届全国人大代表。此外，城市居民委员会组织法、村民委员会组织法、人民调解法都规定，多民族居住地区（村）的居（村）民委员会、人民调解委员会中应当有人数较少的民族的成员。妇女权益保障法中规定，国家重视培养和选拔少数民族女干部。这些专门针对少数民族的规定，为各少数民族依法参与管理国家和社会公共事务、真正实现人民当家作主提供了重要制度保障。

（三）保障民族平等，反对民族歧视，促进民族团结进步

我国法律广泛规定了少数民族公民在政治经济文化社会等领域享有平等参与的权利。选举法、城市居民委员会组织法、村民委员会组织法等都规定，年满 18 周岁的公民（居民、村民）不分民族、种族等，除依照法律被剥夺政治权利的人外，都有选举权和被选举权。工会法、就业促进法、教育法、义务教育法、未成年人保护法、科学技术进步法、红十字会法等分别规定，劳动者不分民族都有依法参加和组织工会的权利；劳动者享有平等就业和选择职业的权利，不因民族不同而受歧视；公民不分民族依法享有平等的受教育机会；适龄儿童、少年不分民族依法享有平等接受义务教育的权利；未成年人不分民族依法平等地享有各项权利；少数民族科学技术人员在竞聘专业技术职务、参与科学技术评价、承担科学技术研究开发项目、接受继续教育等方面享有平等权利；中国公民不分民族、种族等，符合相应条件的可以自愿参加中国红十字会。少数民族公民不仅平等地享有权利，也平等地履行义务。义务教育法规定了凡具有中国国籍的适龄儿童、少年，不分民族平等地履行接受义务教育的义务；兵役法规定了中国公民不分民族都有义务依法服兵役；等等。

一些法律专门就反对民族歧视作出规定。劳动法规定，劳动者就业，不因民族不同而受歧视；商标法、电影产业促进法、广告法、邮政法等法律规定了商标、电影、广告、邮件等载体不能含有民族歧视的内容；反恐怖主义法、网络安全法中规定了反对和禁止民族歧视的要求；治安管理处罚法、刑法就煽动民族歧视的行为分别规定了行政处罚和刑事处罚；国际刑事司法协助法规定，外国向中华人民共和国提出的刑事司法协助请求，存在请求目的是基于民族原因而进行调查、侦查、起诉、审判、执行刑罚，或者当事人可能由于民族原因受到不公正待遇的，可以拒绝提供协助。

关于促进民族团结进步和反对民族分裂，居民委员会组织法、村民委员会组织法对教育引导各民族居民、村民增进团结、互相尊重、互相帮助作出规定；国家安全法、非物质文化遗产法、国家通用语言文字法等对相关工作如何以促进民族团结进步为重要目标作出了规定；公务员法、公职人员政务处分法就增进民族团结和破坏民族团结、参加民族分裂活动分别规定给予奖励和处分；教育法、教师法规定了加强民族团结教育的内容；集会游行示威法规定，对煽动民族分裂的集会游行示威不予许可；境外非政府组织境内活动管理法规定，境外非政府组织在中国境内开展活动不得危害中国的国家统一、安全和民族团结；电影产业促进法规定，电影中不得含有煽动民族仇恨、伤害民族感情、破坏民族团结等内容；治安管理处罚法和刑法就煽动民族仇恨的行为分别规定了行政处罚和刑事处罚。

（四）民族自治地方的立法变通权

根据宪法、立法法、地方组织法和民族区域自治法规定，自治区人大可以制定自治条例、单行条例，自治区人大及其常委会可以制定省级地方性法规；自治州、自治县的人民代表大会可以制定自治条例、单行条例。

关于立法变通权，立法法第八十五条规定，自治条例和单行条例可以依照当地民族的特点，对法律和行政法规的规定作出变通规定。立法法第一百零一条规定，自治条例和单行条例依法对法律、行政法规、地方性法规作变通规定的，在本自治地方适用自治条例和单行条例的规定。同时，立法法还规定，对法律和行政法规的规定作出变通规定，不得违背法律或者行政法规的基本原则，不得对宪法和民族区域自治法的规定以及其他有关法律、行政法规专门就民族自治地方所作的规定作出变通规定。刑法第九十条规定，民族自治地方不能全部适用本法规定的，可以由自治区或者省的人民代表大会根据当地民族的政治、经济、文化的特点和本法规定的基本原则，制定变通或者补充的规定，报请全国人民代表大会常务委员会批准施行。民族区域自治法第二十条规定，上级国家机关的决议、决定、命令和指示，如有不适合民族自治地方实际情况的，自治机关可以报经该上级国家机关批准，变通执行或者停止执行。民族自治地方有特殊的风俗习惯，有的法律和行政法规的规定可能不符合当地的实际情况，执行起来效果不好甚至无法执行，在这种情况下，为了适应民族自治地方的实际情况，允许其在不违背法律、行政法规基本原则的基础上作一些变通规定，“因俗而治”，体现了尊重少数民族风俗习惯的民主精神，有利于加强民族团结和更好维护法律的严肃性，也符合宪法规定和精神。

（五）推广普及国家通用语言文字与使用和发展少数民族语言文字

我国宪法规定，国家推广全国通用的普通话。2000 年 10 月，全国人大常委会根据宪法规定和精神制定了国家通用语言文字法，规定国家推广普通话，推行规范汉字，学校及其他教育机构以普通话和规范汉字为基本的教育教学用语用字。教育法、民族区域自治法等法律也对国家通用语言文字的推广使用作出了具体规定。[1] 这些规定对贯彻实施宪法、在民族自治地方推广使用国家通用语言文字提出明确要求。

同时，党和国家十分重视对少数民族语言文字的保护。宪法第四条第四款、第一百二十一条和第一百三十九条规定都涉及民族语言文字的使用，民族区域自治法也对保障少数民族使用民族语言文字权利作出了明确规定。各省、自治区、直辖市普遍根据本地实际，制定了国家通用语言文字法实施办法或者语言文字条例等。特别是内蒙古、广西、西藏、宁夏、新疆等民族自治地方的地方性法规，都对大力推广国家通用语言文字、科学保护少数民族语言文字作了具体规定。此外，全国人大议事规则、选举法、代表法就为少数民族代表的选举、履职提供民族语言方面的便利作出规定；公证法、会计法规定了民族自治地方的公证书、会计记录可以使用当地通用

〔1〕比如，教育法规定："国家通用语言文字为学校及其他教育机构的基本教育教学语言文字，学校及其他教育机构应当使用国家通用语言文字进行教育教学。"同时规定："民族自治地方以少数民族学生为主的学校及其他教育机构，从实际出发，使用国家通用语言文字和本民族或者当地民族通用的语言文字实施双语教育。"民族区域自治法规定招收少数民族学生为主的学校（班级）和其他教育机构，"根据情况从小学低年级或者高年级起开设汉语文课程，推广全国通用的普通话和规范汉字"。

的民族文字；居民身份证法规定，民族自治地方的自治机关根据本地区的实际情况，对居民身份证用汉字登记的内容，可以决定同时使用实行区域自治的民族的文字或者选用一种当地通用的文字；刑事诉讼法、民事诉讼法和行政诉讼法对各民族公民使用本民族语言、文字进行诉讼的权利作出规定；教育法就民族地区双语教育作出规定；电影产业促进法、公共文化服务保障法、著作权法对电影的少数民族语言文字译制、民族语言文字文化产品供给、翻译成少数民族语言文字的作品在国内出版发行作出规定。

各民族自治地方正确认识和准确把握推广普及国家通用语言文字和保护各民族语言文字并行不悖的关系，自觉从促进民族团结和各民族、各地区经济文化交流，推动经济社会发展和对外交往，维护国家统一和社会稳定的高度，通过制定地方性法规、出台制度政策等方式，有效保证了宪法法律有关规定落到实处。

（六）尊重和保障少数民族宗教信仰自由，尊重民族地区风俗习惯

我国少数民族群众大多有宗教信仰，如藏族群众信仰藏传佛教，回、维吾尔等民族信仰伊斯兰教。我国宪法规定，中华人民共和国公民有宗教信仰自由；任何国家机关、社会团体和个人不得强制公民信仰宗教或者不信仰宗教，不得歧视信仰宗教的公民和不信仰宗教的公民；国家保护正常的宗教活动。同时规定，任何人不得利用宗教进行破坏社会秩序、损害公民身体健康、妨碍国家教育制度的活动；宗教团体和宗教事务不受外国势力的支配。民族自治地方的自治机关根据宪法和法律的规定，尊重和保护少数民族的宗教信仰自由，保障少数民族公民一切合法的正常宗教活动。2004 年国务院

颁布《宗教事务条例》，在保障公民宗教信仰自由权利，构建积极健康的宗教关系，维护宗教和睦与社会和谐等方面发挥了重要作用。2017 年国务院对《宗教事务条例》作出修改，加强对宗教事务的依法管理，更好地保障了公民的宗教信仰自由权利。

尊重少数民族的风俗习惯是民族平等原则的重要体现。宪法规定，各民族都有保持或者改革自己的风俗习惯的自由。代表法规定，少数民族代表执行代表职务时有关部门应当在生活习惯等方面给予必要的帮助和照顾；民法典、旅游法、消费者权益保护法对尊重少数民族自然人姓氏遵从本民族的文化传统和风俗习惯，旅游者和消费者享有民族风俗习惯得到尊重的权利作出规定；武警法、戒严法、反恐怖主义法、监狱法对相关工作和执法活动中应当尊重公民的民族风俗习惯予以规定；刑法对国家机关工作人员非法侵犯少数民族风俗习惯的行为明确了刑事责任。这些法律规定对于增进民族团结，维护社会稳定和国家统一，具有重要意义。

党的二十大报告对党的民族工作作出新的重大决策部署，要求以铸牢中华民族共同体意识为主线，坚定不移走中国特色解决民族问题的正确道路，坚持和完善民族区域自治制度，加强和改进党的民族工作，全面推进民族团结进步事业。新时代新征程上，要准确把握和全面贯彻习近平总书记关于加强和改进民族工作的重要思想，坚定坚持中国共产党的领导，进一步发挥民族区域自治制度在坚持和践行全过程人民民主、实现和保障各民族共同当家作主方面的重要作用，确保党中央政令畅通，确保国家法律法规有效实施，不断推进民族事务治理体系和治理能力现代化；要全面贯彻落实宪法和民族区域自治法，进一步健全增进民族平等、民族团结、各民族共同繁荣发展的法律法规，不断完善各民族自治地方参与国家治理和民族事务治理的法律制度，依法保障各族群众合法权益，依法妥善处理涉民族因素的事件，依法打击各类违法犯罪行为，不断提升民族事务治理法治化水平；要落实宪法关于继续加强平等团结互助和谐的社会主义民族关系的要求，支持各民族发展经济、改善民生，实现各民族共同团结奋斗、共同繁荣发展，共同走向社会主义现代化。

第八章　基层群众自治制度是全过程人民民主基层实践的直接体现

习近平总书记指出："党的工作最坚实的力量支撑在基层，经济社会发展和民生最突出的矛盾和问题也在基层，必须把抓基层打基础作为长远之计和固本之策，丝毫不能放松。"[1] 基层历来是民主政治的发源地和试验田，中国特色社会主义民主政治根基在基层，依托在基层，落实在基层。基层群众自治是实现人民当家作主的重要途径，也是发展全过程人民民主的有效制度安排。人民群众在基层党组织的领导和支持下，依照宪法和法律直接行使民主权利，直接参与国家和社会事务、经济文化事业的管理，从而实现自我管理、自我服务、自我教育、自我监督。

基层群众自治制度是中国特色社会主义民主政治的重要组成部分，涵盖城市的居民自治制度、农村的村民自治制度和企事业单位中的职工代表大会制度。其中，农村村民自治和城市居民自治是基层群众自治最重要的两大组成部分，是发展全过程人民民主基层实践的直接体现，也是推进基层社会治理、保障人民利益的直接途径。

---

〔1〕《习近平在贵州调研时强调：看清形势适应趋势发挥优势　善于运用辩证思维谋划发展》，载《人民日报》2015年6月19日，第1版。

一、基层群众自治制度是我国民主政治建设实践的产物

我国的基层群众自治制度是伴随着我国政治文明和民主实践产生的，在新中国成立初期开始萌芽，改革开放以后不断发展完善。经过长期的探索实践，以城市居民自治、农村村民自治为主要形式的基层群众自治制度日渐成熟。

（一）城市居民自治制度的形成和发展

新中国成立后，党和政府带领人民彻底打碎了旧的基层社会组织，废除了国民党时期的保甲制度[1]，并在动员和组织群众参与基层社会管理方面展开了积极探索。面对紧迫的基层管理需要，一些城市出现了由人民群众自发建立的防护队、防盗队和居民组等带有群众自治色彩的组织。1949 年 10 月 23 日，新中国第一个居民委员会在杭州市上城区上羊市街诞生。杭州上羊市街居委会有 2250 户居民，由居民自己投票选出 9 名居委会委员，其中有工人、手工业者、小商人、知识分子、公务员、工厂经理，基本上涵盖了各个阶层，具有广泛的代表性。此后，天津、武汉、上海等地也相继建立起居民委员会、居民小组等群众性自治组织。此时的居民自治组织规模

〔1〕 保甲制度，是北宋以来中国封建王朝对县以下单位实行的一种统治制度。民国政府在城市社区管理中实行保甲制度。1932 年，国民党为建立严密的基层统治网，在河南、安徽、湖北 3 省颁布《各县编查保甲户口条例》，规定：以户为单位，户设户长；十户为甲，甲设甲长；十甲为保，设保长。保甲组织依照“管、教、养、卫”的原则活动：“管”即清查户口、制定保甲规约，推行联保连坐；“教”即进行“党化”教育；“养”即对保甲内居民摊派名目繁多的保甲经费；“卫”即抽选壮丁、编练民团、修筑工事、搜查缉捕。1934 年，要求各省普遍实行保甲制度。保甲制度的实行，强化了国民党专制统治，加紧了对城乡人民的控制、束缚和掠夺，严重制约了基层社会的发展。

不一、层次不齐，没有明确的治理范围，没有清晰的组织架构，也没有稳定的经费来源。

1953 年，彭真同志在提交给中共中央的《关于城市街道办事处、居民委员会组织和经费问题的报告》中指出："街道居民委员会的组织是需要建立的。它的性质是群众自治组织，不是政权组织。它的任务，主要是把工厂、商店和机关、学校以外的街道居民组织起来，在居民自愿原则下，办理有关居民的共同福利事项，宣传政府的政策法令，发动居民响应政府的号召和向基层政权反映居民意见。居民委员会应由居民小组选举产生，在城市基层政权或其派出机关的统一指导下进行工作，但它在组织上并不是基层政权的'腿'，不应交付很多事情给它办。"[1] 这一建议获得了毛泽东等中央领导同志的支持。1954 年 12 月，一届全国人大常委会第四次会议通过《城市居民委员会组织条例》，明确规定"在市辖区、不设区的市的人民委员会或者它的派出机关指导下，可以按照居住地区成立居民委员会。居民委员会是群众自治性的居民组织"。自此，居民委员会组织在全国各地蓬勃发展起来，至 1956 年底全国各城市普遍建立了居民委员会。1958 年"大跃进"发生后至"文化大革命"结束前，由于受到"左"倾错误的影响，居民委员会或被直接撤销，或只是组织进行阶级斗争，失去了其本来的作用，城市居民自治制度的发展遭遇严重挫折。

党的十一届三中全会召开后，城市居民自治得到了全面的恢复和发展。1980 年 1 月，全国人大常委会重新公布了《城市居民委员会组织条例》。八二宪法在总结各地基层群众自治实践经验的基础

[1] 《彭真文选》，人民出版社 1991 年版，第 241 页。

上，首次以根本大法的形式确认村民委员会和居民委员会的法律地位，明确“城市和农村按居民居住地区设立的居民委员会或者村民委员会是基层群众性自治组织”，并对其任务、作用、组织原则作出规定，为城乡实行基层群众自治提供了宪法依据。[1] 1989 年 12 月 26 日，七届全国人大常委会第十一次会议审议通过《中华人民共和国城市居民委员会组织法》（以下简称《城市居民委员会组织法》），明确政府与居民委员会之间是指导与协助的关系，并对居民委员会的任务、设置，居委会成员的产生办法，居民会议，工作原则，财务及工作经费等作出详细规定。各地相继制定了城市居民委员会组织法实施办法或工作条例，城市居民委员会的建设开始步入制度化的轨道。

随着工业化、信息化、城镇化的进程加快以及城乡之间的流动性加强，我国城市基层社会发生了深刻变化，对居民自治与城市社区建设提出新要求。为适应这一形势变化需要，2000 年 11 月，中共中央办公厅、国务院办公厅转发《民政部关于在全国推进城市社区建设的意见》，要求在全国大力推进城市社区建设。2010 年 8 月，中共中央办公厅、国务院办公厅印发《关于加强和改进城市社区居民委员会建设工作的意见》，全面总结和提炼了城市社区居民委员会建设的实践经验和创新成果，提出了加强和改进城市社区居委会建设的政策意见。为加强城市社区居民委员会建设，民政部启动《城

---

〔1〕 八二宪法第一百一十一条规定：“城市和农村按居民居住地区设立的居民委员会或者村民委员会是基层群众性自治组织。居民委员会、村民委员会的主任、副主任和委员由居民选举。居民委员会、村民委员会同基层政权的相互关系由法律规定。居民委员会、村民委员会设人民调解、治安保卫、公共卫生等委员会，办理本居住地区的公共事务和公益事业，调解民间纠纷，协助维护社会治安，并且向人民政府反映群众的意见、要求和提出建议。”

市居民委员会组织法》修订工作，并于 2021 年 8 月公布了《中华人民共和国城市居民委员会组织法（修订草案征求意见稿）》，目前修订工作正在有续推进。

（二）农村村民自治制度的形成和发展

相比于城市居民自治，农村村民自治出现较晚，是伴随着人民公社体制的废除、家庭联产承包责任制的推进而产生的。20 世纪 80 年代初期，农村开始实行家庭联产承包责任制，原有的人民公社“政社合一”的管理体制已经不适应农村经济发展的客观要求。1980 年，广西壮族自治区的罗城、宜山两个地区自发地把农民组织起来，借鉴城市居民委员会的做法，率先建立农村村民委员会，作为农村基层群众性自治组织。随后，四川、河南、山东等地也纷纷建立起村民委员会组织。

为规范和推进农村基层群众自治的发展，党和国家相继出台了一系列的法律、法规和文件。1982 年，全国人大常委会在起草宪法修改草案时，吸收了城市居民委员会的经验并结合村民委员会的发展状况，将农村村民委员会同城市居民委员会一并写入宪法。1983 年 10 月，中共中央、国务院发出《关于实行政社分开建立乡政府的通知》，明确要求在农村建立由村民选举产生的村民委员会，并对村民委员会的设立、职能、产生方式作出初步规定。村民委员会的建设在全国范围内展开，绝大多数地方以原人民公社为单位成立了乡政府，在生产大队的基础上建立了村民委员会，在生产队的基础上建立了村民小组。与此同时，村民自治相关法律的制定也被提上日程。1987 年 11 月 24 日，六届全国人大常委会第二十三次会议通过

《中华人民共和国村民委员会组织法（试行）》，以法律形式确认和巩固了农村基层民主建设改革探索的成果。经过十多年的试行，村民自治各项制度日渐成熟。1998 年 11 月 4 日，九届全国人大常委会第五次会议审议通过《中华人民共和国村民委员会组织法》（以下简称《村民委员会组织法》），将村民委员会组织法试行十多年的民主实践创新成果进一步制度化、法治化，推动我国农村基层自治制度不断成熟。与《中华人民共和国村民委员会组织法（试行）》相比，《村民委员会组织法》在结构上更加完善，内容上也增加了许多新的规定，例如明确村民委员会实行民主选举、民主决策、民主管理、民主监督，增加了对村民委员会民主选举程序的规定、需要提请村民会议讨论的事项、有关村务公开的规定等。《村民委员会组织法》的颁布实施，极大促进了村民自治制度的发展，对于保证农民直接行使民主权利、推进农村基层民主建设、促进农村的经济发展和社会稳定具有深远意义。

进入 21 世纪，随着农村经济社会的发展，特别是城乡户籍制度改革、农村税费制度改革的深化，农村实行村民自治过程中遇到了一些新问题。2010 年，全国人大常委会对《村民委员会组织法》进行了修订，明确指出基层党组织在村民自治中的领导作用，对村民委员会成员的选举和罢免程序、村民议事制度进行了完善，增加了选民登记的内容，增设了村务监督机构。2018 年，为加强基层党组织的领导，全国人大常委会对《村民委员会组织法》《城市居民委员会组织法》一并进行修改，将村民委员会、居民委员会的任期由 3 年改为 5 年，实现了与村和社区党的委员会、总支部委员会、支部委员会的任期一致，为基层群众自治制度在党的领导下的有序推进提供了法律保障。

（三）党中央对基层群众自治制度建设的政策指导

城乡群众对基层自治的创造性探索得到党中央的高度重视和充分认可。改革开放以来，党中央对基层民主政治建设尤其是城乡基层群众自治给予高度重视，并从政策和举措上给予大力支持和推动。1981 年 6 月，党的十一届六中全会通过的《关于建国以来党的若干历史问题的决议》在总结历史经验教训的基础上明确提出，要在基层政权和基层社会生活中逐步实现人民的直接民主。之后，党的历次全国代表大会都与时俱进地对发展基层民主提出新要求。党的十三大报告指出，在党和政府同群众组织的关系上，要充分发挥群众团体和基层群众性自治组织的作用，逐步做到群众的事情由群众自己依法去办。党的十四大报告强调，加强基层民主建设，切实发挥职工代表大会、居民委员会和村民委员会的作用。党的十五大报告将人民群众的民主实践提炼概括为“四个民主”，即民主选举、民主决策、民主管理、民主监督，明确指出扩大基层民主，保证人民群众直接行使民主权利，依法管理自己的事情，创造自己的幸福生活，是社会主义民主最广泛的实践。党的十六大报告把基层民主概括为村民自治、城市居民自治和企事业单位的民主管理三个方面，要求完善村民自治，健全村党组织领导的充满活力的村民自治机制；完善城市居民自治，建设管理有序、文明祥和的新型社区。党的十七大报告首次将基层群众自治制度纳入社会主义民主政治的总体框架，明确要求把基层群众自治制度作为发展社会主义民主政治的基础性工程重点推进。自此，基层群众自治制度与人民代表大会制度、中国共产党领导的多党合作和政治协商制度、民族区域自治制度共同构成人民当家作主制度体系的“四梁八柱”。

党的十八大以来，以习近平同志为核心的党中央高度重视基层民主建设，党领导的基层群众自治制度更加成熟完善。中共中央办公厅、国务院办公厅先后出台《关于深入推进农村社区建设试点工作的指导意见》《关于加强城乡社区协商的意见》《关于加强和完善城乡社区治理的意见》《关于建立健全村务监督委员会的指导意见》等政策文件，不断完善健全基层群众自治机制，有力保障城乡群众依法直接行使民主权利，参与基层公共事务和公益事业。党的十九大报告把基层群众自治实践扩充概括为民主选举、民主协商、民主决策、民主管理、民主监督“五个民主”。党的十九届四中全会作出关于健全充满活力的基层群众自治制度的重大部署。党的十九届六中全会指出要健全党组织领导的自治、法治、德治相结合的城乡基层治理体系。党的二十大明确指出“基层民主是全过程人民民主的重要体现”，要求健全基层党组织领导的基层群众自治机制，加强基层组织建设，完善基层直接民主制度体系和工作体系，增强城乡社区群众自我管理、自我服务、自我教育、自我监督的实效，为在新时代新征程上坚持和完善基层群众自治制度提供了根本遵循，指明了前进方向。

二、基层群众自治制度体系日趋完整，为有效保障人民当家作主提供了良好制度支撑

在基层民主实践中，党领导人民群众不断探索创新群众自治机制，拓展民主参与渠道，建立完整的基层群众自治制度体系，保障

广大城乡群众真正参与到民主选举、民主决策、民主协商、民主管理和民主监督各个环节，推动全过程人民民主在基层落地，真正实现人民当家作主。

（一）村（居）民委员会民主选举

村民委员会、居民委员会的选举是基层群众自治的重要内容，是村（居）民进行民主协商、民主决策、民主管理、民主监督的前提和基础。经过多年实践，城乡基层民主选举已经形成比较完善的制度和程序。

我国宪法规定，居民委员会、村民委员会的主任、副主任和委员由居民选举。年满 18 周岁的公民，不分民族、种族、性别、职业、家庭出身、宗教信仰、教育程度、财产状况、居住期限，都有选举权和被选举权，但是依照法律被剥夺政治权利的人除外。这是选举权普遍性的体现，除国籍、年龄以及未经依法剥夺政治权利外，不另设其他资格限制，保证广大城乡群众普遍享有选举权和被选举权。

在选举方式上，村民委员会通过直接选举产生。《村民委员会组织法》第十一条第二款规定："村民委员会主任、副主任和委员，由村民直接选举产生。任何组织或者个人不得指定、委派或者撤换村民委员会成员。"村民委员会是农村的基层群众性自治组织，在一个村内，村民们朝夕相处、彼此熟悉，由村民直接投票选举村民委员会成员有其现实基础。实践中，村民创造出许多实行直接选举的具体办法，例如由吉林省梨树县农村率先实行的"海选"。"海选"指由本村有选举权的村民按照自己的意愿提名村民委员会候选人，经全体村民预选，确定正式候选人，再进行无记名投票选出村民委员会成员。“海选”方式中，上级组织不推荐候选人，把候选人提名权完全交给村民，充分尊重村民意志，极大调动了农民参与基层选举的积极性。《村民委员会组织法》第十五条规定，“选举村民委员会，由登记参加选举的村民直接提名候选人”，正是对“海选”方式的法律确认。此外，不少地方在选举中基于当地实际探索推出了“一步法”“组合竞选”[1] 等做法，成为基层民主政治建设的生动实践。可见，在农村实行直接选举，由村民“一人一票”选出自己的“民意代表”，管理村庄事务，进行农村自治，能够最大限度地体现民意，充分保证村民行使人民当家作主的权利。

与村民委员会选举不同，城市居民委员会可以采用直接选举或间接选举的方式。《城市居民委员会组织法》第八条中规定：“居民委员会主任、副主任和委员，由本居住地区全体有选举权的居民或者由每户派代表选举产生；根据居民意见，也可以由每个居民小组选举代表二至三人选举产生。”然而，在很长一段时间内，居民委员会成员基本上由街道办事处指派或推荐候选人，再由部分居民代表选举产生。1998 年，青岛市四方区瑞昌路街道办事处第二社区和第六社区居民委员会的选举，是城市社区直接选举的首次尝试。此后，全国各地陆续开始了居民委员会直接选举的探索。2010 年，中共中央办公厅、国务院办公厅印发《关于加强和改进城市社区居民委员

---

〔1〕“一步法”指无候选人选举，由本村有选举权的村民一人一票直接投票产生村民委员会成员。“组合竞选”指由村民提名推选村民委员会主任候选人，然后再由村民委员会主任候选人提名委员候选人，组成竞选班子，再通过村民两轮投票选举，产生村民委员会主任及其他人选。参见史卫民、潘小娟：《中国基层民主政治建设发展报告》，中国社会科学出版社 2008 年版，第 171-184 页。

会建设工作的意见》，提出："坚持和发展社区民主选举制度。进一步规范社区民主选举程序，稳步扩大社区居民委员会直接选举覆盖面。"近年来，居民委员会直接选举的比例不断提高，居民的民主权利得到充分保障。

在选举程序上，村（居）民委员会选举主要遵循下列程序进行：（1）成立选举委员会。选举委员会由村（居）民会议、村（居）民代表会议或村（居）民小组会议推选产生，负责主持村（居）民委员会的选举工作。（2）选民资格确认和选民登记。选举委员会对村（居）民是否具有选举资格进行确认。成为选民通常需要具备下列条件：一是到选举之日为止年满 18 周岁；二是未被剥夺政治权利；三是属于本村村民、本社区居民；[1] 四是身体条件，例如精神病患者等不能行使选举权的村（居）民，经选举委员会确认，不列入选民名单。选民名单通常在选举日的 20 日前公布。（3）提名候选人。《村民委员会组织法》要求"由登记参加选举的村民直接提名候选人"。《城市居民委员会组织法》对提名方式未作明确规定，实践中主要通过居民个人自荐、一定人数以上选民联名推荐、居民小组推荐等方式提名。候选人的名额应当多于应选名额，这是差额选举原则的体现。（4）竞选人竞职演说。选举委员会组织候选人与选民见面，由候选人介绍履行职责的设想，回答选民提出的问题。（5）投

[1] 《村民委员会组织法》第十三条第二款规定，村民委员会选举前，应当对下列人员进行登记，列入参加选举的村民名单：（1）户籍在本村并且在本村居住的村民；（2）户籍在本村，不在本村居住，本人表示参加选举的村民；（3）户籍不在本村，在本村居住一年以上，本人申请参加选举，并且经村民会议或者村民代表会议同意参加选举的公民。已在户籍所在村或者居住村登记参加选举的村民，不得再参加其他地方村民委员会的选举。《城市居民委员会组织法》对本社区居民的要求没有明确规定，实践中，各地的要求与《村民委员会组织法》规定类似。

票与当选。选举可以通过召开选举大会或设立投票站进行投票，有特殊情况时可以设流动投票箱。在投票方式上，采取无记名投票的方式，选举时设立秘密写票处，充分体现选民的真实意愿。候选人当选需要遵循“双过半”原则，即有登记参加选举的选民过半数投票，选举有效；候选人获得参加投票的选民过半数的选票，始得当选。(6) 宣布选举结果。候选人得票情况和选举结果在选举结束当日公布。选举委员会对选举结果进行确认后，报送民政部门和乡镇政府、街道办事处备案。

(二) 城乡社区协商

习近平总书记指出：“人民群众是社会主义协商民主的重点。涉及人民群众利益的大量决策和工作，主要发生在基层。要按照协商于民、协商为民的要求，大力发展基层协商民主，重点在基层群众中开展协商。”[1] 2015 年 7 月，中共中央办公厅、国务院办公厅印发《关于加强城乡社区协商的意见》，对城乡社区协商作出整体部署，要求将城乡社区协商贯穿于基层群众自治全过程。加强城乡社区协商，这是对基层群众自治生动实践的总结，是在基层群众自治框架内的制度安排。

在城乡基层，问题千头万绪，通过城乡社区协商，不同利益主体相互讨论、平等协商，可以就问题的解决达成共识、消除分歧，可以找到群众意愿和要求的最大公约数，实现公共利益和各方利益的最大化。近年来，各地基层坚持有事多协商、遇事多协商、做事

[1] 习近平：《在庆祝中国人民政治协商会议成立 65 周年大会上的讲话》，载《人民日报》2014 年 9 月 22 日，第 2 版。

多协商，不断推进城乡社区协商规范化、制度化和程序化，有效维护了群众切身利益，也使独具中国特色的社会主义协商民主的优势得到有效发挥。

一是协商主体广泛多元。《关于加强城乡社区协商的意见》明确协商主体包括：基层政府及其派出机关、村（社区）党组织、村（居）民委员会、村（居）务监督委员会、村（居）民小组、驻村（社区）单位、社区社会组织、业主委员会、农村集体经济组织、农民合作组织、物业服务企业和当地户籍居民、非户籍居民代表以及其他利益相关方。同时，还可以根据协商的事项及内容，邀请相关专家学者、专业技术人员、第三方机构等进行论证评估，吸纳威望高、办事公道的老党员、老干部、群众代表、党代表、人大代表、政协委员以及基层群团组织负责人、社会工作者参与。协商主体的广泛参与，有助于切实维护利益相关者的协商权益，更好维护人民当家作主的权利。

二是协商内容不断丰富。各地根据当地经济社会发展的实际不断拓展协商范围。在具体实践中，城乡居民紧紧围绕生产生活中涉及自身利益的公共事务、公益事业、迫切需要解决的实际困难和问题、矛盾纠纷的化解，围绕党和政府的方针政策及重点工作部署在城乡社区的落实、法律法规明确要求协商的事项等，开展协商活动。一些地方以县（市、区）为单位研究制定了基层协商目录，将涉及基层群众利益的协商事项列入目录，明确基层协商的具体内容，对开展基层协商进行制度规范。

三是协商形式灵活多样。各地普遍建立以村（居）民会议和村（居）民代表会议为主要载体的协商机制，探索创造了一系列具有

“烟火气”的民主协商形式，有效保障了城乡群众的知情权、参与权、表达权、监督权。例如，浙江省温岭市首创的“民主恳谈会”，其主要做法是乡镇政府召开由村民与镇领导共同参加的民主听证会，就党委、政府重要工作方案，村镇规划调整，重要工程，群众强烈要求村党支部解决的事项等进行恳谈，基层政府在认真听取群众意见和看法后，再就公共事务作出决策。又如，成都市青白江区芦稿村探索出“村民议事六步法”，即议题收集、议题审查、民主讨论、结果公示、执行监督、评议整改，形成了较为成熟的村民协商议事机制。形式多样的城乡社区民主协商实践，为发展全过程人民民主源源不断注入动力。

四是协商程序规范细化。遵循规范化的程序是协商主体充分讨论并达成共识的基础。由于各地村（居）民自治的现实条件各异，城乡社区协商无法按照统一的标准实施。为此，《关于加强城乡社区协商的意见》对协商程序只作出一般规定，即：村（社区）党组织、村（居）民委员会在充分征求意见的基础上研究提出协商议题，确定参与协商的各类主体；通过多种方式，向参与协商的各类主体提前通报协商内容和相关信息；组织开展协商，确保各类主体充分发表意见建议，形成协商意见；组织实施协商成果，向协商主体、利益相关方和居民反馈落实情况等。在此基础上，各地结合实际对协商程序进行细化规定。

（三）村（居）民会议和村（居）民代表会议

在城乡社区，基层群众自治的主体是全体村（居）民。村（居）民会议是村（居）民行使自治权利的重要形式和途径。广大城乡群众通过村（居）民会议或村（居）民代表会议，直接讨论决定本村（社区）涉及群众利益的重大事项，实现对基层公共事务、公益事业的管理。

根据《村民委员会组织法》《城市居民委员会组织法》的规定，村（居）民会议由年满18周岁的村（居）民组成。村（居）民委员会负责村（居）民会议的召集。在满足法律规定人数的村（居）民或代表的提议下，[1] 或者有涉及村（居）民会议职权的事项时，应当召集村（居）民会议。

村（居）民会议的决策遵循民主集中制原则，集体讨论问题，集体决定问题。召开村民会议，需要有本村18周岁以上村民的过半数，或者本村2/3以上的户的代表参加；召开居民会议，需要全体18周岁以上的居民、户的代表或者居民小组选举的代表过半数出席，才能举行。村（居）民会议所作决定经到会人员的过半数通过，方为有效。

村（居）民会议享有广泛的职权，概括为四个方面：一是重大事项决策权。凡是与村（居）民切身利益密切相关的事项，都应实行民主决策，由村（居）民会议讨论决定。[2] 村民委员会的设立、

---

[1] 《村民委员会组织法》第二十一条第二款中规定："村民会议由村民委员会召集。有十分之一以上的村民或者三分之一以上的村民代表提议，应当召集村民会议。"《城市居民委员会组织法》第十条第二款中规定："居民会议由居民委员会召集和主持。有五分之一以上的十八周岁以上的居民、五分之一以上的户或者三分之一以上的居民小组提议，应当召集居民会议。"

[2] 根据《村民委员会组织法》第二十四条，涉及村民利益的事项包括：（1）本村享受误工补贴的人员及补贴标准；（2）从村集体经济所得收益的使用；（3）本村公益事业的兴办和筹资筹劳方案及建设承包方案；（4）土地承包经营方案；（5）村集体经济项目的立项、承包方案；（6）宅基地的使用方案；（7）征地补偿费的使用、分配方案；（8）以借贷、租赁或者其他方式处分村集体财产；（9）村民会议认为应当由村民会议讨论决定的涉及村民利益的其他事项。《城市居民委员会组织法》对涉及居民利益的事项未作规定，一般包括：涉及居民委员会的工作计划、工作报告和财务收支报告，居民委员会资产的管理和使用，社区办理公益事业经费的筹集方案，社区重大文体活动的举办方案等。

撤销、范围调整，由乡镇人民政府提出，同样需要经村民会议讨论同意。村（居）民会议对重要事项享有决策权，充分体现村（居）民当家作主的主人翁地位和自我管理、自我服务的自治原则。二是村规民约、居民公约和自治章程的制定权。村规民约、居民公约和自治章程是村（居）民自我约束的行为规则，其制定必须由村（居）民会议集体讨论通过，才能切实体现广大群众的意愿，得到群众的支持和拥护。三是村（居）民委员会成员选任权。选举村（居）民委员会成员时，选举委员会可以由村（居）民会议推选产生；村（居）民委员会成员出缺时，可以由村（居）民会议进行补选。四是社区事务管理监督权。村（居）民会议对村（居）民委员会执行决策的情况和村（居）民委员成员的工作情况进行监督，具体表现为：村（居）民委员会向村（居）民会议负责并报告工作；村（居）民会议每年审议村（居）民委员会的工作报告，评议村（居）民委员会成员的工作；村（居）民会议可以撤销或者变更村（居）民委员会不适当的决定。

村（居）民代表会议也是村（居）民民主议事制度的一种形式。《村民委员会组织法》第二十五条中规定："人数较多或者居住分散的村，可以设立村民代表会议，讨论决定村民会议授权的事项。"考虑到人数较多或者居住分散的村，不便于经常召开村民会议集体讨论决定重大问题，因此在 1998 年修订《村民委员会组织法》时增加了这一规定，使村民可以更加便捷有效地参加民主管理，保证村民自治落到实处。《城市居民委员会组织法》没有规定居民代表会议。但实践中，居民代表会议已成为居民行使自治权利的重要组织形式。2010 年中共中央办公厅、国务院办公厅印发的《关于加强和改进城市社区居民委员会建设工作的意见》，对居民代表会议作出了规定。[1] 村（居）民代表会议由村（居）民委员会成员和村（居）民代表组成，其职权取决于村（居）民会议的授权。村（居）民代表会议在村（居）民会议授权范围内作出的决定，村（居）民委员会必须认真贯彻执行，但村（居）民会议有权撤销或者改变村（居）民代表会议的决定。

（四）村规民约、居民公约和自治章程

村规民约、居民公约和自治章程是村（居）民进行自我管理、自我服务、自我教育、自我监督的行为规范，是实现村（居）民自治的重要规范载体。我国幅员辽阔，人口众多，各地基层情况千差万别，国家很难对各地基层需要解决的事情作出统一规定。各地城乡基层根据国家法律、法规和政策，结合本村（社区）的实际情况，制定村规民约、居民公约和自治章程，成为村（居）民共同遵守的行为准则。

自治章程是基层群众自治的总章程，内容涉及村（居）民自治组织的产生、村（居）民的权利义务、村（社区）的经济管理和社会秩序等。村规民约、居民公约是自治章程的具体化，通常是就某个方面作出的具体规定。从各地制定村规民约、居民公约的情况来看，其内容非常广泛，几乎涉及城乡基层社会生活的方方面面，主要包括：（1）规范日常行为。爱党爱国，践行社会主义核心价值观，

---

[1]《关于加强和改进城市社区居民委员会建设工作的意见》指出："社区居民委员会兴办公益事业所需费用，经居民会议或居民代表会议讨论，按照自愿原则，可以向社区居民或受益单位筹集。"

正确行使权利，认真履行义务，积极参与公共事务，共同建设和谐美好村、社区等。(2) 维护公共秩序。维护生产秩序，诚实劳动合法经营，节约资源保护环境；维护生活秩序，注意公共卫生，搞好绿化美化；维护社会治安，遵纪守法，勇于同违法犯罪行为、歪风邪气作斗争等。(3) 保障群众权益。坚持男女平等基本国策，依法保障妇女儿童等群体正当合法权益等。(4) 调解群众纠纷。坚持自愿平等，遇事多商量、有事好商量，互谅互让，通过人民调解等方式友好解决争端等。(5) 引导民风民俗。弘扬向上向善、孝老爱亲、勤俭持家等优良传统，推进移风易俗，抵制封建迷信、陈规陋习，倡导健康文明绿色生活方式等。

制定和修改村规民约、居民公约、自治章程，必须遵循民主原则，在广泛征集民意基础上形成草案，经村（居）民会议表决通过，才能真正反映全体村（居）民的共同利益和愿望。同时，要结合本村（社区）的自然历史状况、风俗习惯、群众文化素质等方面因素，制定出切实可行、科学合理的规范。此外，村规民约、居民公约、自治章程的内容不得与宪法、法律法规和国家政策相抵触，不得违背公序良俗，也不得侵犯村（居）民的人身权利、民主权利和财产权利。

（五）村（居）务公开与村（居）务监督

村（居）务监督是实现村（居）民自治的重要保证。村（居）民通过对村（居）民委员会的工作以及村（社区）内的各项公共事务和公益事业实行监督，保证基层民主选举、民主协商、民主决策和民主管理有效落实，形成全过程人民民主在基层实践的全过程闭环。

村（居）务公开是村（居）务监督的重要形式。凡是村（社区）里的重大事项和村（居）民普遍关心的问题，都应向群众公开，接受群众监督。《村民委员会组织法》规定，村民委员会应当及时公布下列事项接受村民的监督：由村民会议、村民代表会议讨论决定的事项及其实施情况；国家计划生育政策的落实方案；政府拨付和接受社会捐赠的救灾救助、补贴补助等资金、物资的管理使用情况；村民委员会协助人民政府开展工作的情况；涉及本村村民利益，村民普遍关心的其他事项。2019 年中共中央办公厅、国务院办公厅印发的《关于加强和改进乡村治理的指导意见》，明确要求梳理村级事务公开清单，及时公开组织建设、公共服务、脱贫攻坚、工程项目等重大事项。《城市居民委员会组织法》未对居务公开作专门规定，但在实践中，各地普遍建立了居务公开制度，公开内容通常包括：居民会议或者居民代表会议讨论决定的事项及其实施情况；居民委员会工作经费使用情况；政府拨付和接受社会捐赠的救灾救助、补贴补助等资金、物资的管理使用情况；社区服务办事指南；社区服务项目及设施管理使用情况；涉及全体居民利益或者居民普遍关心的事项等。

村（居）务公开的形式和方法可根据实际情况因地制宜、灵活多样。例如设立村（居）务公开栏，通过广播、电视、网络、“明白纸”、民主听证会、电子触摸屏等形式公开。近年来，各地纷纷推广村（居）事务“阳光公开”监管平台，建立村（居）民微信群、乡村（社区）公众号等，推进村（居）事务即时公开，有效保证群众对城乡基层事务的知情权。

村（居）务监督委员会是村（居）民对村（社区）事务进行民主监督的专门机构。2004 年，浙江省武义县白洋街道后陈村建立了全国首个村务监督委员会；2007 年，杭州市下城区长庆街道新华坊社区建立了全国首个居务监督委员会。此后，各地普遍建立起村（居）务监督委员会，强化对村（居）委员会的制约和监督。村（居）务监督委员会对村（居）民会议或者村（居）民代表会议决定、决议落实情况，村（居）民委员会开展工作、村（居）务公开、财务管理情况，以及村（居）公共事务、公益事业办理情况等进行监督。其成员由村（居）民会议或者村（居）民代表会议在村（居）民中推选产生，但是村（居）民委员会成员及其近亲属不得担任村（居）务监督委员会成员。

此外，城乡社区还通过建立健全群众举报投诉制度、村（社区）小微权力清单制度、村（社区）干部述职述廉、民主评议、任期和离任经济责任审计制度，将群众监督权落到实处，不断净化与重塑了城乡基层政治生态。

三、基层群众自治制度建设取得的显著成就，充分彰显了全过程人民民主的巨大优势

党的十八大以来，以习近平同志为核心的党中央高度重视基层民主建设工作，多次对健全基层群众自治制度作出重要部署。全国各地持续深化基层群众自治，确保人民当家作主具体地体现到基层治理全过程、各方面。经过长期发展完善，党领导下的基层群众自治制度更加成熟定型，制度体系和组织体系日益健全和完善，自治形式和自治内容更加丰富。基层群众自治建设取得了显著成就，充

分彰显了全过程人民民主的巨大优势。

(一) 基层群众自治制度建设取得新成效

城乡基层自治组织基本实现全覆盖，基层服务体系不断健全。全国城乡社区普遍建立了基层群众自治组织。截至2022年底，全国基层群众性自治组织共计60.7万个，其中村民委员会48.9万个，村民小组392.9万个，村民委员会成员215.4万人；居民委员会11.8万个，居民小组133.1万个，居民委员会成员66.3万人。[1]大多数村（居）民委员会设有人民调解、治安保卫、公共卫生等下属委员会。全国共有社区综合服务机构和设施59.1万个，社区养老服务机构和设施34.7万个。城市社区综合服务设施覆盖率100%，农村社区综合服务设施覆盖率84.6%。[2] 400多万名社区工作者在为民服务特别是近三年来的疫情防控工作中发挥了重要作用。

基层群众自治实践内容日渐丰富。民主选举方面，截至2021年，全国农村普遍开展了10轮以上村民委员会换届选举，98%以上的村民委员会依法实行直接选举，无记名投票、公开计票、秘密写票、竞职演讲等普遍实行，村民参选率达到95%。[3] 民主协商方面，在各级民政部门的指导和推动下，超过70%的县（市、区）制定了统一的城乡社区议事协商目录，明确城乡社区议事协商的具体内容。民主决策、民主管理方面，基层民主决策机制不断发展完善，决策事项也随着村（居）务的拓展而不断延伸，大到脱贫攻坚、乡

---

〔1〕 参见中华人民共和国民政部：《2022年民政事业发展统计公报》，第13页。

〔2〕 参见中华人民共和国民政部：《2022年民政事业发展统计公报》，第10页。

〔3〕 参见中华人民共和国国务院新闻办公室：《全面建成小康社会：中国人权事业发展的光辉篇章》，载《人民日报》2021年8月13日，第10版。

村振兴等重大国家发展战略，小到路灯更换等基层事务，都纳入决策范围。全国村（社区）普遍制定形成务实管用的村规民约、居民公约，有力地促进了城乡社区民主治理。民主监督方面，截至 2022 年，全国村（居）务监督委员会全面建立，95%的村实现村务公开，91%的村建立村务公开栏，村务监督日趋智慧化、信息化。

基层群众自治法律政策体系不断完善。宪法确立了村（居）民委员会的法律地位。《村民委员会组织法》《城市居民委员会组织法》经过多次修改，逐步完善基层群众自治的各项制度。党中央、国务院以及有关部门多次就村（居）组织建设、村（居）民委员会换届选举、城乡社区协商、城乡社区治理、村（居）务公开等出台政策，规范引导基层群众自治实践。各省（区、市）普遍制定了《村民委员会组织法》《城市居民委员会组织法》实施办法或配套规则。以宪法为依据、以村（居）民委员会组织法为基础、以部门规章和地方法规为支撑的基层群众自治的法律制度体系基本确立，为城乡群众行使民主权利、实现当家作主提供了坚实制度保障。

城乡群众经受了民主锻炼，参与民主政治建设积极性逐步提高。1987 年 11 月，彭真同志在全国人大常委会审议《中华人民共和国村民委员会组织法（试行）》时提到："有了村民委员会，农民群众按照民主集中制的原则，实行直接民主，要办什么，不办什么，先办什么，后办什么，都由群众自己依法决定……他们把一个村的事情管好了，逐渐就会管一个乡的事情；把一个乡的事情管好了，逐渐就会管一个县的事情，逐步锻炼、提高议政能力。"[1] 如今，彭真同志关于基层民主建设的设想已逐步实现。广大城乡群众通过

---

〔1〕《彭真文选》，人民出版社 1991 年版，第 608 页。

基层群众自治积极参政议政，逐步培养民主参与意识、提高民主参与能力、增强民主素质，在实践中经受了民主锻炼，为在更高层次、更大范围参与民主实践和管理活动奠定了坚实基础。

（二）坚持和完善基层群众自治制度、发展全过程人民民主的经验和启示

基层群众自治制度是人民群众直接参与管理国家和社会事务、直接行使民主权利的重要保证，也是发展全过程人民民主的重要内容，在城乡社区展现出蓬勃的生命力。实践证明，基层群众自治制度是一项符合我国国情、实现我国全过程人民民主的重要制度安排，必须毫不动摇地长期坚持下去，并不断丰富和完善，使之发挥更大的作用。

一是，党的领导是基层群众自治制度坚持正确方向的根本保证。基层群众自治制度是中国共产党领导和支持下的人民群众的伟大创造。党中央领导人民制定修改基层群众自治的法律法规、政策制度，充分尊重人民群众的创新创造，及时总结提炼推广好的经验和做法，保障了人民当家作主制度化。各级党委贯彻党的群众路线，领导人民依法开展形式多样的基层民主实践活动，丰富了全过程人民民主的内涵。党的基层组织在基层群众自治过程中充分发挥领导核心作用，坚定不移地把党的领导贯穿于基层民主的全过程、各方面，有效保证了基层民主发展与党的方针政策、决策部署相一致，有效保证了基层群众自治制度健康发展。

二是，基层群众自治是实现全过程人民民主的有效途径。基层是国家治理的“最后一公里”，党的执政根基在基层，人民对美好生

活的感知在基层。坚持和完善基层群众自治制度，尊重广大城乡群众政治参与的意愿，引导群众广泛、深入参与日常政治生活和社会生活，是全过程人民民主在基层的实现途径。基层群众自治制度保障城乡群众广泛、直接、有效行使民主权利，真正体现了全过程人民民主的实质。城乡群众在基层民主实践中养成民主习惯、提高民主素质，培养了发展全过程人民民主的能力本领。各地对村（居）民自治的创新性探索，为发展全过程人民民主积累了新鲜素材，提供了实践经验。

三是，尊重基层群众的主体地位是坚持和完善基层群众自治制度的重要前提。广大城乡村（居）民是基层群众自治的主体。坚持村（居）民在基层群众自治中的主体地位，尊重群众的首创精神，充分调动和发挥基层群众的积极性、创造性，是基层群众自治制度充满生机和活力的源泉，是发展全过程人民民主的重要保证。许多法律政策规定最初都是来源于基层群众的创新性探索，例如吉林省梨树县的“海选”、浙江省杭州市的“居务监督委员会”、浙江省武义县的“村务监督委员会”，最终都经法律确认在全国范围内推广实行，为保证人民当家作主提供了坚实法治支撑。

四是，制度建设是发展基层群众自治的有力保障。党和国家通过制定修改相关法律法规，把城乡居民群众管理基层公共事务和公益事业的民主权利通过法律和制度固定下来，使之法律化、制度化、规范化，不受任何组织和个人侵犯与剥夺。城乡社区根据国家法律、法规和政策制定村规民约、居民公约和自治章程，实现依法建制、以制治理。发展全过程人民民主是中国式现代化的本质要求。新时代新征程上，发展基层群众自治实践，要坚持以制度建设为根本，不断完善保障人民当家作主的制度体系，保障广大城乡群众依照法律规定的程序和步骤行使民主权利，开展自治活动，在法治轨道上推动基层群众自治有序健康发展，进一步丰富和发展全过程人民民主的内涵。

第九章　社会主义基本经济制度为发展全过程人民民主提供了坚实的经济基础

党的二十大明确提出了中国式现代化的中国特色和本质要求，指出中国式现代化是人口规模巨大的现代化、全体人民共同富裕的现代化、物质文明和精神文明相协调的现代化、人与自然和谐共生的现代化、走和平发展道路的现代化，强调要坚持中国共产党领导，坚持中国特色社会主义，实现高质量发展，发展全过程人民民主，丰富人民精神世界，实现全体人民共同富裕，促进人与自然和谐共生，推动构建人类命运共同体，创造人类文明新形态。这些特色与本质要求阐明了在中国式现代化建设中，发展全过程人民民主与发展经济的关系，体现了马克思主义关于经济基础与上层建筑关系的立场、观点、方法。发展全过程人民民主是中国特色社会主义的本质属性，作为中国特色社会主义政治文明新形态，是与中国特色社会主义物质文明发展阶段相适应、相促进的，它们共同构成中国特色社会主义制度“四梁八柱”的重要内容，有机统一于中国特色社会主义制度。发展中国特色社会主义经济离不开全过程人民民主的巨大推动作用，发展全过程人民民主同样离不开社会主义基本经济制度条件下的经济社会发展成果这一前提保障。

一、国家经济制度的性质决定民主制度的本质

民主是一种国家制度。国家制度建立在经济社会发展形成的社会关系基础之上。

一是，经济基础与民主政治关系密切，二者相互作用、相互影响。马克思主义认为，经济基础是由社会一定发展阶段的生产力所决定的生产关系的综合，是构成一定社会的基础；上层建筑是建立在经济基础之上的意识形态以及与其相适应的制度、组织和设施，在阶级社会主要指政治法律制度。经济基础决定上层建筑，上层建筑反作用于经济基础。民主作为上层建筑的重要组成部分，有其特定的经济基础。从奴隶制社会开始，当财富逐渐聚集于少数人手中，公共权力也逐步被少数人所掌握，民主变成了阶级的民主。奴隶制如此，封建制如此，资本主义民主亦是如此。资本主义民主是阶级民主的高级阶段，相对于奴隶制、封建制是历史的进步，但不论用何种形式包装，其实质仍然是追求特殊利益，是极少数人的民主。生产资料私人占有的资本主义生产关系决定了资本主义民主只能服从并服务于资产阶级的统治，通过限制人民的民主权力来实现资本对劳动的永久奴役。社会主义民主则是在打破资本主义私有制、建立社会主义公有制的基础上建立和发展起来的，是多数人的民主，追求最广大人民群众的根本利益和长远利益，可以将国家权力和经济命脉牢牢掌握在人民手中。

二是，经济制度特别是所有制和分配方式决定了民主制度的广泛性、真实性、有效性。马克思主义认为，民主是伴随着阶级和国家而产生的，具有鲜明的阶级性。在奴隶社会和封建社会，普遍实

行的是专制政体，即使是极少数实行民主政体的国家，也只有奴隶主阶级和封建主阶级才享有民主权利。资本主义社会打破了封建等级制和特权思想，根据所谓“天赋人权”理论，倡导“自由”“民主”“平等”“博爱”等价值，采用“议会制”“普选制”等制度，在法律上承认所有公民都享有平等的民主权利，虽然有其历史的进步性，但仍然改变不了其极少数人享有民主的阶级本质。资产阶级法权不可克服的局限性是，它以同一尺度去衡量实际情况各不相同的人，于是就产生了形式上平等而实际上不平等的结果。从形式上看，所有的公民都有选举权和被选举权，都可以参加国家事务管理，但由于资本主义社会是以生产资料私有制为基础的，存在着严重的阶级对立和贫富两极分化，这就使每个人实际享有的民主权利出现了天壤之别。因此，在马克思、恩格斯看来，“现代的国家政权不过是管理整个资产阶级的共同事务的委员会罢了”，“现代国家，不管它的形式如何，本质上都是资本主义的机器，资本家的国家，理想的总资本家”。马克思在《法兰西内战》中旗帜鲜明地指出：“议会形式只是行政权用以骗人的附属物而已”，深刻解释了西方资本主义国家议会以人民的名义却没有真正代表人民意志的虚伪性和欺骗性。列宁也一针见血地指出：“极少数人享受民主，富人享受民主，——这就是资本主义社会的民主制度。”为此，马克思、恩格斯在《共产党宣言》中指出：“工人革命的第一步就是使无产阶级上升为统治阶级，争得民主。”马克思主义民主理论，对资本主义民主进行了科学分析、作了深刻批判，在肯定其历史进步性的同时，深刻揭示了它的阶级实质、内在矛盾和历史局限性，强调民主的阶级性，民主与专政的密不可分，民主的经济基础和历史范畴。这些特点将马克思主义民主理论与历史上其他一切民主理论明显地区分开来。

三是，经济制度的性质决定了民主制度的本质。各国的民主因为其经济制度的不同，民主的本质和表现形式也不同。资本主义民主产生的基础是资本主义经济的发展，是资本财富积累的结果。财富的多少决定了其在政治生活中的地位，并据此形成了选举民主。但随着资本主义的发展，将民主简化为选举民主，正是资本主义经济制度本质的体现，其表现形式上的民主平等本质是经济财富的比拼，是实质的不平等。从表面上看，每个人都是独立、自由、平等的，但由于人与物的关系在这里是颠倒的，人是完全依赖于物的，所以在资本主义社会，金钱才是决定一切的，金钱能够左右政治，左右人们的民主权利。各个资产阶级垄断集团为了掌控国家政权，利用金钱收买选票，操纵媒体，推介自己的候选人。整个竞选活动实际上是资本集团的财力比拼，是资本操纵下的政治游戏。选举中当选的议员和政府官员大多是资本家或他们的代理人，实行的主要是支持他们的垄断集团的政策，而普通民众根本无力与之竞争，很难在竞选中取胜，根本的原因就在于资本主义民主是金元民主，最后决定选举胜负的是金钱。这一方面暴露了资本主义民主制度的虚伪性，另一方面也说明了资本主义经济制度对资本主义民主的决定性作用。社会主义的民主是建立在马克思主义先进理论指导下的民主，是建立在社会主义公有制基础上的民主，它不以个人拥有财富多少为条件，也不单纯以选举为标准，而是建立在真正的公平自由基础上的民主，是保障实现人民当家作主的民主。这是社会主义民主与资本主义民主的本质不同。

二、我国社会主义基本经济制度是党领导人民为实现当家作主，在革命、建设、改革开放新时期逐步探索形成的伟大制度成果，为保障和发展人民民主提供了坚实的经济基础

中国共产党成立 100 多年来，始终坚持“不忘初心、牢记使命”，一以贯之立足于建立民主平等公平的社会主义社会，把消灭人剥削人的旧社会、消灭私有制、建立社会主义公有制、实现人民当家作主作为奋斗目标。在革命、建设、改革的不同历史时期，党领导人民发展经济，对建立什么样的经济制度进行了曲折和有益探索，最终建立起同我国社会生产力发展水平相适应的社会主义基本经济制度，有力促进了社会生产力的发展和国家各项事业的进步，也为社会主义民主制度的建立、发展和运行提供了前提、夯实了基础。

（一）新民主主义革命时期的土地革命激发了人民群众的民主热情

作为马克思主义政党，中国共产党自成立初期，就深刻认识到生产资料私有制和生产资料公有制之间的根本区别，并将消灭私有制和实现生产资料的社会占有作为构建民主公平的社会制度的价值目标。在寻求民族解放、国家独立的同时，把经济与政治紧密相连，明确经济的发展必须建立在政治独立的基础之上，强调必须推翻资产阶级政权，建立无产阶级专政，消灭资本家私有制；同时，以经济制度的变革特别是土地制度、所有制制度的变革推动人民彻底摆脱被欺负、被压迫、被奴役的命运，为人民真正享有民主权利、实现当家作主提供坚实保障。

在中国革命进程中，土地制度的变革和土地问题的解决，始终

是一项艰巨而又复杂的基本任务，也是关系人心向背、革命能否成功的关键所在。中国共产党自成立以来，逐步认识到农民在革命中的重要性，意识到农民问题的核心是土地问题。1922 年 6 月 15 日，中共中央执行委员会发表《中共中央第一次对于时局的主张》，提出肃清军阀，没收军阀和官僚的财产，将他们的田地分给贫苦农民。这是中共中央的正式文件中首次提出给贫苦农民分地的问题。1925 年 11 月，党发表《告农民书》，指出：“要解除农民的困苦，根本就是要实行‘耕地农有’的办法”，标志着党的“耕地农有”土地政策目标正式确立。1927 年，党在汉口召开八七会议，确定了实行土地革命和武装反抗国民党反动派的总方针，揭开了中国共产党领导的土地革命的序幕。从毛泽东同志领导秋收起义部队开辟井冈山革命根据地开始，党领导的农村革命根据地不断建立、巩固和发展，逐步建立起苏维埃政权，开展土地革命，革新土地制度。经过实践探索，基本形成了一套比较切实可行的土地革命路线、政策和方法，如依靠贫农，联合中农，限制富农，消灭地主阶级，变封建的土地所有制为农民的土地所有制；以乡为单位，按人口平均分配土地，在原耕地基础上，抽多补少，抽肥补瘦，等等。这些土地制度改革的好思路好方法，成为各革命根据地开展土地制度革新的重要内容，为党在局部地区执政并领导建立统一的土地制度奠定了良好基础，也为后期完善土地制度积累了宝贵经验。1931 年 12 月 1 日，中华苏维埃第一次全国代表大会通过的《中华苏维埃共和国土地法》，在总结以往土地立法经验教训的基础上，完整全面提出了反对封建土地所有制和满足农民土地要求的主张。1947 年 7 月至 9 月，全国土地会议通过《中国土地法大纲》，明确规定：“废除封建性及半封建性剥削的土地制度，实行耕者有其田的土地制度。”

党领导的土地革命，让广大农民获得了土地，实现“耕者有其田”，使开展武装斗争和建立革命政权有了广泛的、可靠的群众基础，为真正实现人民当家作主奠定了坚实的经济基础。获得土地的广大农民，真正成为自己命运的主人，激发出极大的革命热情。他们坚决拥护中国共产党的领导，为寻求彻底解放、实现当家作主，紧密团结在党的旗帜下，积极开展革命斗争，为建立新中国进行了浴血奋战，为建立新型人民民主政权及其组织形式付出了巨大牺牲，进行了不懈探索。从第一次国内革命战争时期的罢工工人代表大会和农民协会到第二次国内革命战争时期的工农兵代表苏维埃，从抗日战争时期的“三三制”参议会到解放战争后期和新中国成立初期各地普遍召开的各界人民代表会议等，都是广大人民群众在土地革命所获得的物质利益基础上开展的，是党领导广大人民群众革命成果的政治体现。

党领导开辟的人民当家作主的途径和形式，确立了人民的国家主人地位，同以往中国封建专制政权和资产阶级统治相比有本质区别，以事实说明人民的主体地位和民主权利不是空中楼阁，而是建构在土地等重要生产资料归全体人民群众所有的所有制基础之上，有着坚实的经济基础。在苏维埃政权下，劳动人民在政治上翻了身，真正做了主人；在经济上摆脱了封建生产关系的束缚和国民党各级政权统治下的种种盘剥，生活得到明显改善。苏维埃政权得到广大人民的真诚拥护，广大人民群众积极参与革命政权的热情高涨。群众踊跃参军参战，积极发展生产，支援革命战争。中国革命战争之所以能够长期坚持，红军之所以能够一次又一次粉碎国民党的军事

"围剿"，根本得益于我们党领导建立了中国历史上从未有过的真正的人民当家作主的新型政权，得益于劳动人民的经济、政治、社会地位发生的根本变化。正是亿万农民在经济上、政治上同步获得解放，迸发出难以估量的革命热情，为夺取新民主主义革命胜利提供了源源不断的人力物力支持和强大精神力量。

（二）对生产资料私有制的社会主义改造为建立人民当家作主制度体系打下了坚实基础

新中国成立后，党团结带领人民创造性完成社会主义改造，建立起社会主义公有制的基本经济制度，采取计划经济，实行按劳分配，大规模开展社会主义经济建设，在短时间内取得显著成效。《共同纲领》第四章"经济政策"对新民主主义经济制度作了系统全面的规定，强调我国的所有制结构是国营经济、合作社经济、农民和手工业者的个体经济、私人资本主义经济和国家资本主义经济 5 种经济成分并存。这为新中国成立后不断发展壮大社会主义性质的国营经济，充分利用资本主义工业的生产力，逐步扩大现代工业在整个国民经济中的比重，实现向社会主义的转变，奠定了制度基础。经过新中国成立头三年的制度变革、经济改组和社会改造，1952 年，我们党提出了过渡时期的总路线和总任务，即要在一个相当长的历史时期内，基本实现国家工业化和对农业、手工业、资本主义工商业的社会主义改造。五四宪法根据我国在过渡时期多种经济成分并存的客观现实，确认我国生产资料的所有制主要包括：国家所有制，即全民所有制；合作社所有制，即劳动群众集体所有制；个体劳动者所有制；资本家所有制。

从1949年到1956年，根据党的政策和宪法法律，我国彻底废除封建土地制度，全面实行对生产资料私有制的社会主义改造，基本实现生产资料公有制和按劳分配，建立起社会主义经济制度。人民群众在经济上得到解放，参与社会主义民主政治的热情被极大地调动起来。根据《共同纲领》和五四宪法，中华人民共和国的国体是工人阶级领导的、以工农联盟为基础的人民民主国家；政体是实行民主集中制的人民代表大会制度；政党制度是中国共产党领导的多党合作和政治协商制度；国家结构形式是统一的多民族国家和在单一制国家中的民族区域自治制度。人民当家作主制度体系依法得到确立，确保了国家权力牢牢掌握在人民手中。比如，1954年9月，一届全国人大一次会议审议通过的新中国历史上第一部宪法，确立了人民民主专政的国体和人民代表大会制度的政体，标志着人民民主制度在新中国正式建立，实现了中国从几千年封建专制政治向人民民主的伟大飞跃。在基层，工矿企业在党的领导下进行民主改革，废除了工人群众深恶痛绝的封建把头制、侮辱工人的搜身制等，着手建立新的劳动制度和劳动组织，普遍建立起厂长领导下的工厂管理委员会，并通过工会委员会、职工代表会议联系、发动和组织职工参加企业管理，逐步建立起适合生产需要的民主管理制度。这是劳动群众自我管理、自我服务、自我教育、自我监督的重要实践，彻底铲除了企业中残余的反动势力，废除了旧的官僚管理机构和各种压迫工人的制度，并与生产改革相结合，初步建立起民主管理制度，调动了广大工人群众当家作主、搞好生产的积极性，有力促进了工业生产和交通运输事业的恢复发展，并推动民主政治领域发生新变化新气象。

在党的领导下，全国各族人民意气风发投身于中国历史上不曾有过的热气腾腾的社会主义建设，在不长的时间里，在一个社会生产力水平十分落后的东方大国建立起独立的比较完整的工业体系和国民经济体系，实现了中国经济的历史性跨越，有效维护了国家主权和安全，为中国经济独立自主、持续发展提供了根本前提，为中国发展富强、中国人民生活改善奠定了坚实基础，为中国人民坚持人民民主、实现当家作主创造了极大物质条件。此后，我国的社会主义道路探索虽然历尽曲折，但以公有制、按劳分配为主要特征的社会主义经济制度没有变，以人民代表大会制度为根本政治制度的社会主义政治制度没有变，从根本上保证了党的领导地位和人民当家作主的政权。

（三）发扬人民民主催生了改革开放，经济体制改革推动了社会主义民主

社会主义基本经济制度是实践的产物，是在革命、建设特别是改革的实践中形成和确立的。社会主义建设时期，“左”的错误特别是“文化大革命”使党和国家事业发展遭受重大挫折。1978 年 12 月，党的十一届三中全会作出把党和国家工作中心转移到经济建设上来、实行改革开放的历史性决策，同时提出要保障人民民主，加强社会主义法制，开启了社会主义现代化建设的伟大征程。

我们党深刻总结国内外正反两方面经验，从我国社会主义初级阶段的基本国情出发，解放思想，实事求是，以巨大的政治勇气主动调整生产关系，以适应生产力发展需要，推动我国经济体制发生了深刻而重大的变化。波澜壮阔的改革开放从农村到城市、从沿海

到内地、从局部到整体渐次展开。人民群众始终是改革开放的实践者、推动者、参与者，充分展现了人民群众创造历史的生动实践。改革深刻影响并改变了生产关系，推动了经济制度的完善发展，极大解放了生产力，更有利于维护和发展人民根本利益、长远利益。与改革开放进程相适应，我国宪法和法律对社会主义经济制度的规定与时俱进、不断完善。

八二宪法对所有制、分配原则、资源配置方式等作出规定，反映了社会主义经济制度在我国已经建立起来并正在发展壮大的现实。随着社会主义现代化建设的深入推进，我国经济实现飞速发展，党中央不断及时深化改革，作出体制机制调整。到 2012 年，先后四次修改宪法，每次修改都涉及社会主义基本经济制度的发展完善。主要包括：一是，1988 年宪法修正案对私营经济作出规定。第十一条增加规定："国家允许私营经济在法律规定的范围内存在和发展。私营经济是社会主义公有制经济的补充。国家保护私营经济的合法的权利和利益，对私营经济实行引导、监督和管理。"修改第十条第四款，规定土地的使用权可以依照法律的规定转让。二是，1993 年宪法修正案确立了社会主义市场经济的法律地位。修改宪法第七条、第八条、第十五条、第十六条、第十七条等，将"国营经济"修改为"国有经济"，将"农村人民公社、农业生产合作社"修改为"农村中的家庭联产承包为主的责任制"，明确规定"国家实行社会主义市场经济"，"国有企业在法律规定的范围内有权自主经营"，"集体经济组织在遵守有关法律的前提下，有独立进行经济活动的自主权"，"集体经济组织实行民主管理，依照法律规定选举和罢免管理人员，决定经营管理的重大问题"。三是，1999 年宪法修正案明确规定了社会主义基本经济制度。第六条增加规定："国家在社会主义初级阶段，坚持公有制为主体、多种所有制经济共同发展的基本经济制度，坚持按劳分配为主体、多种分配方式并存的分配制度。"第八条第一款增加规定："农村集体经济组织实行家庭承包经营为基础、统分结合的双层经营体制。"第十一条增加规定："在法律规定范围内的个体经济、私营经济等非公有制经济，是社会主义市场经济的重要组成部分。"四是，2004 年宪法修正案进一步明确了国家对发展非公有制经济的方针。修改宪法第十一条第二款，明确规定："国家保护个体经济、私营经济等非公有制经济的合法的权利和利益。国家鼓励、支持和引导非公有制经济的发展，并对非公有制经济依法实行监督和管理。"

根据党中央决策部署和宪法的规定、原则和精神，全国人大常委会加强经济立法工作，通过立法规范、引导、促进、保障我国社会主义基本经济制度的发展完善。1979 年 7 月，五届全国人大二次会议通过中外合资经营企业法，这是我国第一部对外开放领域的法律，首次从法律上允许外商来华直接投资，并明确依法保护外国合营者的合法权益，促进了对外开放。1982 年宪法公布施行后，全国人大及其常委会抓紧制定了民法通则、全民所有制工业企业法、专利法、商标法、著作权法、经济合同法、企业破产法、台湾同胞投资保护法等法律。1992 年，党的十四大作出了建立社会主义市场经济体制的重大战略决策，明确提出社会主义市场经济体制的建立和完善必须有完备的法制来规范和保障。落实这一要求，全国人大及其常委会在规范市场主体、维护市场秩序、加强宏观调控、促进对外开放方面，制定了公司法、合伙企业法、商业银行法、乡镇企业法、反不正当竞争法、消费者权益保护法、产品质量法、拍卖法、担保法、海商法、保险法、票据法、城市房地产管理法、广告法、注册会计师法、仲裁法、审计法、预算法、中国人民银行法、对外贸易法、劳动法等法律，不断提升社会主义市场经济法治化水平。1997 年，党的十五大确立了"依法治国，建设社会主义法治国家"的基本方略，明确提出到 2010 年形成中国特色社会主义法律体系。据此，为保障和促进社会主义市场经济的发展，适应加入世贸组织的需要，全国人大及其常委会抓紧开展有关贯彻落实基本经济制度的立法，制定了证券法、合同法、招标投标法、信托法、个人独资企业法、农村土地承包法、政府采购法等法律，修改了对外贸易法、中外合资经营企业法、中外合作经营企业法、外资企业法、专利法、商标法、著作权法等法律，不断完善社会主义市场经济体制，促进对外开放水平的提高。进入 21 世纪，围绕党全面建设小康社会的目标，全国人大及其常委会进一步加强立法工作，不断提高立法质量，制定了物权法、侵权责任法、企业破产法、反垄断法、反洗钱法、企业所得税法、车船税法、企业国有资产法、银行业监督管理法等法律，同时修改完善了一批经济领域法律，保障和促进社会主义基本经济制度的实施，为推进全面建成小康社会提供了良好的法治保障。

我国宪法法律确立并不断完善的社会主义基本经济制度，将社会主义制度和市场经济有机结合起来，既有利于解放和发展社会生产力、改善人民生活，又有利于维护社会公平正义、实现共同富裕。1979—2018 年，我国国内生产总值年均增长 9.4%，远高于世界同期年均 2.9%的增速。党领导人民创造世所罕见的经济快速发展奇迹和社会长期稳定奇迹的背后，社会主义基本经济制度是十分重要的制度保证。

习近平总书记深刻指出："经济基础决定上层建筑。经济体制改革对其他方面的改革具有重要影响和传导作用，重大经济体制改革的进度决定着其他方面很多体制改革的进度，具有牵一发而动全身的作用。"改革开放历史新时期，与经济体制改革和经济制度完善相适应，我国社会主义民主政治建设也进入了快车道，国家治理体系的活力和效率不断提升。我们党鲜明提出走自己的路、建设有中国特色的社会主义，积极推进经济体制及其他体制改革，形成中国特色社会主义制度，不断完善国家治理，为改革开放和现代化建设提供了坚实制度保障。在这个伟大历程中，经济基础与上层建筑、经济体制改革和民主政治建设的关系更加紧密、互动更加频繁、影响更加直接。一方面，党和国家不断扩大人民民主，健全民主制度，丰富民主形式，拓展民主渠道，从广大人民群众的呼声中启动改革，从人民群众的首创中推进改革，以人民群众的切身感受来评价改革，在各层次各领域扩大公民有序政治参与，凝聚起最广大人民群众的智慧和力量。人民当家作主作为社会主义民主政治的本质和核心，为改革开放特别是经济体制改革注入了强劲动力。另一方面，经济体制改革将人民群众从僵化封闭的生产关系中解放出来，极大调动了人民群众的积极性、主动性和创造性，激发出人民群众参与国家建设、开创美好未来的热情，使整个社会焕发出无限活力，不仅提高了生产力、改善了人民生活，而且为发展社会主义民主政治奠定了坚实物质基础、凝聚了广泛社会共识。

三、新时代我国社会主义基本经济制度为发展全过程人民民主奠定了更加坚实的经济基础

党的十八大以来，习近平总书记对关系新时代经济发展的一系列重大理论和实践问题进行了深邃思考和科学判断，深刻总结并充分运用我国经济发展的成功经验，直面新时代的新目标新问题，提出了一系列新理念新思想新战略，形成了习近平经济思想，强调要坚持和完善社会主义基本经济制度，把社会主义制度和市场经济更好结合起来。党的十九届四中全会将公有制为主体、多种所有制经济共同发展，按劳分配为主体、多种分配方式并存，社会主义市场经济体制三项制度并列作为社会主义基本经济制度，是对社会主义基本经济制度内涵的重要发展和深化，是党和人民的伟大创造，是新时代中国特色社会主义制度的重要支柱。

（一）新时代我国基本经济制度为推进我国经济社会实现稳定向好发展，更好凝聚全国人民建设中国特色社会主义、实现中华民族伟大复兴中国梦奠定了雄厚经济基础，凝聚了磅礴力量

我们党领导全面深化改革，围绕坚持和完善中国特色社会主义制度，推进各领域改革不断深化、发展和完善。党中央出台了系列发展深化经济改革的政策文件，推动经济体制改革实践不断深化，在社会主义基本制度领域形成了重要的理论成果、实践成果、制度成果。党的十八大提出："毫不动摇鼓励、支持、引导非公有制经济发展，保证各种所有制经济依法平等使用生产要素、公平参与市场竞争、同等受到法律保护。"党的十九大将"毫不动摇巩固和发展公

有制经济，毫不动摇鼓励、支持、引导非公有制经济发展”作为党和国家的大政方针，写入新时代坚持和发展中国特色社会主义的基本方略。党的二十大强调坚持和完善社会主义基本经济制度，重申坚持“两个毫不动摇”，强调要充分发挥市场在资源配置中的决定性作用，更好发挥政府作用。

根据党中央决策部署，全国人大及其常委会不断加强和改进立法工作，为坚持和完善社会主义基本经济制度提供法治保障。比如，通过民法典，规定了法人、物权、合同等制度，对民营企业家和民营企业的民事权利给予充分法律保护；规定民事主体的人身权利、财产权利以及其他合法权益受法律保护，任何组织或者个人不得侵犯；确立物权平等保护原则，规定国家、集体、私人的物权和其他权利人的物权受法律平等保护，任何组织或者个人不得侵犯。制定刑法修正案（十一），落实产权平等保护精神，加大对侵害民营企业财产犯罪行为的刑罚惩治力度，加强对非公有制经济财产权的刑法保护。制定并完善行政许可法、行政处罚法、行政强制法、行政复议法等法律，规范行政行为，防止行政权力对公民、法人和其他组织财产权的侵害。制定并完善反垄断法、反不正当竞争法、中小企业促进法等法律，建立健全公平竞争制度，保障各市场主体平等使用资源要素、公开公平公正参与竞争、同等受到法律保护，做到对国有和民营经济一视同仁，对大中小企业平等对待。此外，修改民事诉讼法、刑事诉讼法、行政诉讼法等法律，完善侵犯公民、法人和其他组织合法权益的救济和制裁程序。

进入新时代，我国基本经济制度不断发展完善、日趋成熟定型，不仅有力推动了经济社会发展，如期全面建成小康社会，开创了中华民族有史以来未曾有过的经济社会全面进步、全体人民共同受惠的好时代，为强国建设、民族复兴奠定了更为坚实的物质基础。党的十八大以来的十年，我国经济实力实现了历史性跃升，国内生产总值从 54 万亿元增长到 114 万亿元，我国经济总量占世界经济的比重达 18.5%，稳居世界第二位；人均国内生产总值从 39800 元增加到 81000 元；谷物总产量稳居世界首位，14 亿多人的粮食安全、能源安全得到有效保障。这也为我们满足人民群众新的期待和要求，发展更高水平、更高层次的社会主义民主政治提供坚实物质保障。

（二）与我国社会主义基本经济制度基础相适应，中国特色社会主义民主与资本主义民主形成鲜明对比，我国全过程人民民主的制度优势和政治优势得到充分体现

进入新时代，以习近平同志为核心的党中央立足新的历史方位，深刻把握我国社会主要矛盾发生的新变化，积极回应人民对民主法治、公平正义的新要求新期待，坚持党的领导、人民当家作主、依法治国有机统一，深化对民主政治发展规律的认识，提出全过程人民民主重要理念，推动全过程人民民主取得历史性成就，成为新时代我国民主政治领域具有重大创新意义的标志性成果。

与所有制安排相适应，我国发展全过程人民民主，始终坚持党的领导，始终坚持人民民主专政的国体和人民代表大会制度的政体，始终坚持国家的一切权力属于人民，保证人民依照宪法和法律规定，通过各种途径和形式，管理国家事务，管理经济和文化事业，管理社会事务；同时，依法保障包括民营企业家在内的新的社会阶层人士通过担任人大代表、政协委员等多种形式参政议政，实现有序政

治参与，为非公有制经济发展营造更好环境，推动其走向更加广阔的舞台。参与全过程人民民主的主体，既有工人、农民、知识分子，也有企业家；既有国有企业的经营者，也有民营企业、外资企业的经营者，范围广泛、参与全面，有利于充分调动全社会各阶层的积极性和主动性，激发全体人民的活力。

如何评价一个国家的政治制度是不是民主的、有效的？习近平总书记提出的“八个能否”的衡量标准、“四个要看，四个更要看”的审视尺度，是对我国民主政治制度发展规律的深刻总结，是对马克思主义民主理论的重要发展，具有深远的理论与实践意义。我国全过程人民民主之所以是最广泛、最真实、最管用的民主，最根本的原因就是建立了社会主义制度，实行以公有制、按劳分配为主体的经济制度，这就从根本上消除了少数人统治多数人，名义上有民主实质上无民主的资本主义民主制度的弊端，保证了亿万人民当家作主，将国家和民族的前途命运牢牢掌握在人民手中。在西方资本主义国家，经济财富掌握在少数人手里，其民主的本质也是少数人的民主，人民只有在投票时被唤醒、投票后就进入休眠期，只有竞选时聆听天花乱坠的口号、竞选后就毫无发言权，只有拉票时受宠、选举后就被冷落，根本原因就在于生产资料的资本主义私有制。人民形式上有权、实质上无权，根本无法有效参与国家治理，更不可能真正参与国家政治。实践充分证明，经济制度和民主制度本质上应当是人民在经济、政治等领域真实地位的反映。只有两者保持一致，才可以更好地体现人民意志、保障人民权益，激发人民创造活力，为强国建设、民族复兴而努力奋斗。

（三）推进中国式现代化，发展全过程人民民主，必须深刻把握我国社会主义民主的经济基础，充分发挥社会主义基本经济制度的重要作用

党的二十大报告强调坚持以中国式现代化全面推进中华民族伟大复兴，必将为发展全过程人民民主提供更为坚实的基础、更为强劲的动力、更加厚重的底蕴。通过坚持和完善社会主义基本经济制度，着力推进高质量发展，推动经济实现质的有效提升和量的合理增长，为发展全过程人民民主提供更好的物质基础。通过实施科教兴国战略，推进文化自信自强，不断提高全民的综合素质，为发展全过程人民民主提供更好的群众基础。通过坚持全面依法治国，推进法治中国建设，全面推进国家各项工作法治化，为发展全过程人民民主提供更好的法治保障。通过完善分配制度，发展民生事业，健全社会保障等，促进全体人民共同富裕，坚决防止两极分化，扫除人民有序政治参与的后顾之忧，为发展全过程人民民主提供更好的发展后劲。

推进全过程人民民主，必须深刻把握我国社会主义民主的经济基础。任何国家的政权都是由经济上占统治地位的阶级掌握的。国体和政体以经济制度为基础，经济制度则反映了国体和政体的本质属性。我国宪法规定了我国的基本经济制度，这就决定了我国的国家性质和政权性质。我们要充分发挥人民代表大会制度是发展我国全过程人民民主的制度载体作用，必须充分发挥中国特色社会主义基本经济制度在为发展全过程人民民主中创造物质条件的基础保障作用。

发挥社会主义基本经济制度的重要作用，一方面，要毫不动摇巩固和发展公有制经济，这直接决定了我国政治制度的性质。国有资产属于国家所有即全民所有，是全体人民共同的宝贵财富，是中国特色社会主义的重要物质基础和政治基础。只有加强国有资产的管理和监督，不断增强国有经济在关系国家安全、国民经济命脉的重要行业和关键领域的控制力、影响力，做强做优做大国有资本，才能为实现人民当家作主夯实经济基础，为发展社会主义民主、满足人民群众对民主的新需求新期待提供坚实的物质保障。另一方面，要毫不动摇鼓励、支持、引导非公有制经济发展，这直接影响到我国政治制度的活力。我国有 960 多万平方公里土地、14 亿多人口、56 个民族，支持和保证人民当家作主，需要构建一个能够将全体人民都容纳进来的民主制度体系，充分激发各种所有制经济、各类市场主体、各种分配方式劳动者的发展活力和内生动力。改革开放 40 多年来，我国民营经济从小到大、从弱到强，不断发展壮大，贡献了 50%以上的税收、60%以上的国内生产总值、70%以上的技术创新成果、80%以上的城镇劳动就业、90%以上的企业数量，为我国经济发展创造中国奇迹作出了重要贡献。民营经济作为坚持和发展中国特色社会主义的重要经济基础，作为我们党长期执政必须团结和依靠的重要力量，在推进中国式现代化的进程中，只能壮大、不能弱化，不仅不能“离场”，还要走向更广阔的舞台。因此，要发展全过程人民民主，健全全面、广泛、有机衔接的人民当家作主制度体系，构建多样、畅通、有序的民主渠道，将更多优秀的民营企业家吸纳到人大代表、政协委员中，支持民营企业家依法有序参与民主选举、民主协商、民主决策、民主管理、民主监督，参与国家政治生活，有效凝聚最广大人民的智慧和力量，充分调动各阶层人士的积极性、主动性和创造性。特别是要充分发挥社会主义协商民主的优势，构建亲清政商关系，坚持有事好商量、众人的事情由众人商量，找到全社会意愿和要求的最大公约数，及时回应、高效解决经济发展中的各类体制性机制性问题，实现各种所有制经济权利平等、机会平等、规则平等，促进非公有制经济健康发展和非公有制经济人士健康成长，更好实现经济高质量发展和全体人民共同富裕。

（四）推进中国式现代化，发展全过程人民民主，必须规范和引导资本健康发展，高度警惕并切实防止资本和金钱对民主的腐蚀

党的十八大以来，习近平总书记多次强调，要历史地、发展地、辩证地认识和把握我国社会存在的各类资本及其作用。在社会主义市场经济体制下，资本是带动各类生产要素集聚配置的重要纽带，是促进社会生产力发展的重要力量，要发挥资本促进社会生产力发展的积极作用。同时，必须认识到，资本具有逐利本性，如不加以规范和约束，就会给经济社会发展带来不可估量的危害。因此，要设立“红绿灯”，健全资本发展的法律制度，形成框架完整、逻辑清晰、制度完备的规则体系。要以保护产权、维护契约、统一市场、平等交换、公平竞争、有效监管为导向，针对存在的突出问题，做好相关法律法规的立改废释。要严把资本市场入口关，完善市场准入制度，提升市场准入清单的科学性和精准性。要完善资本行为制度规则。要加强反垄断和反不正当竞争监管执法，依法打击滥用市场支配地位等垄断和不正当竞争行为。要培育文明健康、向上向善的诚信文化，教育引导资本主体践行社会主义核心价值观，讲诚信、

重责任，走人间正道。

习近平总书记对资本的深刻阐述，落实在政治领域，就是要坚决防止领导干部成为利益集团和权势团体的代言人、代理人，坚决防止政商勾连、资本向政治领域渗透等破坏政治生态和经济发展环境的现象发生，确保党和人民赋予的权力不被滥用。比如，《中国共产党纪律处分条例》对资本通过利益输送向政治领域渗透等情形及违纪党员干部的处分作了规定；监察法、公务员法、公职人员政务处分法等强化了对公职人员的监督，严惩权力寻租、利益输送，坚决防止资本对权力的渗透。又如，在人大代表选举中，以习近平同志为核心的党中央始终坚持“一切权力属于人民”的宪法理念，强调要保证基层群众代表比例，决不能依据地位、财富、关系分配政治权力。根据宪法、选举法和代表法有关规定,全国人大和地方各级人大代表应当具有广泛代表性，应当有适当数量的基层代表，特别是工人、农民和知识分子代表；参选各级人大代表，不因个人的家庭出身、经济条件等而受到影响；代表应当模范地遵守宪法和法律，廉洁自律、公道正派；以金钱或者其他财物贿赂选民或者代表，妨害选民和代表自由行使选举权和被选举权的，其当选无效，并依法追究其法律责任；选举活动应当在选举的主持机构统一组织下进行，代表候选人不应当也不必要自行募集资金、接受资助和自行拉票；各级人大代表的选举经费，列入财政预算，由国库开支；公民参加各级人大代表的选举，不得直接或间接接受境外机构、组织、个人提供的与选举有关的任何形式的资助。这些规定，充分彰显了社会主义民主与资本主义民主的本质不同，有效避免了利益集团和权势团体干涉影响国家政策和立法，有效防止了资本向政治领域渗透、金钱对民主政治的侵蚀。党的十八大以来，党中央严肃查处湖南衡阳破坏选举案、四川南充拉票贿选案、辽宁拉票贿选案等破坏党内选举制度和人大选举制度的重大案件，充分体现了坚持全面从严治党、坚决惩治腐败的鲜明态度，有力维护了党纪国法的权威和尊严，坚决防止了资本和金钱对民主的侵蚀，得到了广大党员干部和人民群众的衷心拥护和支持。

总之，党领导人民创造性地构建起公有制为主体、多种所有制经济共同发展，按劳分配为主体、多种分配方式并存，社会主义市场经济体制等社会主义基本经济制度，确保人民在政治领域、经济领域都具有主体地位，确保国家权力和经济命脉牢牢掌握在人民手中、始终服从并服务于全体人民的根本利益，为我国发展全过程人民民主奠定了坚实的物质经济基础，也必将在中国式现代化建设进程中不断推进全过程人民民主发展完善。

第三编

实 践 创 新

第十章　全过程人民民主是最广泛最真实最管用的民主

习近平总书记在党的二十大报告中指出，全过程人民民主是社会主义民主政治的本质属性，是最广泛、最真实、最管用的民主。完整的制度程序和完整的参与实践，使全过程人民民主从价值理念成为扎根中国大地的制度形态、治理机制和人民的生活方式。全过程人民民主使人民当家作主，具体地、现实地体现在党治国理政的政策措施上，具体地、现实地体现在党和国家机关各个方面各个层级工作上，具体地、现实地体现在实现人民对美好生活向往的工作上。中国人民享有广泛充分、真实具体、有效管用的民主。

一、人民依法享有广泛权利

我国宪法规定：国家的一切权力属于人民；人民依照法律规定，通过各种途径和形式，管理国家事务，管理经济和文化事业，管理社会事务。在我国，人民的政治权利不是依据地位、财富、关系分配的，而是全体人民平等享有的。人民依法享有选举权和被选举权，享有对国家和社会事务的知情权、参与权、表达权、监督权，享有对任何国家机关和国家工作人员提出批评和建议的权利，享有言论、出版、集会、结社、游行、示威、宗教信仰等自由。人民既广泛参与国家、社会事务和经济文化事业的管理，也在日常生活中广泛享有和充分行使民主权利，有着多重民主角色。

人民享有的选举权具有广泛性、平等性、真实性。我国的选举是广泛的，有国家机构选举、村（居）委会选举、企事业单位职工代表大会选举等，涵盖了国家政治生活和社会生活的各个方面。国家机构的选举包括选举产生全国人民代表大会和地方各级人民代表大会，由各级人大选举产生同级国家机关。我国宪法规定：年满18周岁的公民，不分民族、种族、性别、职业、家庭出身、宗教信仰、教育程度、财产状况、居住期限，都有选举权和被选举权；但是依照法律被剥夺政治权利的人除外。我国坚持普遍、平等、直接选举和间接选举相结合以及差额选举、秘密投票的原则，依法保障人人享有平等的选举权利，实现城乡按相同人口比例选举人大代表，并保证各地区、各民族、各方面都有适当数量的代表，人口最少的少数民族也有自己的代表。在实践中，超过99%的年满18周岁的中国公民享有民主选举权利；改革开放以来，我国已经进行了12次乡级人大代表直接选举、11次县级人大代表直接选举，选民参选率均保持在90%左右，保证了选举结果充分体现最广大人民意愿。此外，截至2020年底，50.3万个行政村全部建立了村民委员会，11.2万个社区全部建立了居民委员会。[1] 6亿农村村民、3亿城镇居民直接参与了基层群众性自治组织的选举。

人民的知情权、参与权、表达权、监督权得到法律充分保障。

---

〔1〕 参见《中国的民主》，载中央人民政府网，https：//www.gov.cn/xinwen/2021-12/04/content_5655823.htm。

党的十八大以来，我国不断完善预算审查制度、立法制度以及人大组织、工作与会议制度等，人民依法参与国家立法和其他国家事务的法律制度更加完备。2014 年 8 月、2018 年 12 月，两次修改预算法，强化人大预算决算审查监督职责，推进预算公开和民主监督，还相继制定修改了关于加强经济工作监督的决定、关于加强中央预算审查监督的决定、关于加强国有资产管理情况监督的决定，促进管好国家账本、人民财产。2015 年 3 月修改立法法，普遍赋予设区的市地方立法权，拓宽人民有序参与立法途径，完善立法论证、听证、协商、法律草案公开征求意见等制度机制，为深入推进科学立法、民主立法、依法立法，提高立法质量，提供制度保障。2023 年修改立法法，把“坚持和发展全过程人民民主”写入总则，并设计一系列科学合理、具体严密的法律制度加以落实——从明确基层立法联系点法律地位，到健全程序机制，充分保障代表参与行使立法权，再到扩大立法公开，讲好立法故事等，确保国家立法的各个环节都能听到人民声音。2021 年 3 月修改全国人大组织法、全国人民代表大会议事规则，强调全国人大及其常委会坚持全过程人民民主，始终同人民保持密切联系，倾听人民的意见和建议，支持和保障代表依法履职，扩大代表对各项工作的参与等，进一步保障人民行使当家作主权利。2015 年 8 月修改全国人民代表大会和地方各级人民代表大会代表法，完善代表的履职形式和保障，加强代表与选民、选举单位的联系。2015 年 8 月、2022 年 3 月，两次修改地方组织法，完善地方各级人大及其常委会、人民政府的组织、职权等相关规定，推进地方各级人大和政府坚持和发展全过程人民民主，为人民服务，对人民负责，受人民监督。2018 年 3 月全国人大制定监察法，构建集中统一、权威高效的中国特色国家监察体制；2018 年 4 月制定人民陪审员法，明确人民陪审员选任机制、参审范围、履职保障机制等，扩大司法领域的人民民主，有效保障人民群众对审判工作的知情权、参与权、监督权。

我国人民还享有广泛的经济、文化和社会权利。比如，受教育权是宪法明确规定的一项重要权利。目前，全国共有各级各类学校近 53 万所，在校生超 2.9 亿人。学前教育毛入园率 88.1%，九年义务教育巩固率达 95.4%，高中阶段教育毛入学率 91.4%，高等教育毛入学率 57.8%，各级教育普及程度达到或超过中高收入国家平均水平，其中学前教育、义务教育达到世界高收入国家平均水平。[1] 为保障落实公民的受教育权，我国不断完善教育制度，推动教育发展成果更多更公平惠及全体人民。2021 年 4 月修改教育法，丰富发展教育事业的指导思想，完善教育方针，积极回应社会关切，对冒名顶替入学等行为规定严格的法律责任，维护教育公平。2021 年 10 月制定家庭教育促进法，明确监护人、政府及其有关部门、法院、检察院、妇联等方面的职责，细化国家支持和社会协同，将家庭教育由传统的“家事”上升为新时代的重要“国事”。2022 年 4 月修改职业教育法，完善职业教育制度体系，推动职业教育与普通教育融会贯通发展，为公民就业创业、掌握技术技能、成才发展提供法律保障。

人民在文化、社会领域的权利也得到法律的充分保护。2016 年 12 月制定公共文化服务保障法，按照公益性、基本性、均等性、便

〔1〕 参见《中共中央宣传部就党的十八大以来教育改革发展成效举行发布会》，载学习强国 2022 年 9 月 9 日，https：//www. xuexi. cn/lgpage/detail/index. html? id = 5812306587392225491&item_id = 5812306587392225491。

利性的要求，加强公共文化设施建设，完善公共文化服务体系，满足公民基本文化需求。制定修改公共图书馆法、电影产业促进法、英雄烈士保护法、文物保护法、档案法等，弘扬社会主义核心价值观，弘扬中华优秀传统文化，保障公民享受更好的文化精神生活。2015 年 12 月制定反家庭暴力法，预防和制止家庭暴力，保护家庭成员合法权益。2016 年 3 月制定慈善法，发挥慈善事业在扶贫济困中的积极作用，促进公益事业发展。2021 年 8 月制定个人信息保护法，聚焦个人信息保护领域的突出问题和人民群众的重大关切，构建权责明确、保护有效、利用规范的个人信息处理和保护制度。2021 年 8 月制定法律援助法，规范和促进法律援助工作，使更多需要法律服务的人员得到援助，保障其合法权益。

总之，中国人民享有广泛的权利，并不断丰富发展。从新中国成立后在政治、经济平等基础上谋求生存发展，到改革开放后既追求物质富裕也追求精神富足，再到新时代打赢脱贫攻坚战、全面建成小康社会、扎实推进共同富裕、取得抗击新冠肺炎疫情重大战略成果，中国人民享有权利的内涵不断丰富、外延不断拓展，向着实现人的全面发展不断迈进。

二、人民民主有序参与不断扩大

习近平总书记指出，如果人民只有在投票时被唤醒、投票后就进入休眠期，只有竞选时聆听天花乱坠的口号、竞选后就毫无发言权，只有拉票时受宠、选举后就被冷落，这样的民主不是真正的民主。在中国，民主观念深入人心，人民的民主参与广泛持续，民主实践深深融入人们的日常工作和生产生活，民主蔚然成风，社会充满活力。

人民参与民主的意愿不断增强，参与的广度深度、形式渠道不断拓展。人民既参与国家和社会事务管理，又参与经济和文化事业管理；既参与国家发展顶层设计的意见建议征询，又参与地方公共事务治理；既参与民主选举、民主协商，又参与民主决策、民主管理、民主监督；既通过人大、政协等渠道表达意愿，又通过社会组织、网络等平台表达诉求。从“数豆豆”到电子投票，从群众跑腿到“数据跑路”，民主参与的形式不断创新、渠道不断拓展。党和国家要做什么、如何做、做得怎么样，人民参与贯穿始终。

基层立法联系点是一种全新的民主立法实践。2014 年 10 月，党的十八届四中全会决定明确提出，“建立基层立法联系点制度”。为贯彻落实党中央的重大决策部署，2015 年 7 月，全国人大常委会法工委首批遴选东、中、西 4 个省市所辖的单位设立基层立法联系点，由此拉开全国基层立法联系点建设的序幕。2019 年 11 月，习近平总书记在上海虹桥街道考察全国人大常委会基层立法联系点时，对基层立法联系点工作给予充分肯定，并深刻指出，人民民主是一种全过程的民主，极大地推动了基层立法联系点的建设。经过近年来的接续努力，截至 2023 年 7 月，陆续建立了 32 个基层立法联系点和 1 个立法联系点，实现 31 个省（区、市）全覆盖。这其中既有大城市的街道办事处，也有农村的乡镇；既有东部工商业发达的地区，也有地处西部大山的少数民族地区。截至 2023 年 10 月底，先后通过联系点就 172 件次法律草案、立法规划计划稿等，征求收集基层群众意见建议 22000 余条，这些意见建议都得到了国家立法机关的重视和认真研究，3100 余条意见建议被不同程度采纳吸收。同时，还辐射带动地方立法联系点的迅速发展，形成了国家级、省级、市级三级联动的全链条工作体系，极大拓展了基层群众参与国家立法的深度和广度，极大丰富了全过程人民民主的实践和内涵。实践充分证明，基层立法联系点已成为民意、民情、民智表达的重要平台和载体，对于发展全过程人民民主、提升国家治理效能具有重要意义，得到了人民群众衷心拥护和普遍赞誉。

人民利益要求人民意愿既能畅通表达，也能有效实现。民主，起始于人民意愿充分表达，落实于人民意愿有效实现。人民意愿只能表达不能实现，不是真正意义上的民主。在中国，人民的期盼、希望和诉求，从国家大政方针到社会治理，再到百姓衣食住行，有地方说、说了有人听、听了有反馈。人民的意愿和呼声，经过民主决策程序成为党和国家的方针政策，并通过中央、省、市、县、乡镇各个层级的紧密配合、层层落实，通过各个职能部门之间主管、主办、协管、协办的分工合作、协调配合，通过决策、执行、检查、监督、问责等各个环节的相互配合、有机衔接，转化为实现人民意愿的具体实践，真正使“从群众中来，到群众中去”的党的群众路线转化为人民民主的作风实践，落实到人民的生活当中。

党和国家制定实施国民经济和社会发展五年规划是全过程人民民主的生动体现。在《中共中央关于制定国民经济和社会发展第十四个五年规划和二〇三五年远景目标的建议》的制定过程中，习近平总书记多次深入地方考察调研，主持召开 7 场座谈会，广泛听取各领域各阶层人士意见建议。全国人大常委会围绕编制“十四五”规划纲要开展专题调研，形成 22 份专题调研报告。中央有关部门首次通过互联网就“十四五”规划编制向全社会征求意见和建议，收到人民群众建言 101.8 万条，把人民呼声充分体现到党中央文件中。规划纲要草案提请十三届全国人大四次会议审议后，根据全国人大代表、全国政协委员的意见，作出 55 处修改。通过全过程人民民主，把党的主张和人民的意愿统一起来，保证了我国发展始终为了人民、依靠人民，发展成果由人民共享。

三、人民民主实现国家治理高效

民主与国家治理紧密相关。民主的发展与国家治理的现代化相伴相生，相互作用，相互促进。好的民主一定能实现良政善治，一定能推动国家发展。我国全过程人民民主的高质量，促进了国家治理的高效能，提升了国家治理体系和治理能力现代化水平。

全过程人民民主，充分彰显了人民的主体地位，极大增强了人民的主人翁意识。人民既是民主的参与者，也是民主的受益者，智慧力量充分激发，既为自己也为国家、民族拼搏奋斗。例如，在立法工作中，经过不断实践探索，我国公众参与立法的形式、途径和机制持续完善，形成了吸纳汇集民意民智的有机体系。其中，受众面最广的是网上公布法律草案征求意见。这项制度于 2008 年建立，在新时代进一步加大力度，目前每一部法律草案在初次审议和再次审议后，原则上都要通过中国人大网向全社会公布，征求社会公众意见，时间一般不少于 30 日。这是最便捷、最广泛的立法参与机制，是推进立法公开、扩大公众有序参与的重要途径。党的十八大以来，截止到 2023 年 9 月，共有 247 件次法律草案向社会公布征求意见，参与人次超过 144 万，提出意见超过 407 万条。在民法典编纂过程中，先后 10 次向社会公开征求意见，参与群众超过 40 万人次，提出意见建议超过102万条；一些事关人民群众切身利益的重要法律草案，如刑法修正案（十一）、个人所得税法、未成年人保护法、退役军人保障法、著作权法、妇女权益保障法等草案，都引起社会广泛关注，收到数以万计的意见建议。其中还有许多感人的故事，如物权法草案向社会公开征求意见时，在收到的众多意见中，有一封布满密密麻麻针眼的信。这是山东省滨州市一位孙姓盲人用盲文写的意见。他在来信中说，他在亲友的帮助下，用耳朵“读”完了这部240多条的法律草案，并进行了认真思考，提出了15条修改意见。这封来信与其他群众提出的1万多条意见在立法中发挥了重要作用，一些意见被吸收到物权法中，这充分体现了社会公众有序参与立法的重要价值和作用。

全过程人民民主，能够有效调节国家政治关系，发展充满活力的政党关系、民族关系、宗教关系、阶层关系、海内外同胞关系，增强民族凝聚力，最大限度避免了牵扯，切实防止了相互掣肘、内耗严重的现象，形成了安定团结的政治局面和团结干事的强大合力。在人民民主实践中，党始终把统一战线摆在重要位置，巩固和发展最广泛的爱国统一战线，坚持大团结大联合，统筹做好民主党派和无党派人士工作、党外知识分子工作、民族工作、宗教工作、非公有制经济领域统战工作、新的社会阶层人士统战工作、港澳台统战工作、海外统一战线工作和侨务工作，团结一切可以团结的力量，调动一切可以调动的积极因素，广泛凝聚共识，寻求最大公约数，画出最大同心圆，不断促进政党关系、民族关系、宗教关系、阶层关系、海内外同胞关系和谐，最大限度凝聚起中华民族一切智慧和力量。

全过程人民民主把党的主张、国家意志、人民意愿紧密融合在一起，使得党、国家和人民成为目标相同、利益一致、相互交融、同心同向的整体，产生极大耦合力，形成集中力量办大事的制度优势，有效促进了社会生产力解放和发展，促进了现代化建设各项事业的发展，促进了人民生活质量和水平不断提高。新中国成立 70 多年来，党团结带领人民，不断战胜前进道路上各种世所罕见的艰难险阻，成功走出中国式现代化道路，取得举世瞩目的发展成就，中国经济实力、综合国力、人民生活水平显著提升。打赢人类历史上规模最大的脱贫攻坚战，全国 832 个贫困县全部摘帽，近 1 亿农村贫困人口实现脱贫，960 多万贫困人口实现易地搬迁，历史性地解决了绝对贫困问题，实现了小康这个中华民族的千年梦想。国内生产总值达 114 万亿元，经济总量占世界经济的比重达 18.5%，稳居世界第二位；谷物总产量稳居世界首位；城镇化率达到 64.7%；制造业规模、外汇储备稳居世界第一；建成世界最大的高速铁路网、高速公路网，机场港口、水利、能源、信息等基础设施建设取得重大成就。[1]

四、人民民主实现社会和谐稳定

民主是人类社会进步的产物和标志。发展民主，要推动社会向着自由、平等、公正、文明、团结、和谐的方向前行。好的民主，应凝聚社会共识，而不是造成社会撕裂和冲突；应维护社会公平正

---

〔1〕参见习近平：《高举中国特色社会主义伟大旗帜 为全面建设社会主义现代化国家而团结奋斗——在中国共产党第二十次全国代表大会上的报告》，载中央人民政府网，https://www.gov.cn/xinwen/2022-10/25/content_5721685.htm。

义，而不是导致社会阶层和利益固化；应保持社会稳定有序，而不是带来混乱和动荡。

全过程人民民主，实现各方面意志和利益的协调统一，实现各方面在共同思想、共同利益、共同目标基础上的团结一致，人民安居乐业、心情舒畅，社会和谐稳定、生机勃勃。我国国情复杂，治理难度世所罕见。党带领人民用几十年时间走过了西方发达国家几百年走过的工业化历程，在剧烈的社会变革中，没有发生后发展国家在现代化进程中容易出现的社会动荡，不仅创造了经济快速发展奇迹，也创造了社会长期稳定奇迹。2020 年，全国刑事立案总量实现 5 年连降，8 类主要刑事案件和查处治安案件数量已实现 6 年连降；生产安全事故死亡人数、重特大事故数量从 21 世纪初最高峰时的一年 14 万人、140 起下降至 2.71 万人、16 起。我国每 10 万人中命案数为 0.56，是命案发案率最低的国家之一；每 10 万人中刑事案件数为 339，是刑事犯罪率最低的国家之一；持枪、爆炸案件连续多年下降，是枪爆犯罪最少的国家之一。[1] 2021 年，根据国家统计局的调查，人民安全感达到了 98.6%，较 2012 年提升了 11 个百分点。当今中国成为世界上公认的最安全的国家之一。

特别是 2018 年至 2020 年，党中央部署开展了为期 3 年的扫黑除恶专项斗争，依法严惩黑恶犯罪和放纵、包庇黑恶势力甚至充当保护伞的党员干部。全国共打掉涉黑组织 3644 个、涉恶犯罪集团 11675 个，打掉的涉黑组织是前 10 年总和的 1.28 倍，查处涉黑涉恶腐败和保护伞问题 8.97 万起、立案处理 11.59 万人，排查整顿软弱涣散村党组织 5.47 万个，排查清理存在“村霸”、涉黑涉恶等问题

---

〔1〕 参见郭声琨：《建设更高水平的平安中国》，载《人民日报》2021 年 12 月 2 日，第 6 版。

的村干部 4.27 万名。[1] 同时深入总结全国扫黑除恶专项斗争经验，出台关于常态化开展扫黑除恶斗争巩固专项斗争成果的意见。扫黑除恶是一场“国家行动”，也是一项“民心工程”、一场“人民战争”。黑恶势力不除，人民群众获得感、幸福感、安全感就无法持续。人民群众是推进扫黑除恶专项斗争的根本力量。专项斗争开展以来，全国公安机关和广大公安民警坚持一切为了群众、一切依靠群众，以保障人民根本利益为出发点和落脚点，把打击锋芒始终对准人民群众深恶痛绝的各类黑恶势力犯罪，做到群众痛恨什么、厌恶什么，就打击什么、铲除什么，紧紧依靠人民群众这一根本性力量营造强大声势、强化正面宣传、收集各类线索，最大限度调动人民群众的积极性和主动性，在全社会形成扫黑除恶的强大合力，实现了扫黑除恶过程人民参与、成效人民评价、成果人民共享，为专项斗争最终取得胜利、实现预期目标奠定了坚实的群众基础。通过这场专项斗争，黑恶犯罪得到根本遏制，营商环境持续优化，基层基础全面夯实，党风政风社会风气明显好转，这在中国乃至世界反有组织犯罪历史上都是不寻常的成就。社会各界普遍认为，扫黑除恶专项斗争是党的十九大以来最得人心的大事之一。

五、人民民主使权力运用得到有效制约和监督

权力不受制约必然导致权力的滥用和腐败。腐败是国家治理的毒瘤。纵观人类历史，腐败是国家治乱兴衰的一个重要起因，是导致历史周期率的重要源头。1945 年，毛泽东同志与民主人士黄炎培

---

[1] 参见郭声琨：《建设更高水平的平安中国》，载《人民日报》2021 年 12 月 2 日，第 6 版。

就跳出历史周期率问题进行了著名的“窑洞对”，鲜明指出：“我们已经找到新路，我们能跳出这周期率。这条新路，就是民主。只有让人民来监督政府，政府才不敢松懈。只有人人起来负责，才不会人亡政息。”党的十八大以来，经过不懈努力，我们党找到了自我革命这一跳出治乱兴衰历史周期率的第二个答案，自我净化、自我完善、自我革新、自我提高能力显著增强，管党治党宽松软状况得到根本扭转，风清气正的党内政治生态不断形成和发展。我们党高度重视对权力运行的制约监督，尤其注重从制度上完善自我革命的体制机制，坚持用制度管权，坚持公权力姓公，坚持权为民所用，确保党始终坚守初心使命，始终成为中国特色社会主义事业的坚强领导核心。

把权力关进制度的笼子里。加强对权力的制约和监督，制度具有根本性、全局性、稳定性和长期性。我们党领导不断加强制度建设，以制度约束和规制权力，持续推进依规治党，持续推进依法治国、依法执政、依法行政，依法设定权力、规范权力、制约权力、监督权力，让权力在阳光下运行。健全完善党内法规制度体系，严明纪律规矩，使党的各级组织和党员干部都在纪律规矩范围内活动。普遍实行领导干部任期制，实现了国家机关和领导层的有序更替。加强对领导干部特别是高级领导干部的管理，严格规范工作和生活待遇，坚决防止形成特权阶层。健全党和国家监督制度，坚持和完善党和国家监督体系，完善党务、政务、司法和各领域办事公开制度，保证党和国家领导机关和人员在法定的“权力清单”和“责任清单”范围内依照法定程序开展工作，最大限度防止权力出轨、个人寻租。

腐败是人民民主的大敌。人民最痛恨腐败，我们党就坚决反对和惩治腐败。党的十八大以来，我国开展了史无前例的反腐败斗争，以“得罪千百人、不负十四亿”的使命担当祛疴治乱。截至2022年4月底，全国纪检监察机关共立案审查调查438.8万件、470.9万人；查处违反中央八项规定精神问题72.3万起，给予党纪政务处分64.4万人。坚持系统施治、标本兼治，不敢腐、不能腐、不想腐一体推进，惩治震慑、制度约束、提高觉悟一体发力。坚持反腐败无禁区、全覆盖、零容忍，坚持重遏制、强高压、长震慑，坚持受贿行贿一起查，坚持有案必查、有腐必惩，以猛药去疴、重典治乱的决心，以刮骨疗毒、壮士断腕的勇气，坚定不移“打虎”“拍蝇”“猎狐”，以雷霆之势、霹雳手段惩治腐败，持续形成强大震慑，反腐败斗争取得压倒性胜利并全面巩固，消除了党、国家、军队内部存在的严重隐患，确保党和人民赋予的权力始终用来为人民谋幸福。

在反腐败斗争中，我们党坚持凡是群众反映强烈的问题都要严肃认真对待、凡是损害群众利益的行为都要坚决纠正，向群众身边的腐败和不正之风亮剑，让群众感受到正风肃纪反腐就在身边，不断增强对党的信赖和拥护。一是严肃查处民生领域侵害群众利益的问题。深入整治群众身边的“微腐败”，持续纠治教育医疗、养老社保、生态环保、安全生产、食品药品安全等领域的腐败和作风问题，完善民生领域损害群众利益问题的治理机制。党的十九大以来，截至2022年4月底，全国共查处民生领域腐败和作风问题49.6万个，给予党纪政务处分45.6万人。二是深挖彻查涉黑涉恶腐败和“保护伞”。坚持把扫黑除恶同基层“拍蝇”结合起来，把“打伞破网”同政法队伍教育整顿结合起来，既抓涉黑组织也抓后面的“保护伞”，推进“打伞破网”常态化。扫黑除恶专项斗争开展以来，截至 2022 年 4 月底，全国共查处涉黑涉恶腐败和“保护伞”问题 10.1 万个，给予党纪政务处分 9.2 万人，移送检察机关 1.2 万人。三是建立健全基层监督的长效机制。做实基层监督，推动监督下沉，让群众参与到监督中来。持续为基层减负，切实治理困扰基层的形式主义、官僚主义以及一些基层干部不作为、乱作为、冷硬横推等突出问题。推动“我为群众办实事”实践活动形成常态化机制，不断增强群众的获得感、幸福感、安全感。[1] 在解决腐败这个古今中外治国理政的顽疾方面，中国不仅有鲜明态度，更有实际行动。

鞋子合不合脚，只有穿的人知道。一个国家的民主形式好不好，应该由这个国家的人民来评判，而不应该由外部少数人指手画脚来评判。有数据显示，近年来，中国人民对中国政府的满意度每年都保持在 90%以上，这是中国民主具有强大生命力最真实的反映。在中国革命、建设、改革长期实践中形成的全过程人民民主，凝结着党和人民的智慧，深深植根于中国大地，既有鲜明的中国特色，又体现了全人类对民主的共同追求。广大中国人民是全过程人民民主的建设者、参与者、维护者和最大受益者，对中国式民主高度认同、坚决拥护、充满信心，也必将在党的领导下推动社会主义民主继续发展、更加成熟。

---

〔1〕《中共中央宣传部举行坚持党的全面领导和全面从严治党新闻发布会图文实录》，载国务院新闻办公室网 2022 年 6 月 30 日，http：//www.scio.gov.cn/xwfb/gwyxwbgsxwfbh/wqfbh_2284/2022n_2285/48442/wz48444/202209/t20220922_439110.html。

第十一章　全过程人民民主几个环节的具体实践

我国的全过程人民民主既有完整的制度程序，也有完整的参与实践，是在中国特色社会主义伟大实践中结出的民主政治硕果，创造了人类政治文明新形态。全过程人民民主保证人民依法实行民主选举、民主协商、民主决策、民主管理、民主监督，从国家发展大事到社会治理难事再到百姓日常琐事，涵盖经济、政治、文化、社会、生态文明等各个方面，构建起覆盖960多万平方公里土地、14亿多人民、56个民族的民主制度体系和实践平台，实现了最广大人民对国家事务和社会事务的广泛持续参与，有效保证和实现了人民当家作主。

习近平总书记强调："我们要坚持国家一切权力属于人民，既保证人民依法实行民主选举，也保证人民依法实行民主决策、民主管理、民主监督，切实防止出现选举时漫天许诺、选举后无人过问的现象。"〔1〕"如果人民只有在投票时被唤醒、投票后就进入休眠期，只有竞选时聆听天花乱坠的口号、竞选后就毫无发言权，只有拉票

〔1〕习近平：《在庆祝全国人民代表大会成立六十周年大会上的讲话》（2014年9月5日），载习近平：《论坚持全面依法治国》，中央文献出版社2020年版，第82页。

时受宠、选举后就被冷落，这样的民主不是真正的民主。”[1] 保证和支持人民当家作主，通过依法选举，让人民通过自己选举的代表来参与国家生活和社会生活的管理是十分重要的，通过选举以外的制度和方式让人民参与国家生活和社会生活的管理也是十分重要的。在我国民主实践中，人民通过选举、投票行使权利，选出代表自己意愿的人来掌握并行使国家权力；在党的领导下，人民通过各种途径、各种渠道、各种方式，就改革发展稳定重大问题，特别是事关人民群众切身利益的问题进行广泛协商，找到全社会意愿和要求的最大公约数；党和国家各项决策坚持民主集中制原则，广泛征求和充分听取各方面意见，最大限度吸纳民意、汇集民智、凝聚民力，保证决策科学化民主化；人民行使宪法赋予的各项权利、承担宪法赋予公民的责任义务，在各个层级、各个领域参与国家政治生活和社会生活的管理；人民可以对各级国家工作人员履职情况进行监督，保证人民的民主权利不因选举结束而中断，保证权力运用得到有效制约。民主选举、民主协商、民主决策、民主管理、民主监督各个环节彼此贯通、环环相扣，形成全过程人民民主的完整链条，扩大了人民有序政治参与。

一、民主选举

民主选举是人民当家作主的重要体现。民主选举既为民心民意的自由充分表达提供了渠道，也为民主协商、民主决策、民主管理、民主监督环节的实现提供了必要的前提条件。我国的民主选举包括

---

〔1〕 习近平：《全过程人民民主是最广泛、最真实、最管用的社会主义民主》（2021 年 10 月 13 日），载《习近平谈治国理政》（第 4 卷），外文出版社 2022 年版，第 259 页。

国家机构选举、基层群众性自治组织选举、企事业单位民主选举[1]，是国家政治生活和社会生活的重要内容。国家机构的选举是选举产生各级人大代表组成国家权力机关，并由各级人大选举产生同级国家机关领导人员。我国的人大代表选举是世界上规模最大的民主选举，也是全过程人民民主的生动实践。

第一，人大代表选举具有最广泛的普遍性和代表性。

我国是人民民主专政的社会主义国家，人民普遍享有选举权和被选举权。宪法和选举法都规定，年满 18 周岁的公民，不分民族、种族、性别、职业、家庭出身、宗教信仰、教育程度、财产状况和居住期限，都有选举权和被选举权，但是依照法律被剥夺政治权利的人除外。历次换届选举的实践表明，在我国，依法被剥夺选举权和被选举权的人，占人口的极少数。以普遍选举为基础产生国家权力机关，从制度上确保国家权力机关组成人员能够真正代表人民的利益，接受人民的监督，切实保证其具有人民性和代表性。

根据选举法规定的代表名额，全国人大代表的名额不超过 3000 人，地方各级人大代表的名额，按照不同的代表名额基数与根据人口数增加的代表数相加确定。[2] 各级人大代表名额按照每一代表所

---

〔1〕 基层民主选举相关内容参见本书第八章。

〔2〕 选举法规定，省、自治区、直辖市的代表名额基数为 350 名，省、自治区每 15 万人可以增加 1 名代表，直辖市每 2.5 万人可以增加 1 名代表；但是，代表总名额不得超过 1000 名。设区的市、自治州的代表名额基数为 240 名，每 2.5 万人可以增加 1 名代表；人口超过 1000 万的，代表总名额不得超过 650 名。不设区的市、市辖区、县、自治县的代表名额基数为 140 名，每 5000 人可以增加 1 名代表；人口超过 155 万的，代表总名额不得超过 450 名；人口不足 5 万的，代表总名额可以少于 140 名。乡、民族乡、镇的代表名额基数为 45 名，每 1500 人可以增加 1 名代表；但是，代表总名额不得超过 160 名；人口不足 2000 的，代表总名额可以少于 45 名。

代表的城乡人口数相同的原则，以及保证各地区、各民族、各方面都有适当数量代表的要求进行分配，体现了人人平等、地区平等、民族平等、城乡平等。在人人平等方面，无差别地赋予公民选举权和被选举权，人口数量决定着分配代表的数量。例如，十四届全国人大代表名额中，按照人口数分配的代表名额为2000名，省、自治区、直辖市根据人口数计算的名额数，按约每70万人分配1名。在地区平等方面，保障各地方在国家权力机关有平等的参与权，各行政区域不论人口多少，都应有相同的基本名额数，都能选举一定数量的代表。在民族平等方面，保证各民族在各级人民代表大会中都有适当数量的代表。选举法还对少数民族聚居的地方的每一代表所代表的人口数作出具体规定，同时明确，人口特别少的民族至少应有1名代表。在城乡平等方面，农村和城市按相同人口比例选举各级人大代表，实现了城乡人口的平等选举。

在此基础上选举的人大代表代表性十分鲜明。以十四届全国人大代表为例，2977名全国人大代表中少数民族代表442名，占代表总数的14.85%，全国55个少数民族都有代表；归侨代表42名；妇女代表790名，占代表总数的26.54%；一线工人、农民代表497名，占代表总数的16.69%，其中有56名农民工代表；专业技术人员代表634名，占代表总数的21.3%；党政领导干部代表969名，占代表总数的32.55%。[1] 妇女代表，一线工人、农民代表和专业技术人员代表的比例相比上届均有所提高。各级人大代表来自全国各地、各个行业、各个领域、各个民族，其来源和构成具有广泛代

〔1〕参见杨振武：《全国人民代表大会常务委员会办公厅关于第十四届全国人民代表大会代表选举工作情况的报告》（2023年2月23日），载《中华人民共和国全国人民代表大会常务委员会公报》（2023年第2号），第181、182页。

表性，充分发挥了人大代表来自人民、植根人民、代表和维护人民利益的作用和优势，为实现全过程人民民主打下了坚实的群众基础。

第二，人大代表选举充分体现最广大人民的意愿。

我国选举人大代表严格按照法定程序进行，并接受监督。任何组织或者个人都不得以任何方式干预选民或者代表自由行使选举权。代表按照选区和选举单位进行选举。县乡两级人大代表，按照选民的居住状况或者生产单位、事业单位、工作单位划分为若干个选区，按照选区提名代表候选人。县级以上各级人大代表由选举单位产生，按照选举单位提名代表候选人。这种提名办法，有利于选民选举出他们熟悉的人，同时便于候选人当选后，密切地联系原选区选民或者原选举单位，接受原选区选民或者原选举单位的监督。在代表候选人提名程序上，各政党、各人民团体可以联合或者单独推荐代表候选人，选民或者代表 10 人以上联名也可以推荐代表候选人。

为保障选民自由行使选举权，实行差额选举和无记名投票。差额选举要求代表候选人的人数应多于应选代表的名额。具体操作上，由选民直接选举的代表候选人人数，应多于应选代表名额 1/3 至 1 倍；由地方各级人大选举上一级人大代表的候选人人数，应多于应选代表名额 1/5 至 1/2。差额选举为选民提供选择、比较的空间，是尊重选民自由选举权利的体现，有利于选出人民群众满意的代表。在投票方式上，采取无记名投票的方式，选举时设有秘密写票处，保证选民不受外界的压力和干扰，可以按照自己的真实意愿进行投票，从而使选举结果更加真实。

此外还采取了一系列举措，确保选举结果真正符合广大人民的意愿。例如，人大代表选举由国家财政予以经费保障，可以保证选举不受金钱操控，保证选民按照自己的意愿选出自己信任的人。又如，选出代表后，代表资格审查委员会对当选代表是否符合宪法、法律规定的代表基本条件，选举是否符合法定的程序等进行审查。再如，严厉制裁威胁、欺骗、贿赂、伪造选举文件、虚报选举票数等破坏选举的行为，保证选举公平、公正、公开。

第三，人大代表选举符合我国国情，与我国的发展阶段相适应。

我国五级人大代表的选举，分别采取直接选举和间接选举的办法。县、乡两级人大代表，采取直接选举的办法产生。具体做法是将县和乡两级行政区域划分为若干选区，由选区的选民直接投票选举产生人大代表。全国人大代表、省级（包括省、自治区、直辖市）人大代表、设区的市和自治州人大代表采用间接选举的办法产生，由下一级人民代表大会会议选举产生上一级人大代表。这种直接选举与间接选举相结合的方法，既保证了公民选举权利的充分行使，也与我国地域辽阔、人口众多、经济文化发展水平不平衡的具体现实相结合。

随着我国经济社会的发展变化和民主法治建设不断推进，全国人大及其常委会适时修改选举法，逐步形成一套适合我国国情、具有鲜明中国特色的选举制度。例如，逐步实现城乡平等选举，就是选举制度与时俱进发展完善的体现。1953 年制定的选举法，对农村与城市全国人大代表所代表的人口数作了不同的规定，农村和城市每位代表所代表的人口数比例为 8∶1。邓小平同志在这部法律草案的说明中指出：“这些在选举上不同比例的规定，就某种方面来说，是不完全平等的。但是只有这样规定，才能真实地反映我国的现实生活，才能使全国各民族各阶层在各级人民代表大会中有与其地位相当的代表，所以它不但是很合理的，而且是我们过渡到更为平等和完全平等的选举所完全必需的。”[1] 改革开放后，我国政治、经济、文化等各方面都有了长足发展，城乡人口比例也发生了较大变化。城镇人口占全国人口总数比例已从 1953 年的 13.26% 发展为 1995 年的 29.04%，1995 年修改的选举法将农村与城市每位代表所代表的人口数的比例改为 4 : 1。随着时间推移，我国城乡差别日益缩小，2010 年修改的选举法明确了城乡按相同人口比例选举人大代表，真正实现了城乡完全平等选举的目标。

二、民主协商

民主协商是具有鲜明中国特色的民主形式。习近平总书记指出：“在中国社会主义制度下，有事好商量，众人的事情由众人商量，找到全社会意愿和要求的最大公约数，是人民民主的真谛。”[2] 人民在通过选举、投票行使权利的同时，在重大决策前和决策过程中进行充分协商，尽可能就共同性问题取得一致意见。在人民内部各方面广泛商量的过程，就是发扬民主、集思广益的过程，就是统一思想、凝聚共识的过程，就是科学决策、民主决策的过程，就是实现人民当家作主的过程。

我国不断完善协商民主的发展路径，探索形成了政党协商、人大协商、政府协商、政协协商、人民团体协商、基层协商、社会组织协商等协商渠道，推动协商民主广泛多层制度化发展。

---

[1] 邓小平：《关于〈中华人民共和国全国人民代表大会及地方各级人民代表大会选举法（草案）〉的说明》（1953 年 2 月 11 日），载中共中央文献研究室编：《邓小平文集（1949—1974 年）》（中卷），人民出版社 2014 年版，第 56 页。

[2] 《习近平谈治国理政》（第 2 卷），外文出版社 2017 年版，第 292 页。

政党协商是中国共产党同民主党派基于共同的政治目标，就党和国家重大方针政策和重要事务，在决策之前和决策实施之中，直接进行政治协商的重要民主形式。政党协商主要有会议协商、约谈协商和书面协商三种形式，协商围绕中央有关重要文件、宪法和有关重要法律的修改建议、国民经济和社会发展中长期规划以及关系到改革发展稳定的重要问题等内容展开。这是我们党在执政中长期坚持的重要民主形式，是中国共产党领导的多党合作和政治协商制度的重要内容。当涉及国家方针政策、经济发展、社会稳定、政治改革等重大问题时，都会与民主党派进行协商。例如，2015 年 6 月，中央领导同志主持召开调研协商座谈会，邀请民革中央和全国工商联等负责人和无党派人士代表，就推进“一带一路”建设和制定“十三五”规划建言献策。各民主党派在前期的“大调研”基础上，提出了大量有针对性的建议。在我国民主政治的舞台上，政党协商已经成为我国常态的民主实践。党的十八大至 2022 年 7 月底，党中央召开或委托有关部门召开政党协商会议 185 次，先后就中国共产党全国代表大会和中央全会报告、修改宪法部分内容的建议、制定国民经济和社会发展中长期规划的建议、国家领导人建议人选等重大问题同党外人士真诚协商、听取意见。执政党与参政党之间共商国是，成为社会主义民主政治的鲜明特色。

人大协商是各级人大在依法行使职权过程中与有关国家机关、社会组织、专家学者、人民群众开展协商。立法协商是人大协商的重要内容，也是推进科学立法、民主立法的重要途径。在法律草案的起草和审议过程中，全国人大及其常委会坚持开门立法，问法于民，通过各种途径和形式，广泛听取各方面意见。一是向社会公布法律草案征求意见。根据立法法规定，列入全国人大常委会会议议程的法律案，应当在常委会会议后将法律草案及其起草、修改的说明等向社会公布，征求意见，但是经委员长会议决定不公布的除外。向社会公布征求意见的时间一般不少于 30 日。全国人大常委会通过在网上公布法律草案，多层次、全方位、多渠道听取各方面意见，认真梳理研究分析收集的意见建议，吸收合理的意见以完善法律法规草案，并通过发言人记者会、专题采访等形式，向社会通报征求意见及吸收采纳情况，及时回应社会关切，充分保障人民通过各种途径实现对立法的有序参与。二是发挥人大代表在立法协商中的作用。人大代表是联系人民群众的桥梁和纽带，代表通过参加大会审议法律案，直接代表人民行使国家立法权。十三届全国人大历次会议审议重要法律案，会上近 3000 名全国人大代表畅所欲言，充分发表意见，最大限度凝聚立法共识，在法律草案的完善和通过中发挥了重要作用。代表提出的议案建议，也被及时纳入立法规划和立法工作计划。例如，2020 年新冠肺炎疫情暴发，全国人大及其常委会认真研究代表意见，将修改野生动物保护法、传染病防治法、突发事件应对法等列入强化公共卫生法治保障立法修法工作计划。三是建设基层立法联系点。截至 2023 年 7 月，全国人大常委会法工委在 31 个省（区、市）都设立了基层立法联系点。人民群众通过基层立法联系点，在法律草案的起草、立法调研、修改论证、立法后评估等多个环节直接参与了立法工作。基层立法联系点极大丰富和拓展了国家立法集中民意、汇聚民智的渠道和方式，打通了国家最高立法机关直接联系基层群众的渠道，被群众形象地称为国家立法“直通车”。

政府协商是由中央政府与地方各级政府及其组成部门主导的协

商。政府协商的目的是有效推进科学民主依法决策，增强决策透明度和公众参与度，解决好人民群众最关心、最现实的利益问题，推进政府职能转变，提高政府治理能力和水平。自新中国成立以来，政府就秉承着开门协商的传统。早在 1956 年 12 月，毛泽东同志在同工商界人士谈话中就提到，“我们政府的性格，你们也都摸熟了，是跟人民商量办事的”，“可以叫它是个商量政府”。[1] 政府协商在政府信息公开、社会公示、决策听证、专家咨询等制度中均有体现。政府信息公开是政府部门通过多种方式公开政务信息的制度，也是保障公民基本权利、加强政府权力监督和遏制权力腐败的重要途径。公开的主要渠道有政府公报、政府官方网站、新闻发布会、报刊、广播、电视、官方微博微信平台等。社会公示是向社会和群众告知除涉及党和国家机密外的与人民群众利益直接相关的各种事务和信息，收集群众的意见建议，并给予解答和处理。社会公示在干部选拔、行政执法、公共工程招标、财务预决算等事项中得到广泛运用。决策听证是政府部门就某项公共事务的决策邀请相关团体、公民和专家进行辩论咨询的决策程序，其中最具代表性的是价格决策听证。各级政府在关于火车票价格、城市供暖价格、景区门票价格以及城市建设、教育医疗等问题上采取听证会等方式，通过利益相关者参与政治决策过程，在对话沟通和交流的基础上达成最终的共识。专家咨询是对专业事项向相关专家咨询论证的制度，近年来许多地方政府相继探索建立专家咨询委员会，为推动行政决策科学化做出了富有成效的探索。

政协协商是在中国共产党领导下，参加人民政协的各党派团体、

[1] 中共中央文献研究室编：《毛泽东文集》（第 7 卷），人民出版社 1999 年版，第 178 页。

各族各界人士履行职能，围绕改革发展稳定重大问题等，在决策之前和决策实施之中广泛协商、凝聚共识。人民政协是开展民主协商的重要渠道和专门协商机构。政协协商形式多样，包括全体会议、常委会会议、专题协商会、双周协商座谈会、对口协商、界别协商和提案办理协商等。全体会议是政协最高层级的会议形式，每年举行一次，讨论国家和地方的大政方针以及政治、经济、文化和社会生活中的重大问题。常委会会议是全体会议闭会期间的主要协商形式，一般每年召开 4 次左右，其中专题议政性常委会会议召开 2 次左右，就经济社会发展中的前瞻性、战略性问题进行协商议政。例如，全国政协十三届常委会第十三次会议围绕“制定国民经济和社会发展‘十四五’规划”主题、第十八次会议围绕“建设更高水平的平安中国”主题、第二十二次会议围绕“统筹推进绿色低碳高质量发展”主题等展开协商议政。专题协商会就经济、政治、文化、社会、生态文明和党的建设中的某项专门问题进行协商讨论，如 2022 年全国政协召开的两次专题协商会，分别涉及推动数字经济持续健康发展、深入实施新时代人才强国战略的问题。双周协商座谈会邀请全国政协各界别委员参加，以民主党派成员和无党派人士为主，关注当前需要解决的实际问题，每次座谈会聚焦一个主题，具有“小切口、大问题”的特点，如加强未成年人权益的司法保护、促进乡村医疗卫生发展、建立健全种业政策体系、完善外卖食品安全监管等事关人民群众切身利益的问题。十三届全国政协期间举办重要政治协商活动 105 场，不断完善以全体会议为龙头、专题议政性常委会会议和专题协商会为重点、各类协商座谈会为常态的协商议政格局，为推进国家治理和社会治理凝聚智慧力量，贡献真知灼见。

基层协商是基层党组织、基层政府、基层群众性自治组织、经济社会组织和群众等，就基层社会发展及事关群众切身利益的问题开展协商。近年来，各地结合地区实际和文化传统，创造出社区议事会、居民论坛、乡村论坛、民主恳谈会、民主听证会等协商方式，基层协商形式日趋多样，内容更加丰富。例如，在“全过程人民民主”重要理念的首提地上海虹桥街道，有一个外籍人口比例过半的古北社区，为满足中外居民差异化的需求，社区建立了中外居民民主自治和协商共治平台——“古北市民议事厅”，为国内外居民提供及时协商议事、反馈意见、解决问题的直接渠道。经过多年实践，古北社区探索出一套“自主提事、按需议事、约请参事、民主评事、跟踪监事”的市民议事厅运行规则。这套规则已被广泛运用于垃圾分类、加装电梯、公共绿化改造等各类社区事务中。广大人民群众通过这些接地气、聚民意的民主实践，发表意见建议，进行广泛协商，利益得到协调，矛盾有效化解。

此外，人民团体协商指人民团体就涉及特定群体权益保障的问题，加强与政府相关部门的协商，积极参与政协组织的协商活动，保障特定群体权益的实现。各类社会组织就更好为社会服务积极开展和参与协商，通过各种途径和形式推进人民参与社会事务管理。这 7 种协商渠道，极大丰富了民主形式、拓宽了民主渠道、深化了民主内涵，促进发展了全过程人民民主。

三、民主决策

民主决策是全过程人民民主的重要环节。党和国家各项决策，通过公开、座谈、论证、咨询等各种方式，广泛征求和充分听取各方面意见，最大限度地反映民情、吸纳民意、汇集民智，保证决策科学化、民主化。经过科学民主程序作出的好的决策，能够反映人民意愿，保障人民权益，增进人民福祉。近年来，越来越多来自基层的声音直达各级决策层，越来越多的群众意见转化为党和政府的重大决策。

中国共产党是中国特色社会主义事业的领导核心，党的决策水平直接关系中国特色社会主义事业的发展，关系广大人民群众的切身利益。坚持和完善党内民主决策，是发展党内民主的重要内容，也是保障党的重大决策科学性、合法性的基本前提。党的代表大会报告、党的全会文件、党的重要文件和重大决策、政府工作报告、重大改革发展举措、部门重要工作文件，都要在党内一定范围征求意见。[1] 正如习近平总书记指出，“我们党历来高度重视发展党内民主。党的重大决策都要严格按照程序办事，充分发扬民主，广泛听取意见和建议，做到兼听则明、防止偏听则暗，做到科学决策、民主决策、依法决策”[2]。

经过多年的探索，党在实践中建立并不断完善了一套符合我国国情党情的党内民主决策机制。在决策原则方面，坚持民主集中制原则。一方面，要体现“少数服从多数”原则，在决策过程中让多数人参加，在决策结果上反映多数人意愿；另一方面，要体现“集体决策”原则，党的各级委员会应按照集体领导、民主集中、个别酝酿、会议决定的原则决定重大事项，防止个人专断。在决策主体

---

〔1〕 习近平：《论坚持人民当家作主》，中央文献出版社 2021 年版，第 169 页。

〔2〕 习近平：《以解决突出问题为突破口和主抓手 推动党的十八届六中全会精神落到实处》，载《共产党员》2017 年第 5 期。

方面，明确划分党的代表大会、党的全体会议（全会）、党的常务委员会（常委会）的职责，充分发挥不同主体各自在决策中的作用。《中国共产党地方委员会工作条例》规定，党的地方委员会在党代表大会闭会期间，执行上级党组织的指示和同级党代表大会的决议、决定，领导本地区的工作。党的地方委员会应当通过召开全会的方式履行职责。常委会在全会闭会期间行使党的地方委员会职权，主持经常工作。在决策时，凡属应当由全会或者常委会会议讨论和决定的事项，必须由集体研究决定，任何个人或者少数人无权擅自决定。在决策程序方面，建立健全决策咨询机制。作出重大决策时，需要在调查研究基础上提出方案，充分听取各方面意见，进行风险评估和合法合规性审查，经过全会或者常委会会议讨论和决定。注重通过国家机关、政协组织、民主党派、人民团体、基层单位等渠道，就经济社会发展重大问题和涉及群众切身利益实际问题，广泛协商、广集民智、增进共识、增强合力。此外，建立决策失误的责任追究制度，对故意规避集体决策，决定重大事项、重要干部任免、重要项目安排和大额资金使用的，视情节不同给予党内处分。

各级人民政府坚持开门问策。开门问策就是要广开言路、集思广益，倾听人民群众的意见，汲取人民群众的智慧，为重大决策提供依据，使得行政决策更能贴近现实，更能体现民意。开门问策已经成为做好行政决策的必要程序，同时也是形成正确决策的基本遵循。2019 年 4 月，国务院公布《重大行政决策程序暂行条例》，要求作出重大行政决策应当遵循民主决策原则，充分听取各方面意见，保障人民群众通过多种途径和形式参与决策。民主决策原则贯穿决策草案形成、决策公布、决策执行各个阶段。在决策草案形成阶段，人大代表、政协委员可以通过建议、提案等方式提出建议，公民、法人和其他组织可以提出书面建议，决策机关经研究论证启动决策程序。决策机关通过座谈会、公开征求意见、听证会、问卷调查、实地走访等方式，广泛听取社会各界意见；与决策事项所涉及相关人民团体、社会组织以及群众代表进行沟通协商；对提出的意见进行归纳整理、研究论证，充分采纳合理意见，完善决策草案。在决策公布环节，通过本级人民政府公报和政府网站以及报纸等途径及时公布决策，说明公众意见、专家论证意见的采纳情况。在决策执行阶段，视情形开展决策后评估，评估中注重听取社会公众意见，吸收人大代表、政协委员、人民团体、基层组织、社会组织和专家等参与评估，评估结果作为调整重大行政决策的重要依据。

广大群众积极参与基层民主决策。基层是民主政治的发源地和试验田，是落实全过程人民民主的根基所在。民主决策贯穿基层治理全过程，广大基层群众通过民主决策，对基层治理中的重大问题提出意见建议，更好地表达自己的愿望，维护自身的合法权益。经过多年的探索，基层民主决策机制日益成熟，取得了显著成效。一是参与主体广泛。村民、居民议事代表广泛吸收社会各界力量，涵盖本区域的人大代表、机关、企事业单位、社会各界人士，切实凝聚基层社会治理合力。二是决策形式丰富。从城乡社区的村（居）民会议、村（居）民代表会议、村（居）民小组会议到人大代表、政协委员进社区，从“小院议事厅”到“板凳民主”，从线下“圆桌会”到线上“议事群”，基层群众民主决策的形式不断与时俱进，作用发挥越来越到位。三是决策事项贴近民生。许多地区推出民生实事项目票选制度，街道、乡镇向社会全面征集民生线索，以差额的方式投票确定待办民生实事项目，内容涉及基础设施建设、社会综合治理、基层文化服务、生态环境保护、医疗卫生教育等人民群众最关心最直接最现实的利益问题。通过基层民主决策，真正做到顺应民心、尊重民意、服务民需，不断实现人民对美好生活的向往，实现人民当家作主。

四、民主管理

民主管理是扩大人民有序政治参与的重要方式。我国宪法规定："中华人民共和国的一切权力属于人民。""人民依照法律规定，通过各种途径和形式，管理国家事务，管理经济和文化事业，管理社会事务。"人民群众在日常社会生活中依法管理自己的事情，通过城乡社区公共事务管理、企事业单位民主管理，实现民事民管、民事民议、民事民办、民事民享。

城乡社区分别成立居民委员会、村民委员会，由村（居）民讨论制定村（居）民自治章程、村规民约、居民公约等规章制度，共同管理社区内部事务，维护社区内正常和谐的秩序，实现村（居）民在基层公共事务中的自我管理、自我服务、自我教育、自我监督。截至2022年底，全国共有村民委员会48.9万个，居民委员会11.8万个。这些村（居）民委员会普遍制定务实管用的村规民约、居民公约，有力地促进了城乡社区民主治理。

城乡社区公共事务管理体现在社区服务、社区治安、社区环境、社区文化、社区财产的管理等方面。在社区服务上，为农村和城市最低生活保障对象、就业困难群体提供社会保障服务，为老年人、残疾人、少年儿童、优抚对象提供社会福利服务。在社区治安上，建立社区治安防范体系，建设群防群治队伍，维护社区秩序，减少违法犯罪，消除不安全隐患。在社区环境上，开展社区人居环境整治，如管理垃圾分类、防治土壤污染和水污染。在社区文化上，管理公益性群众文化设施，营造社区文化景观，开展群众性文化活动，丰富群众的精神世界。在社区财产的管理上，管理社区为公共事务向居民筹集的经费以及政府为社区建设所拨的专项基金。此外，社区还承担了协助政府开展社会管理工作的任务，如管理计划生育、管理流动人口、调解民间纠纷等。在新冠肺炎疫情防控工作中，基层群众配合政府，构筑起社区疫情防控的坚强防线。

企事业单位民主管理是我国基层民主建设的重要内容，在维护职工合法权益、促进企事业单位高质量发展、构建和谐劳动关系等方面发挥了不可替代的作用。各类企事业单位普遍建立职工代表大会制度，大力推行厂务公开制度、职工董事制度、职工监事制度，不断深化民主管理，从而实现单位与职工协商共事、机制共建、效益共创、利益共享。

职工代表大会是企事业单位实行民主管理的基本形式，是职工行使民主管理权力的机构。党的二十大报告指出："健全以职工代表大会为基本形式的企事业单位民主管理制度，维护职工合法权益。"职工代表大会的职权包括审议企事业单位重大决策、审议集体合同草案、选举或罢免职工董事和职工监事、审查监督执行劳动规章制度情况等。代表由工人、技术人员、管理人员、领导干部等各方面职工组成，具有广泛的代表性。职工代表大会的决定、决议采取票决制，按照少数服从多数的民主集中制原则作出，最大限度体现民意。职工代表大会制度经过多年实践，已形成完整的组织结构和工作机制，积累了丰富的经验和深厚的社会基础，在企事业单位中广泛推行，覆盖面不断扩大，运作机制不断完善。

厂务公开制度要求企业向职工公开企业生产经营管理的重大决策、涉及职工切身利益的规章制度以及与经营管理人员廉洁从业相关情况等事项。[1] 实行厂务公开的基本形式是职工代表大会。实践中，广大企业适应时代发展需要，积极创新厂务公开形式，建立厂务公开栏，通过召开工作例会、民主恳谈会，采用微博、微信、新闻客户端等信息化手段，有效拓宽了厂务公开的渠道。在公开基础上，充分听取广大职工的意见和建议，接受他们的监督，并将有关重大问题和重要事项提交职工代表大会审议通过或决定，切实保障职工的知情权、参与权、表达权和监督权。

公司制企业建立职工董事和职工监事制度，通过职工代表大会选举一定数量的职工代表进入董事会、监事会，代表职工参与企业决策、管理和监督。职工董事和职工监事制度是贯彻落实党的全心全意依靠工人阶级根本方针的体现，在完善公司法人治理结构，推进企业民主决策、科学决策，促进企业和职工共同发展等方面发挥了积极作用。职工董事、职工监事由职工代表大会选举产生，其人选要能够代表和反映职工合理诉求，为职工群众信赖和拥护；要熟悉公司经营管理，熟知劳动法律法规，能够起到沟通董事会、监事

---

〔1〕 中共中央纪委等六部门印发的《企业民主管理规定》（总工发〔2012〕12 号）规定："企业应当向职工公开下列事项：（一）经营管理的基本情况；（二）招用职工及签订劳动合同的情况；（三）集体合同文本和劳动规章制度的内容；（四）奖励处罚职工、单方解除劳动合同的情况以及裁员的方案和结果，评选劳动模范和优秀职工的条件、名额和结果；（五）劳动安全卫生标准、安全事故发生情况及处理结果；（六）社会保险以及企业年金的缴费情况；（七）职工教育经费提取、使用和职工培训计划及执行的情况；（八）劳动争议及处理结果情况；（九）法律法规规定的其他事项。"

会与职工群众意见的作用；要遵纪守法，品行端正，秉公办事，廉洁自律。职工董事、职工监事依法享有与公司其他董事、监事同等的权利，在董事会、监事会研究决定公司重大问题时，职工董事、职工监事应充分发表意见，反映职工合理诉求，维护职工和公司合法权益。

五、民主监督

民主监督是民主选举和民主决策等民主形式的延续。人民是民主监督的主体，享有广泛的监督权，依照宪法和法律规定，有权对国家机关和国家工作人员提出批评和建议，有权对国家机关和国家工作人员的违法失职行为提出申诉、控告或者检举。在实践中，我国建立健全各种监督制度，形成全方位的监督体系，使国家和社会各种公共事务始终在人民监督下运行，保证人民赋予的权力始终用来为人民谋利益。

党的十九届四中全会提出，坚持和完善党和国家监督体系，强化对权力运行的制约和监督。党和国家监督体系是一项系统工程，涵盖多种监督主体、监督制度、监督形式。党内监督在党和国家各种监督形式中是最根本的，居于主导地位。人大监督、监察监督、司法监督、审计监督、统计监督是党和国家监督体系的重要组成部分。此外，以政协监督为代表的民主监督（即狭义上的民主监督），以群众监督、舆论监督为代表的社会监督在党和国家监督体系运行中同样发挥着不可替代的作用。

党内监督是对各级党组织和全体党员遵守党章党规、维护党中央领导、落实全面从严治党责任、廉洁自律、秉公用权等情况进行的监督。党的十八大以来，以习近平同志为核心的党中央从加强对权力运行的制约和监督入手，强化党内监督，不断推进全面从严治党的落实。党的十八届六中全会审议通过《中国共产党党内监督条例》，构建形成党中央统一领导、党委（党组）全面监督、纪律检查机关专责监督、党的工作部门职能监督、党的基层组织日常监督和党员民主监督的党内监督体系。中共中央和省级党委都建立巡视机构，对下级党组织领导班子及其成员进行巡视监督。十八届党中央组织开展 12 轮巡视，十九届党中央组织开展 9 轮巡视，实现对省区市、中央和国家机关、中管企事业单位和金融机构、中管高校等的巡视全覆盖。巡视中发现了不少隐藏、伪装很深的违纪违法问题，揭露了一系列重大案件，充分发挥政治“显微镜”和政治“探照灯”作用。党的纪律检查机关对派驻机构实行统一管理，加强对驻在部门党员干部的监督。中央纪委在 2016 年初已实现对 139 家中央一级党和国家机关派驻纪检机构全覆盖，各省区市实现省级纪委全面派驻，稳步推进市县两级纪委派驻全覆盖。派驻纪检机构对被监督单位领导班子及其成员进行监督执纪问责，有力推动被监督单位党风廉政建设和反腐败工作。

人大监督是人民代表大会对宪法法律的实施、重大决策部署的落实等开展的监督。各级人大及其常委会加强对“一府一委两院”执法、监察、司法工作的监督，确保法律法规得到有效实施，确保行政权、监察权、审判权、检察权得到正确行使。人大监督的形式包括：（1）听取和审议人民政府、人民法院和人民检察院的专项工作报告；（2）审查和批准决算，听取和审议国民经济和社会发展计划、预算的执行情况报告，听取和审议审计工作报告；（3）法律法规实施情况的检查；（4）规范性文件的备案审查；（5）询问和质询；（6）特定问题调查；（7）撤职案的审议和决定。党的十八大以来，各级人大常委会认真履行宪法法律赋予的监督权，人大监督在推进全面依法治国、建设社会主义法治国家进程中不断发挥作用。

监察监督是监察机关依法对所有行使公权力的公职人员进行监督检查、调查职务违法和职务犯罪、开展廉政建设和反腐败工作的监督形式。深化国家监察体制改革、制定监察法，是党中央审时度势作出的重大决策部署。2016 年 11 月，在北京、山西、浙江 3 地先行试点设立各级监察委员会，为改革探路，形成可复制可推广的经验。2017 年 11 月，根据党的十九大部署，在全国推开试点工作。2018 年 2 月，省市县三级监察委员会全部组建。2018 年 3 月，国家监察委员会正式组建。十三届全国人大一次会议通过宪法修正案，确立监察机关的宪法地位，同时通过《中华人民共和国监察法》，将所有行使公权力的公职人员依法纳入监察范围。依据宪法、监察法成立的监察委员会，依法履行监督、调查、处置三项职责。此后，一系列法律法规相继出台，例如 2020 年 6 月通过公职人员政务处分法、2021 年 9 月公布施行监察法实施条例、2022 年 1 月实施监察官法，实现了党内监督和国家监察、依规治党和依法治国有机统一。

司法监督是审判机关和检察机关依照法定职权和程序对人民授权的国家公权力进行监督。人民法院依据诉讼程序对法治实施主体进行监督，同时依据上诉、抗诉、申诉等审判监督程序对审判活动及其裁决合法性进行监督。人民检察院对执法、司法活动的合法性及国家工作人员职务犯罪和其他犯罪行为进行监督。近年来，人民法院通过审判监督程序纠正“聂树斌案”“呼格吉勒图案”“张氏叔侄案”等一批重大刑事冤假错案，提振了全社会对司法公正的信心。最高人民检察院对2018年以来改判纠正的246件刑事错案启动追责，“张玉环案”“张志超案”等错误关押10年以上的22件直接督办。[1] 通过司法监督，切实将加强人权司法保障、维护司法公正落到实处，真正做到让人民群众在每一起司法案件中都能感受到公平正义。

审计监督是审计机关依法对国家重大政策措施贯彻落实情况，公共资金、国有资产、国有资源管理使用情况，以及领导干部履行相关责任情况所进行的监督活动。自2003年国家审计署披露中央部门预算执行审计情况中的问题、掀起“审计风暴”以来，审计监督在反腐败斗争中的作用越来越受到重视。审计机关通过审查财务、会计资料，检查现金、实物和信息系统，向有关单位和个人调查等方式，在审计中发现经济问题、查找腐败线索、查处违法违纪案件，为纪检监察部门和司法机关进一步查处和惩治腐败提供明确靶向。党的十八大以来，全国审计机关把落实中央八项规定精神和过紧日子要求情况作为各项审计的监督重点，严肃查处违规兴建楼堂馆所和形象工程、违规发放津贴补贴以及“三公”经费管理不严格等方面问题，为有效维护人民政府的廉洁性发挥了重要作用。

统计监督是统计部门及负有统计调查职责的相关机关，对所有行使统计权力、负有统计义务的组织和人员进行监督。统计部门通过开展统计督察、统计执法检查、监测评价经济社会发展重大决策部署贯彻落实情况等方式，防范和惩治统计造假、弄虚作假，确保

[1] 参见张军：《最高人民检察院工作报告》（2022年3月8日），载《中华人民共和国最高人民检察院公报》（2022年第2号），第9页。

统计资料真实准确、完整及时，为促进经济社会发展、实现人民对美好生活的向往提供扎实的统计保障。

民主监督是人民政协的重要职能，民主党派和无党派人士在坚持四项基本原则的基础上，通过提出意见、批评、建议的方式开展协商式监督。民主监督可以以建议的方式对党的方针政策的贯彻执行情况，对国家宪法、法律法规的实施情况，以及社会政治、经济和文化生活等方面的重大事项进行监督；也可以用批评的形式对决策实施过程中出现的失误，对严重背离国家大政方针的现象以及严重危害国家和人民利益的行为进行监督。

群众监督是公民、法人或者其他组织通过各种方式，对各级国家机关及其组成人员履职情况进行监督，例如依法申请行政复议、提起行政诉讼，或者运用信访方式向有关部门揭发检举腐败行为。舆论监督是通过电视、报纸、网络等新闻媒介对公职人员进行监督，对滥用公权、失职渎职等行为及时揭露曝光。随着信息技术的快速发展，互联网日渐成为舆论监督的新阵地，在公权力的制约和监督中发挥着越来越重要的作用。

近年来，我国不断推动各类监督贯通协同，使民主监督延伸到每个领域、每个角落，涵盖国家权力运行的方方面面，形成全覆盖的监督格局。从不同层级来看，从中央到地方形成了自上而下的监督网。党的十八大以来，通过国家监察体制改革，国家、省、市、县四级监察委员会全部成立，各级监察委员会依法行使监察权，监察监督延伸到对最基层公务员的监督，直接触及权力末梢，覆盖了基层的监督盲点，真正把权力关进制度的笼子里。从不同领域来看，民主监督不仅涵盖政治领域，还体现在经济、法治、民生等各个领域。在政治领域，纪委监察机关通过加强政治监督，推动党中央重大决策部署落实见效，督促落实全面从严治党责任，保证权力在正确的轨道上运行。在经济领域，相关部门通过审计监督、统计监督对财政收支、国有资产使用情况进行审核，对各项统计数据进行监督，维护国家财政经济秩序，遏制“数字上的腐败”现象。在法治领域，人民法院、人民检察院充分发挥司法监督职能，保障法律的正确统一实施，维护社会公平正义；各级人大开展执法检查，推动法律贯彻实施，推进法治国家建设。在民生领域，监察机关聚焦群众急难愁盼问题，深入推进教育医疗、养老社保、生态环保、安全生产、食品药品安全等领域腐败问题整治，以强有力的监督增强群众的获得感、幸福感和安全感。

我国发展全过程人民民主的具体实践和重大成果，充分说明人民参与民主实践越广泛，意愿表达越充分，人民当家作主就越真实。相信，随着中国式现代化的不断推进，我国全过程人民民主的实践会更加丰富，成果会更加丰硕，制度会更加成熟。我国全过程人民民主在中华大地将更加展示出勃勃生机和强大生命力，人民的民主制度自信将更加坚定，人民民主之路将越走越宽广，人民当家作主的新型政治文明形态将在中国书写出更加美丽的新篇章。

第十二章　全过程人民民主和人权事业发展

民主与人权作为全人类共同的价值追求，是中国共产党和中国人民始终不渝坚持的重要理念。中国共产党成立100多年来，围绕民主与人权历尽奋斗，成功探索开创了中国特色社会主义道路，促进了我国民主与人权事业发展取得重大成果。党的十八大以来，以习近平同志为核心的党中央不断深化对民主政治发展规律的认识，提出全过程人民民主的重大理念，推动我国民主和人权事业发展取得历史性成就，发生历史性变革。我国全过程人民民主为实现人民当家作主提供了重要政治保障，是实现人权的重要实践路径；人权的充分发展丰富和深化了全过程人民民主的内涵，是实现人民当家作主具体的现实的体现。深入总结我国全过程人民民主与人权事业发展取得的重大成就，对于坚持中国特色社会主义民主，推动我国人权事业全面发展具有重要意义。

一、全过程人民民主与我国人权事业发展在党领导革命、建设和改革的过程中相伴相生

中国共产党领导人民实行人民民主，就是保证和支持人民当家作主。1949年，党领导人民经过28年浴血奋斗，取得了新民主主义

革命的胜利，建立了人民当家作主的社会主义新中国，为尊重和保障人权提供了坚实的制度基础。改革开放新时期，中国特色社会主义法律体系形成，有力推动民主制度与人权保障取得重大进展。党的十八大以来，人民当家作主的制度保障越来越健全，尊重人权、保障人权、发展人权的底色越来越鲜明。

（一）民族独立与争取人权

中国共产党从诞生之日起就扛起了人民民主与人权的旗帜。1922 年，《中国共产党第二次全国代表大会宣言》提出“推翻国际帝国主义的压迫，达到中华民族完全独立”，“工人和农民，无论男女，在各级议会市议会有无限制的选举权，言论、出版、集会、结社、罢工绝对自由”是党的奋斗目标。1923 年，党高举“争自由、争人权”的旗帜，领导了“二七”工人大罢工。1931 年 11 月，党在江西瑞金宣布成立中华苏维埃共和国临时中央政府，通过《中华苏维埃共和国宪法大纲》。该大纲规定，“中国苏维埃政权所建设的是工人和农民的民主专政的国家。苏维埃全政权是属于工人、农民、红军兵士及一切劳苦民众的”；人民享有平等权，选举权与被选举权，劳动权，婚姻自由权，言论、出版、集会、结社的自由等。抗日战争时期，中国共产党在各抗日根据地创造性地把保障人权同促进抗日结合起来，取得了新的人权成就。[1] 例如，1937 年 5 月制定的《陕甘宁边区各级参议会选举条例》明确规定，凡居住陕甘宁边

---

〔1〕毛泽东同志提出：“政治制度的民主改革和人民的自由权利，是抗日民族统一战线纲领上的重要部分，同时也是建立真正的坚实的抗日民族统一战线的必要条件。”毛泽东：《中国共产党在抗日时期的任务》，载《毛泽东选集》（第 1 卷），人民出版社 1991 年版，第 257 页。

区的人民，在选举之日，年满 16 岁的，无男女、宗教、民族、财产、文化的区别，都有选举权和被选举权。解放战争时期，各解放区人民政府出台了一系列保障人权的宪法原则、施政纲要等重要文件，进一步强调党保障人权的政策。例如，1946 年 4 月，陕甘宁边区第三届参议会第一次会议通过的《陕甘宁边区宪法原则》规定了建立新民主主义共和国的基本原则、政权组织形式，明确人民享有政治、经济、文化等各方面权利，确定民族平等、男女平等和少数民族聚居区的民族自治权等。我们党在局部地区探索人民当家作主和人权法制保障的重要思想理论和实践成果，对新中国民主制度和人权保障制度的创建和发展，产生了深刻的、持续的影响。

（二）民主制度建设与保障人权

1949 年 10 月，中华人民共和国成立，实现了中国从几千年的封建专制向人民民主的伟大飞跃。党团结带领人民在一个有着几千年封建社会历史的国家实现了最广泛的人民民主，人民真正成为国家、社会和自己命运的主人。[1] 民主国家的建立为我国人权事业发展提供了根本政治条件，保证了人民真正享有独立、自由、尊严、生存等人权。

1949 年 9 月，新中国成立前夕，党领导召开中国人民政治协商会议第一届全体会议，通过了起临时宪法作用的《共同纲领》，确立了我国人民民主专政的国体和人民代表大会制度的政体。《共同纲领》还规定了中华人民共和国人民享有选举权和被选举权，享有思

---

〔1〕 参见中共中央党史和文献研究院编：《习近平关于尊重和保障人权论述摘编》，中央文献出版社 2021 年版，第 8 页。

想、言论、出版、集会、结社、通讯、人身、居住、迁徙、宗教信仰及示威游行的自由权；妇女在政治的、经济的、文化教育的、社会的生活各方面，均有与男子平等的权利；等等。1953 年制定的全国人民代表大会及地方各级人民代表大会选举法，保障了人民群众充分行使选举权、被选举权，真正实现了人民当家作主，标志着我国人民民主政治的发展进入了新阶段，也使我国人权事业发展由理论向现实迈出了坚实的一步。依照选举法，全国各地进行了普选，在民主选举的基础上，产生了各级人民代表大会，为新中国一届全国人大一次会议的顺利召开作了必要准备。1954 年 9 月，一届全国人大一次会议通过了《中华人民共和国宪法》，确认了《共同纲领》对国体和政体的规定，确立了民主原则和社会主义原则，明确：中华人民共和国是工人阶级领导的、以工农联盟为基础的人民民主国家；中华人民共和国的一切权力属于人民；人民行使权力的机关是全国人民代表大会和地方各级人民代表大会；公民的基本权利和义务等。这些规定充分体现了社会主义国家政权的人民性特征，是现代民主精神的直接表现，为人民民主和人权发展提供了根本保障。

（三）改革开放新时期社会主义法制建设有力推动民主制度与人权保障取得重大进展

发展民主、保障人权都离不开法治的保障。1978 年 12 月，党的十一届三中全会公报提出，“为了保障人民民主，必须加强社会主义法制，使民主制度化、法律化，使这种制度和法律具有稳定性、连续性和极大的权威，做到有法可依，有法必依，执法必严，违法必究”。1982 年 12 月，五届全国人大五次会议通过了现行宪法，并将五四宪法专章规定的“公民的基本权利和义务”一章移到了总纲后面、国家机构前面，作为第二章，且规定范围更广、内容更加切实具体，凸显了保障公民权利和自由的宪法精神。在宪法体例设计上，先规定“公民的基本权利和义务”，再规定“国家机构”，能比较充分地体现国家的一切权力属于人民的性质。[1] 同时，公民的基本权利和义务的规定是总纲关于人民民主专政的社会主义国家制度和原则精神规定的延伸，从法律上和事实上保证了我国公民享有广泛的、真实的自由和权利。[2]

1997年9月，党的十五大报告提出，“共产党执政就是领导和支持人民掌握管理国家的权力，实行民主选举、民主决策、民主管理和民主监督，保证人民依法享有广泛的权利和自由，尊重和保障人权”。这是党的代表大会文件第一次明确提出尊重和保障人权，从而实现了“人权”与“民主”的有机结合。2003年10月，党的十六届三中全会通过《中共中央关于修改宪法部分内容的建议》，向全国人大建议在宪法中增加“国家尊重和保障人权”的规定。2004年3月，十届全国人大二次会议通过宪法修正案，将“国家尊重和保障人权”郑重载入宪法，在中国人权发展史上具有重要里程碑意义。以根本法落实保障人权，是坚持人民当家作主的根本法治保障，标志着我国社会主义民主和人权发展达到一个新水平。

与此同时，在社会主义建设新时期，我们不断加强和完善民主制度和人权保障立法，构建较为完备的人权保障法律制度体系，为

---

〔1〕参见王汉斌：《王汉斌访谈录——亲历新时期社会主义民主法制建设》，中国民主法制出版社2012年版，第69、70页。

〔2〕参见彭真：《关于中华人民共和国宪法修改草案的报告》，载彭真：《论新时期的社会主义民主与法制建设》，中央文献出版社1989年版，第149页。

发展社会主义民主、保障人民当家作主提供了可靠制度保障。

1. 提高民主制度的法治化水平

党和国家高度重视民主政治建设，不断完善人民代表大会制度的根本政治制度、基本政治制度和各项重要制度，依法保障公民的选举权、知情权、参与权、表达权、监督权，切实加强人民当家作主的根本制度保障。制定全国人大组织法、地方组织法、全国人民代表大会和地方各级人民代表大会代表法、立法法、预算法、各级人民代表大会常务委员会监督法、国务院组织法、人民法院组织法、人民检察院组织法等，建立完善有关国家机构选举、组织、职权和权限等方面的制度。制定民族区域自治法，实行民族区域自治制度，充分尊重和保障各少数民族管理本民族内部事务的权利，依法保障各少数民族的合法权益。制定城市居民委员会组织法、村民委员会组织法，建立城乡基层群众自治制度，保证人民群众参与基层治理。

2. 人权法律制度体系的形成

长期以来，党和国家根据经济社会发展实际，不断将人民群众应当享有的、需要享有的、期盼享有的权利通过法定程序转化为法定权利，推动宪法关于人权保障条款最终落实为实际享有的权利。随着中国特色社会主义法律体系的形成和不断发展完善，我国关于公民基本权利和人权保障的法律制度日趋完备，形成具有自身特色的人权法律制度体系。

第一，制定保障和改善公民生存权、发展权的法律制度。公民的生存权和发展权，是公民享有其他一切权利的基础。我国高度重视加强人民生存发展环境安全立法，为保障公民生存权和发展权创造有利制度环境，不断增强人民群众获得感、幸福感、安全感。一是制定修改国家安全法、兵役法、国防法、军事设施保护法、保守国家秘密法、反分裂国家法等，维护国家统一、安全，为人民群众安居乐业提供安全保障。二是制定修改环境保护法、海洋环境保护法、水污染防治法、大气污染防治法、噪声污染防治法、放射性污染防治法、环境影响评价法、防沙治沙法、海岛保护法、循环经济促进法等，建立健全保障和维护公民环境权利法律制度，推动绿色发展，保障人民群众享有宜居环境。三是制定修改食品安全法、农产品质量安全法、传染病防治法、药品管理法、母婴保健法、道路交通安全法、消防法、安全生产法、职业病防治法等法律制度，加强公共卫生、社会安全建设，以严格的法律制度保障人民群众生命健康权利。

第二，推进保障经济、社会和文化权利相关法律制度建设。我国恪守以民为本、立法为民理念，通过立法着力提高公民经济、社会和文化权利保障水平，努力增进人民福祉，营造公平社会环境。一是制定修改民法通则、合同法、物权法、侵权责任法、婚姻法、继承法、收养法以及消费者权益保护法等，保障公民人身权、财产权。二是制定修改专利法、商标法、著作权法、公司法、合伙企业法、证券法、中小企业促进法、反不正当竞争法、反垄断法等，维护社会主义市场经济秩序，平等保护市场主体的合法权益。三是制定修改劳动法、劳动合同法、就业促进法、工会法等法律，保障公民劳动就业方面的权利。制定社会保险法、公益事业捐赠法、红十字会法等，保障公民获得救助的权利。四是制定修改教育法、义务教育法、高等教育法、民办教育促进法、教师法等，保障公民受教育权。五是制定修改文物保护法、非物质文化遗产法、体育法等，保障公民文化权益。

第三，加强规范行政行为和人权司法保障相关法律制度建设。制定修改行政复议法、行政处罚法、行政许可法、行政强制法等，确保行政机关依法行使权力，加强对行政相对人合法权益保护。制定修改国家赔偿法，建立国家赔偿制度，有效保障公民和组织依法获得国家赔偿的权利。制定修改刑法、刑事诉讼法、民事诉讼法、行政诉讼法，作出刑法相关立法解释，从法律制度上加强人权司法保障。制定修改仲裁法、人民调解法、农村土地承包经营纠纷调解仲裁法、劳动争议调解仲裁法等，依靠多元化制度解决人民群众纠纷。

第四，建立健全保护少数民族和妇女、未成年人、老年人、残疾人权利等特定群体的法律制度。一是形成以宪法为统帅，以民族区域自治法、选举法、劳动法、就业促进法、通用语言文字法、教育法、刑法等法律相配套的制度规范，明确禁止民族歧视，依法保障少数民族权利。二是制定修改妇女权益保障法、未成年人保护法、预防未成年人犯罪法、老年人权益保障法等，依法保护妇女、未成年人、老年人等特定群体的合法权益，不断加强对这些群体的制度保护。三是制定修改残疾人保障法，明确残疾人在政治、经济、文化、社会和家庭生活方面享有同其他公民平等的权利。

二、新时代我国全过程人民民主与人权事业发展

党的十八大以来，以习近平同志为核心的党中央立足新的历史方位，深刻把握我国社会主要矛盾发生的新变化，积极回应人民对民主法治、公平正义的新要求新期待，坚持党的领导、人民当家作

主、依法治国有机统一，深化对民主政治发展规律的认识，提出全过程人民民主重大理念，健全人民当家作主制度体系，发挥社会主义协商民主重要作用，丰富民主形式，畅通民主渠道，从各层次各领域扩大人民有序政治参与，推动全过程人民民主取得历史性成就，成为新时代我国民主政治领域具有重大创新意义的标志性成果，[1]为我国人权事业发展提供了更加充分的民主政治保障，推动和保证了宪法确立的尊重和保障人权原则得到全面实施。

（一）民主政治制度化、规范化、程序化全面推进

一是宪法修正案为新时代实施加强人权法治保障提供了根本法保障。2018 年，十三届全国人大一次会议通过宪法修正案，确立了科学发展观、习近平新时代中国特色社会主义思想在国家政治和社会生活中的指导地位，调整充实了中国特色社会主义事业总体布局和第二个百年奋斗目标的内容，完善了依法治国和宪法实施举措，完善了人民代表大会制度的相关规定等。这些修改，对于更好坚持党中央集中统一领导，更好体现中国特色社会主义制度的优势，更好适应新时代中国特色社会主义伟大实践，更好推进国家治理体系和治理能力现代化，更好推动和加强我国社会主义法治建设和人权保障事业发展，提供了根本法保障，意义十分重大。

二是贯彻全过程人民民主重大理念，制定、修改完善国家组织机构及运行制度的法律，保障公民民主权利。制定监察法，修改地方组织法、选举法、代表法、立法法、全国人大组织法、全国人大

---

〔1〕参见王晨：《全过程人民民主是社会主义民主政治的本质属性》，载《人民日报》2022 年 11 月 3 日，第 6 版。

议事规则、全国人大常委会议事规则，依法保障公民的知情权、参与权、表达权、监督权，充分发挥人民代表大会制度的根本政治制度作用。修改人民法院组织法、人民检察院组织法，制定人民陪审员法，作出关于设立知识产权法院、金融法院以及关于专利等知识产权案件诉讼程序若干问题的决定，通过关于授权最高人民法院组织开展四级法院审级职能定位改革试点工作的决定，完善人民法院、人民检察院的设置和职权，提升司法公信力和法院审判效能，为加强人权法治保障提供有力支撑。制定公职人员政务处分法、监察官法，修改公务员法、法官法、检察官法，为国家机关高效运行、工作人员依法履职提供有效法治支撑，保证公民、法人、其他组织合法权益切实得到尊重和保护。修改预算法，制定关于加强国有资产管理情况监督的决定，修改关于加强中央预算审查监督的决定、关于加强经济工作监督的决定，强化人大预算决算审查监督职责，推进预算公开和民主监督，增强监督刚性和实效。

（二）人权保障法律制度取得新成就

第一，着力加强保障公民生存权和发展权的立法。公民的生存权和发展权是公民的最基本人权，是公民享有其他一切权利的基础。[1] 一是制定中医药法、疫苗管理法、基本医疗卫生与健康促进法、生物安全法、医师法，修改药品管理法等，健全公共卫生法治保障体系，切实保障人民群众生命健康安全。二是制定修改反间谍法、国家安全法、反恐怖主义法、境外非政府组织境内活动管理法、

---

〔1〕 参见沈春耀：《加强人权保障法制建设　促进人权事业全面发展》，载中华人民共和国外交部国际司主编：《中国人权新成就（2012—2017）》，世界知识出版社2017年版，第15页。

网络安全法、生物安全法、香港特别行政区维护国家安全法、出口管制法、数据安全法、反外国制裁法、陆地国界法等，构建国家安全法律制度体系，夯实维护国家主权、安全、发展利益的法治基础，以国家安全保障人民生存权和发展权。同时，妥善处理好国家安全与人权保障的关系，切实保障公民和组织的合法权益不受损害。三是制定退役军人保障法、海警法、军人地位和权益保障法、国防交通法等，修改国防法、人民武装警察法、军事设施保护法、兵役法等，以法治力量推动建设强大国防，为全体人民提供安全祥和的国内国际环境。

第二，完善社会主义市场经济立法，加强人民群众民事权利保护。一是编纂民法典，系统整合新中国成立 70 多年来长期实践形成的民事法律规范，加强对人民群众生命健康、财产安全、交易便利、生活幸福、人格尊严等各方面权利的平等保护，发展社会主义市场经济、巩固社会主义基本经济制度，坚持以人民为中心的发展思想，依法维护人民权益，推进国家治理体系和治理能力现代化，推动我国人权事业发展。二是制定电子商务法、外商投资法、海南自由贸易港法、个人信息保护法、资产评估法等，修改土地管理法、城市房地产管理法、旅游法、反垄断法、反不正当竞争法、商标法、标准化法、广告法、消费者权益保护法等，规范和保障市场经济健康发展，维护市场秩序和公平竞争，保障市场主体和广大人民群众的合法权益。三是修改农村土地承包法，明确农村集体土地所有权、土地承包权、土地经营权“三权”分置，明确维护进城落户农民的土地承包经营权，明确对妇女土地承包权益的保护，进一步赋予农民充分而有保障的土地权利。制定乡村振兴促进法，赋予农民更多土地权利、财产权利，保障农民合法权益，促进乡村振兴，推动城乡融合发展。四是制定修改环境保护税法、烟叶税法、船舶吨税法、耕地占用税法、车辆购置税法、资源税法，落实税收法定原则，保障纳税人合法权利。修改个人所得税法，推动个人所得税从分类税制向综合与分类相结合税制转变，确保广大人民群众享受到减税福利。

第三，加强民生保障制度建设，以法治方式增进人民福祉。一是修改人口与计划生育法，明确规定国家提倡适龄婚育、优生优育，一对夫妻可以生育三个子女。二是修改教育法、高等教育法、民办教育促进法，促进教育公平，推动教育均衡发展，保障公民更好地行使受教育权。三是修改就业促进法、劳动合同法、安全生产法、职业病防治法、工会法，保障劳动者的合法权益。四是制定特种设备安全法、核安全法、消防救援衔条例、反电信网络诈骗法，修改食品安全法、农产品质量安全法，依法健全公共安全体系，遏制和防范社会各种安全事故和风险，保护人民群众人身权财产权免受侵害。五是制定慈善法，保障慈善事业发展，保护慈善活动参与者的合法权益，促进人人共享发展成果。

第四，完善繁荣发展社会主义先进文化的制度，不断满足人民群众日益增长的精神需求。制定公共文化服务保障法、电影产业促进法、英雄烈士保护法、反食品浪费法等，修改文物保护法、公共图书馆法、档案法，加强文化法律制度建设，丰富公共文化服务内容，推进基本公共文化服务标准化、均等化，保障人民群众文化权益。修改体育法，推动全民健身与全民健康深度融合，充分保障公民体育权利。

第五，完善生态环境保护法律规范，为人民群众守护好绿水青山、美好家园。制定修改核安全法、土壤污染防治法、噪声污染防治法、湿地保护法、长江保护法、黄河保护法、黑土地保护法，修改环境保护法、大气污染防治法、海洋环境保护法、水污染防治法、固体废物污染环境防治法、野生动物保护法等，作出关于全面加强生态环境保护、依法推动打好污染防治攻坚战的决议等，完善生态环保法律制度，强化环境监管和责任追究，努力构建最严格的生态保护法律制度，保障公民相关环境权利，加强美丽中国制度建设。

第六，加强人权司法保障。一是通过关于废止有关劳动教养法律规定的决定，废止劳动教养制度；作出关于废止有关收容教育法律规定和制度的决定，废止收容教育制度，保障公民的人身自由权利；修改预防未成年人犯罪法，用专门教育制度取代收容教养制度。二是通过刑法修正案（九），取消9个罪名的死刑；进一步完善对死缓罪犯执行死刑的规定，提高了死刑适用标准，依法保障公民生命权。通过刑法修正案（十一），对高空抛物、妨害公共交通工具安全驾驶的犯罪作出明确规定，维护人民群众“头顶上的安全”和“出行安全”；完善惩治食品药品犯罪规定，维护“舌尖上的安全”；加强企业产权刑法保护；强化公共卫生刑事法治保障。通过反有组织犯罪法，推动扫黑除恶工作机制化、常态化、规范化开展。三是修改民事诉讼法，明确检察机关可以提起民事公益诉讼。修改行政诉讼法，加大对行政审判的监督和法院裁判的执行力度，建立检察机关提起公益诉讼制度，更好维护公民权利和社会公共利益。修改刑事诉讼法，完善刑事诉讼与监察的衔接机制，建立刑事缺席审判制度、认罪认罚从宽制度、速裁程序等。制定国际刑事司法协助法，完善我国司法协助体制，深化司法领域国际合作，打击跨国犯罪、维护公民合法权益。制定法律援助法，把法律援助这项民心工程纳入法治轨道，更好维护公民合法权益。

第七，不断健全保护特定群体权益的法律制度。一是修改妇女权益保障法，考虑妇女的特殊需求，在医疗保健和健康检查、公共设施配建、生育服务保障、预防和处置性骚扰、消除就业性别歧视等诸多方面，根据妇女特点提供特殊保护，为有效实现男女平等和促进妇女全面发展提供有力支撑。二是制定反家庭暴力法，规定家庭暴力的预防和处置机制措施，设立公安告诫、人身安全保护令和强制报告等制度，明确加害人法律责任及追究程序，切实保护家庭暴力受害人的合法权益。三是制定家庭教育促进法，修改未成年人保护法、预防未成年人犯罪法，完善监护等法律制度，强化对未成年人的家庭、学校、社会、政府、司法保护等，更好保护其健康成长。四是修改老年人权益保障法，积极应对人口老龄化，确立社会养老服务体系的基本框架，推动建立和完善社会养老服务体系。五是加强对特定群体的刑事法律保护。刑法修正案（九）加大对拐卖妇女儿童犯罪收买方的刑事处罚力度，将收买被拐卖妇女儿童的行为一律纳入刑事责任追究范围；明确规定，虐待被监护、看护的未成年人、老年人、患病的人、残疾人，情节恶劣的，追究刑事责任；取消嫖宿幼女罪，对此类犯罪适用刑法关于奸淫幼女、以强奸罪论并从重处罚的规定。刑法修正案（十一）进一步修改补充了有关猥亵儿童、奸淫幼女和负有照护职责人员性侵罪等，加大对特定群体人身安全保护力度。

（三）加强宪法实施和监督工作，保证宪法法律关于人权保障内容的有效落实

党的十八大以来，以习近平同志为核心的党中央高度重视宪法法律的实施，不断加强和完善规范性文件备案审查制度建设，建立合宪性审查机制，采取一系列有力措施，弘扬宪法精神、维护宪法权威、推动宪法实施、加强宪法监督，在宪法法律实施上取得显著成效和重要进展，宪法法律关于人权保障的原则、措施和规范得到进一步贯彻落实。

第一，实行宪法宣誓制度，推动国家工作人员履行宪法使命，更好为人民服务。2015 年 7 月，全国人大常委会通过关于实行宪法宣誓制度的决定；2018 年 2 月，全国人大常委会修改了关于实行宪法宣誓制度的决定；2018 年宪法修正案规定，国家工作人员就职时应当依照法律规定公开进行宪法宣誓。通过宪法宣誓，推动国家工作人员树立宪法意识、恪守宪法原则、弘扬宪法精神、履行宪法使命，激励和教育国家工作人员忠于宪法、遵守宪法、维护宪法，加强宪法实施，更好保障公民基本权利落实，推进人权事业发展。

第二，实施宪法规定的特赦制度，展示我国人道主义精神。根据宪法规定，2015 年、2019 年，全国人大常委会分别在纪念中国人民抗日战争暨世界反法西斯战争胜利 70 周年之际和中华人民共和国成立 70 周年之际，两次通过关于特赦部分服刑罪犯的决定，由国家主席发布特赦令，对有参加过中国人民抗日战争、中国人民解放战争等情形，以及新中国成立后参加过保卫国家主权、安全和领土完整对外作战等情形，后因犯罪被判处刑罚正在服刑的部分罪犯实行

特赦。特赦决定有力彰显了我们党承续中华文明慎刑恤囚、明刑弼教、矜老恤幼优良传统的形象，展示了我们党的执政自信和国家制度自信，进一步树立我国开放、民主、法治、文明的国际形象。

第三，稳妥推进合宪性审查工作，保障公民基本权利。党的十九大报告提出："加强宪法实施和监督，推进合宪性审查工作，维护宪法权威。"2018 年 3 月，全国人大通过的宪法修正案将全国人大"法律委员会"更名为"宪法和法律委员会"。2018 年 6 月，全国人大常委会作出关于全国人民代表大会宪法和法律委员会职责问题的决定，宪法和法律委员会在继续承担统一审议法律草案等工作的基础上，增加推动宪法实施、开展宪法解释、推进合宪性审查、加强宪法监督、配合宪法宣传等工作职责。目的是确保全国人大及其常委会通过的法律和作出的决定决议，有关方面拟出台的法规规章、重要政策和重大举措，凡涉及宪法有关规定如何理解、如何适用的，都应当事先经过全国人大常委会合宪性审查，必要时通过适当方式作出合宪性安排，确保与宪法规定、宪法精神相符合。特别是涉及公民基本权利的制度设计、规范内容和举措措施，要符合宪法关于公民基本权利保护、人权保障有关精神原则和规定。例如，随着我国经济社会的快速发展和民主法治建设的不断推进，社会治理体系和能力的提升，收容教育制度的历史作用已经完成。2019 年 12 月，全国人大常委会通过关于废止有关收容教育法律规定和制度的决定，废止关于严禁卖淫嫖娼的决定第四条第二款、第四款，以及据此实行的收容教育制度，加强对公民基本人权的保护。

第四，建立健全规范性文件备案审查制度，为公民权利提供有力的法律保障。全国人大常委会积极推进建立法规、规章和规范性文件备案审查衔接联动机制，制定备案审查工作规程，建立全国统一的备案审查信息平台，听取审议备案审查工作情况的报告，增加审查刚性，督促纠正与法律相抵触或者不适当的问题。各类法规、规章、司法解释和规范性文件都已纳入备案审查范围，实行“有件必备、有备必审、有错必纠”，保障宪法法律关于公民基本权利、人权保障的规定落到实处。对备案审查工作中发现的与宪法法律相抵触、侵犯公民权利的问题，全国人大常委会法制工作机构认真开展审查研究，通过与制定机关沟通、提出书面研究意见等方式，加大监督纠正力度，推动相关问题妥善解决，切实保障公民权利、维护国家法制统一。例如，根据公民审查建议，要求有关地方人大常委会对人口与计划生育条例中关于“超生即辞退”等措施和处理规定作出修改。实践证明，备案审查制度机制在保证党中央令行禁止、维护国家法治统一尊严权威、保护公民法人合法权利、发展全过程人民民主、促进社会公平正义、提升国家治理效能等方面的作用日益彰显。[1]

三、不断推进我国全过程人民民主与人权事业创新发展

我国发展全过程人民民主的本质是要保障实现人民当家作主，人权事业发展是要让人民的基本权利得到维护和保障，二者的根本出发点和落脚点都在于实现好、维护好、发展好最广大人民根本利益。中国特色社会主义新时代，我们要把握好二者本质上的一致性，

---

〔1〕 参见沈春耀：《全国人民代表大会常务委员会法制工作委员会关于十三届全国人大以来暨2022年备案审查工作情况的报告——2022年12月28日在第十三届全国人民代表大会常务委员会第三十八次会议上》，载中国人大网，http：//www.npc.gov.cn/npc/c2/c30834/202212/t20221230_321013.html。

不断完善各项制度机制，促进我国全过程人民民主和人权事业创新发展。

（一）牢固树立我国全过程人民民主和人权事业发展统一于“人民性”的发展理念

人民性是马克思主义的本质属性。习近平总书记提出，“江山就是人民、人民就是江山，打江山、守江山，守的是人民的心。中国共产党根基在人民、血脉在人民、力量在人民”[1]。我们始终坚持党的领导、人民当家作主、依法治国有机统一，健全全面、广泛、有机衔接的人民当家作主制度体系，构建多样、畅通、有序的民主渠道，丰富民主形式，从各层次各领域扩大人民有序政治参与，使各方面制度和国家治理更好体现人民意志、保障人民权益、激发人民创造。我们坚持以保障人民生存权、发展权为基本要求，不断推进人权事业全面发展。“人民”作为中国特色社会主义民主政治的重要主体，成为我国全过程人民民主和人权事业发展的有力建设者、参与者、维护者和最大受益者。

我国全过程人民民主和人权事业发展有机统一于“人民”，具有“人民性”的显著特征。坚持“人民性”，不断健全保障人民当家作主的制度体系，不断完善保障人民合法权益的法律制度，让全过程人民民主成为保障实现人权的有效平台，让人权事业发展为推进全过程人民民主注入生机活力，这是我国全过程人民民主和人权事业发展道路的内在要求。发展全过程人民民主，必须确保人权保障的

---

〔1〕 习近平：《在庆祝中国共产党成立 100 周年大会上的讲话》，载《人民日报》2021 年 7 月 2 日，第 2 版。

广泛性、真实性，坚持一切为了人民、一切依靠人民，坚持发展为了人民、发展依靠人民、发展成果由人民共享，真正实现人民当家作主，实现人权从应然权利转化为法定权利、从法定权利落实为实有权利，体现出全过程人民民主与我国人权事业发展的深度融合、高度统一。

民主和人权都是我国宪法确立的重要原则。实践证明，全过程人民民主越是发展完善，人民民主制度越是坚强有力，人民的自由和权利就越能得到更广泛、更充分、更切实的保障。在前进道路上，我们要始终坚持以人民为中心的发展思想，充分发挥全过程人民民主的制度优势，把人民当家作主具体地、现实地体现到党治国理政的政策措施上来，具体地、现实地体现到党和国家机关各个方面各个层级工作上来，具体地、现实地体现到实现人民对美好生活向往的工作上来，不断满足人民日益增长的多方面的权利需求。

习近平总书记指出："人民幸福生活是最大的人权。"[1] 人权是民主的重要价值维度。我国实行民主选举、民主决策、民主协商、民主监督，初衷和方向都是提升人民的幸福感，都是朝着这一"最大的人权"不断迈进。在我国，人民的幸福生活首要的是生存权和发展权。脱贫攻坚的伟大胜利生动诠释了党和政府把人民利益放在首位，发展推进全过程人民民主、促进人的自由全面发展的中国民主和人权发展道路的巨大优势。脱贫攻坚发挥人民的主体作用，充分调动群众的积极性、主动性、创造性，使人民群众成为享有和实现民主权利的主人翁，形成了政府、社会、市场协同推进，专项扶

〔1〕 魏哲哲：《习近平致信纪念〈世界人权宣言〉发表70周年座谈会强调 坚持走符合国情的人权发展道路 促进人的全面发展》，载《人民日报》2018年12月11日，第1版。

贫、行业扶贫、社会扶贫“三位一体”的大扶贫格局。通过共同努力，我们完成了人类历史上规模最大、力度最强、惠及人口最多的脱贫攻坚战，创造了人类减贫史上的奇迹。

促进实现人的全面发展，是我们党领导人民实现社会主义现代化强国奋斗目标的重要内容，也是中国人权事业发展的最终目的。发展全过程人民民主，就是要为实现“人的自由而全面的发展”创造和提供坚实的政治条件。习近平总书记提出了评价一国政治制度是否民主、有效的“八个能否”标准，既是对民主本质的深刻阐释，也是衡量一个国家是否真正坚持尊重和保障人权的重要政治标尺。我国全过程人民民主为人权发展创造了良好的政治制度环境，既保障集体人权，又保障个人人权；既保障生存权、发展权的首要地位，又保障公民权利、政治权利和经济社会文化各项权利的协调发展；既保障经济、社会、资源和环境保护相协调，又保障人类当前与长远福祉相统一的可持续发展。我国国家治理体系和运行程序始终着眼于人民享有充分管理国家事务、管理经济和文化事业的权利，始终着眼于人民利益表达渠道畅通和有效参与国家政治生活，始终着眼于人民对国家发展的认可，真正实现了民主与人权事业发展的有机统一。

（二）不断完善我国全过程人民民主和人权事业发展的制度保障机制

全过程人民民主是社会主义民主政治的本质属性。为确保人民依法实行民主选举、民主协商、民主决策、民主管理、民主监督，实现公民的政治、经济、社会、文化、环境权利协调发展，必须有一整套具体制度加以规范。我们要坚持中国特色社会主义政治发展道路，将人民民主理论转化为科学有效的制度安排，更好为公民各项权利的实现提供实体与程序保障。要不断健全人民当家作主制度体系，坚持和完善我国根本政治制度、基本政治制度和重要政治制度，为发展全过程人民民主、推进人权事业发展提供全方位的制度保障。

发展全过程人民民主，避免陷入西方式民主那样“人民只有在投票时被唤醒、投票后就进入休眠期”[1] 的弊端，尊重和保障人权，必须把握好以下几个方面：

一是民主价值取向上坚持“以人民为中心”，超越西方国家“资本逻辑”主导的民主，使人权脱离资本的不利影响得到更充分的保障。以人民为中心的发展思想，有利于坚持在发展中保护和促进人权，更好满足人民日益增长的对美好生活的需要，更好推动人的全面发展、社会全面进步，满足人民的物质和精神生活需求，保证公民在经济、政治、文化、社会、生态等方面权利得到充分保障，最终实现共同富裕。发展全过程人民民主，要坚持正确价值导向，认真探索如何在社会主义市场经济条件下发挥资本的积极作用，有效控制资本的消极作用，努力推进实现共同富裕。

二是民主过程上实现“全链条、全方位、全覆盖”，超越西式简单的投票民主、形式民主，使人权不仅在选举时得到体现，而且在国家治理和社会治理的整个过程各个环节得到尊重和保障。我国全过程人民民主不仅充分保障人民享有选举权与被选举权，还确保在重大决策之前在人民内部进行充分协商，尽可能就共同性问题取得

〔1〕 习近平：《在中央人大工作会议上的讲话》（2021 年 10 月 13 日），载《求是》2022 年第 5 期。

一致意见。发展全过程人民民主，要不断完善保障人民当家作主的政治制度、程序机制，充分在“全链条、全方位、全覆盖”上做文章、下功夫，健全协商民主制度机制，发挥协商民主的独特优势，保证党领导人民有效治理国家，保证人民当家作主。

三是民主建设上建构“管用”的制度体系，使人权真正得到保障和落实，有效克服西式民主实践中的“治理失效、国家失能”、使人权停留在口头上或成为“空头支票”的弊端。民主不是装饰品，不是用来做摆设的，而是要用来解决人民需要解决的问题的。我国全过程人民民主把党的主张、国家意志、人民意愿紧密融合在一起，实现各方面意志和利益的协调统一，有效激发了人民群众的积极性主动性创造性，形成集中力量办大事的制度优势。我们要继续健全完善能够发挥民主政治制度优势的体制机制，让其更好转化为发展全过程人民民主和促进人权事业发展的效能，让各项决策和发展更好体现人民整体意志、符合人民根本要求、代表人民长远利益，更有利于改善人民群众生产生活条件、保障人民群众权利、实现发展成果更多更公平惠及全体人民，不断丰富人民民主和人权发展的理念、文化和路径。

（三）坚持我国全过程人民民主和人权事业发展胸怀天下的中国特色

我国“全过程人民民主”不仅超越西方“少数人的民主”“一次性的民主”“拳头式的民主”，确保中国人民享有最广泛的民主权利，真正实现人民当家作主，而且打破了西方国家民主道路、民主样板、民主神话，彻底破除了对西方民主政治的迷思，走出了具有中国特色的社会主义民主政治道路，丰富了人类文明多样性。我国全过程人民民主与人权事业发展拓展了发展中国家走向现代化新途径，为世界上那些既希望加快发展又希望保持自身独立的国家和民族，探索美好社会制度、走符合本国国情的民主政治与人权事业发展道路提供了有益借鉴、注入了坚定信心，具有广泛的世界意义。

当前世界面临百年未有之大变局。全球性威胁层出不穷，单边主义、保护主义、霸权主义抬头，公共卫生、恐怖主义、气候变化、网络安全等非传统安全威胁日益上升，世界面临的不稳定性和不确定性突出。在此背景下，国际社会对和平与发展的呼声更加强烈。我国作为负责任的大国，始终把中国人民的利益和世界人民的利益统一起来，致力于推动构建人类命运共同体，促进世界多极化和国际关系民主化，深入参与全球治理体系改革，推动共同应对各类全球挑战。

发展全过程人民民主，要将中国的民主理念自觉融入国际人权治理领域，坚持在联合国的治理框架下参与全球人权治理，弘扬全人类共同价值，坚持平等互信、包容互鉴、合作共赢、共同发展的理念，积极参与联合国人权事务，认真履行国际人权条约义务，广泛同各国开展国际人权交流合作，推动全球人权治理朝着更加公平公正合理包容的方向发展。要坚持将人权的普遍性原则与本国实际相结合，坚定走符合国情的中国人权发展道路，丰富发展人权文明多样性，为世界人权发展提供中国方案。要立足积极参与制定海洋、极地、网络、外空、核安全、气候变化等新兴领域治理规则，推动改革全球治理体系中不公正不合理的安排，为各国人权发展提供新理念和新模式。

要高举民主旗帜，积极开展国际人权斗争，讲好中国民主故事、人权故事，更好维护国家主权、安全和发展利益。中国一贯主张人权本质上是一国主权范围内的事务，尊重各国人民自主选择发展道路的权利，强烈反对西方国家利用人权问题干涉别国内政的做法。近年来，某些西方国家把人权当作干涉我国内政的政治工具，并且借机滥施非法单边强制措施，严重损害我国主权、安全和发展利益。对此，全国人大常委会加快推进涉外领域立法，健全完善反制裁、反干涉、反制“长臂管辖”的法律制度；积极宣传我国民主法治建设和人权法治保障成就，加强对我国法律制度的正面解读，树立我国依法保障人权的正面形象；对歪曲、污蔑我国人权法治状况的不实言论，及时有理、有力地给予回击，取得良好效果。

党的二十大对中国式现代化建设中推进全过程人民民主与人权事业发展提出新目标新任务，作出决策部署，我们要切实抓好落实推进，进一步推动我国全过程人民民主和人权事业发展完善，为全球治理民主化及世界人权事业发展作出更大贡献。

第十三章　基层立法联系点是新时代发展全过程人民民主的生动实践

党的二十大充分肯定了基层立法联系点在发展全过程人民民主中的重要作用，明确提出“健全吸纳民意、汇集民智工作机制，建设好基层立法联系点”，对新时代建设好基层立法联系点、推进发展全过程人民民主作出重要部署，提出明确要求，指明发展方向。

基层立法联系点制度，是我国人大在深入推进科学立法、民主立法、依法立法实践中的创新性探索。全过程人民民主的重大理念，是习近平总书记在视察全国人大常委会基层立法联系点时首次提出的。2021 年 10 月，习近平总书记在中央人大工作会议上，对全过程人民民主重大理念作了全面系统阐述，深刻阐明了当代中国民主的鲜明特色，为新时代坚持和完善人民代表大会制度、加强和改进人大工作、不断发展全过程人民民主提供了根本遵循和行动指南，为进一步扎实推进全国人大常委会法工委基层立法联系点实践指明了前进方向和发展路径。贯彻落实好党的二十大精神，建设好基层立法联系点，必须深入学习领会习近平总书记的重要讲话精神，深刻把握全过程人民民主的本质，坚持和完善我国根本政治制度、基本政治制度、重要政治制度，在拓展民主渠道、丰富民主形式上下功夫，确保人民通过各种途径和形式管理国家事务，管理经济和文化事业，管理社会事务，实现人民当家作主。

一、基层立法联系点在发展全过程人民民主中应运而生、蓬勃发展

新时代社会主义民主政治建设引领民主立法新实践，基层立法联系点就是新时代催生的民主立法新实践。习近平总书记指出，人民代表大会制度是实现我国全过程人民民主的重要制度载体。[1] 党的十八大以来，全国人大常委会坚持以习近平新时代中国特色社会主义思想为指导，全面贯彻落实习近平法治思想、习近平总书记关于坚持和完善人民代表大会制度的重要思想，坚决贯彻落实习近平总书记关于全过程人民民主的重大理念和党中央决策部署，推动全国人大常委会法工委基层立法联系点建立并蓬勃发展，成为新时代实践和发展全过程人民民主的生动写照。

2014 年 10 月，党的十八届四中全会决定提出，建立基层立法联系点制度。2015 年 7 月，全国人大常委会法工委报经批准，将上海市虹桥街道办事处、甘肃省临洮县人大常委会、江西省景德镇市人大常委会、湖北省襄阳市人大常委会设为首批基层立法联系点试点单位。自此，一种全新的、立足基层人民群众直接参与国家立法的民主立法形式应运而生，成为除网上公布法律草案向社会公众征求意见、向部门和地方发函征求意见，以及立法调研、座谈会、听证会、论证会等形式之外的新的群众有序参与国家立法的有效形式，

〔1〕 参见习近平：《在中央人大工作会议上的讲话》（2021 年 10 月 13 日），载《求是》2022 年第 5 期。

并初步形成国家级、省级、设区的市（自治州）级基层立法联系点三级联动的工作体系，在实践中逐渐迸发出强大活力。

2019 年 11 月 2 日，习近平总书记到上海市虹桥街道考察，充分肯定了全国人大常委会基层立法联系点在接地气、聚民智方面所做的有益探索，指出“我们走的是一条中国特色社会主义政治发展道路，人民民主是一种全过程的民主”，强调“人民代表大会制度是我国的根本政治制度，要坚持好，巩固好，发展好，畅通民意反映渠道，丰富民主形式”。习近平总书记在上海市虹桥街道办事处基层立法联系点首次提出“全过程民主”，生动诠释和肯定了基层立法联系点在发展全过程人民民主中的重要作用和意义，在发展全过程人民民主过程中具有里程碑意义，基层立法联系点与全过程人民民主历史性地联系在了一起。

习近平总书记的重要指示精神，为基层立法联系点工作持续稳步深入发展注入了强大动力。全国人大常委会法工委分别在 2020 年 7 月、2021 年 7 月、2022 年 7 月建立了第二批、第三批、第四批基层立法联系点。截至 2023 年 7 月，全国人大常委会法工委设立 32 个基层立法联系点和 1 个立法联系点，实现了全国 31 个省、自治区、直辖市全覆盖，辐射带动全国设立了 550 多个省级立法联系点、5980 多个设区的市级立法联系点，极大拓展了基层群众参与国家立法的深度和广度，丰富了全过程人民民主的实践和内涵。实践证明，基层立法联系点已成为民主民意表达的重要平台和载体，在发展全过程人民民主、增强国家治理效能方面发挥了独特作用和优势。

二、基层立法联系点工作彰显了全过程人民民主的民主机制和本质特征

习近平总书记指出，评价一个国家政治制度是不是民主的、有效的，其中重要一项就是看“人民群众能否畅通表达利益要求，社会各方面能否有效参与国家政治生活”。基层立法联系点工作为人民群众有序参与国家立法提供了现实有效的途径，即国家立法机关在法律草案的立项、起草、调研、审议、评估、宣传、实施等立法全过程、各环节，通过基层立法联系点听取基层群众意见建议，并把群众诉求“原汁原味”反馈给国家立法机关作研究吸纳的参考，有益的建议在法律中得到体现。因此，基层立法联系点被群众形象地称为国家立法“直通车”。这种民主立法机制打通了国家最高立法机关直接联系基层人民群众的渠道，实现了两者之间在国家立法全过程中的民主参与、民主表达、民主决策“声气相通”，彰显了人民民主的真实性、人民性和广泛性，体现出全过程人民民主坚实的民意基础，这是一些西方国家所谓的“街头政治”“公民投票”“院外游说”等口惠而实不至的民主所无法比拟的。

习近平总书记指出，“一个国家民主不民主，关键在于是不是真正做到了人民当家作主，要看人民有没有投票权，更要看人民有没有广泛参与权”。在我国的国家立法过程中，立什么法律、定什么制度、赋什么权利、设什么义务，都在立法全过程让人民参与，把确立法律制度交给人民决定，这是由我国社会主义民主政治制度决定的。比如，为编制好十四届全国人大常委会立法规划，在 2023 年 2 月向 32 个基层立法联系点发函征求立法项目建议，各基层立法联系

点提出了关于发展全过程人民民主、法典编纂、推动高质量发展等方面立法建议 1115 条，这些建议都得到了高度重视和积极回应，相关建议体现在已经党中央批准的十四届全国人大常委会立法规划中。再比如，为编纂好民法典，全国人大常委会法工委在 2015 年至 2020 年长达 5 年多的编纂工作中，先后 10 次通过中国人大网公布草案征求社会公众意见，将草案印发全国人大代表、中央有关部门、地方人大、基层立法联系点征求意见，征集到 42.5 万人提出的 102 万多条意见建议，3 次在基层立法联系点召开座谈会征询意见 995 条，各方面的意见建议都得到了充分尊重和研究并在法律中有所体现。2016 年 6 月、2018 年 8 月、2019 年 12 月，习近平总书记先后 3 次主持中央政治局常委会会议，听取并原则同意全国人大常委会党组就民法典编纂工作所作的请示汇报，为民法典编纂工作作出重要指导。编制立法工作计划和编纂民法典工作的过程充分说明，我国的立法过程是法律制度体现和固化“民意”的过程，是确定法律制度“法意”的过程，是实现党的意志和人民意志相统一并上升为国家意志的过程，即人民决定法律制度的民主过程，真正实现了过程民主和成果民主、程序民主和实质民主、直接民主和间接民主、人民民主和国家意志相统一。这是中国共产党坚持人民立场，坚持人民当家作主的真实写照；是中国共产党领导、支持和保障人民参政议政、管理国家和社会事务，管理经济和文化事业的真实写照；是坚持党的领导、人民当家作主、依法治国有机统一的真实写照。

习近平总书记指出：“民主不是装饰品，不是用来做摆设的，而是要用来解决人民需要解决的问题的。”基层立法联系点作为国家立法“直通车”，在设立和发展的过程中，充分体现了“是用来解决人民需要解决的问题的”。

一是统筹设点布局，兼顾不同区情。在全国人大常委会法工委的基层立法联系点中，有国际大都市和外商投资企业云集的上海虹桥，有台商和台资企业集中的江苏昆山，有“世界小商品之都”浙江义乌，有地处粤港澳大湾区的最大侨乡广东江门市江海区，有少数民族众多和民族区域自治的广西三江、宁夏平罗、新疆胡地亚于孜镇，有乡村振兴的贵州毕节、甘肃临洮，有雪域高原的西藏东嘎、青海格尔木，还有革命老区福建才溪镇等。广泛的地域覆盖面，为基层群众行使知情权、参与权、表达权、监督权搭建平台，确保立法过程中能够全面把握各方诉求，兼顾各方利益，关注回应各方关切，形成社情民意“最大公约数”，形成国家和社会治理的“向心力”。

二是丰富联系点形式，逐步扩大信息来源广度深度。全国人大常委会 33 个基层立法联系点有 19 种形式，涵盖了地方人大工作各个层级以及街道办事处、科技城、高校、党群服务中心、国有农场，形成了全国人大常委会法工委抓总，基层单位为主的各层次、多元化联系网络，有利于把国家立法所需要了解的情况和信息如“涓流入海”般汇集起来。2020 年 7 月启动工作的广西三江联系点，充分利用区位优势，创造性地协同推进联系点周边的广西融水苗族自治县、龙胜各族自治县，湖南通道侗族自治县，贵州黎平县、从江县，三省（区）六县的人大常委会共享国家立法“直通车”平台，进一步密切了当地少数民族群众与国家立法机关的联系，推动了民族地区民主法治建设进程。当地同志表示，搭建共享国家立法“直通车”平台看上去是一小步，但对于“老少偏远”地区少数民族群众参与国家政治生活却是一大步。2023 年 7 月，四川雅安联系点举办“6+1”区域协同启动座谈会，通过与周边地区和高校签订合作协议，努力将“6+1”区域协同工作打造成为四川践行全过程人民民主的鲜活载体和响亮品牌。

三是壮大工作队伍，逐步扩大收集民情民意的功能。各基层立法联系点都建立了立法信息员（立法联络员）队伍和立法联系单位群体，以此为依托，将了解社情民意的“神经网络”广布在乡镇街道、学校社区、机关事业单位、厂矿企业、社会组织、人大代表之家等各处，形成点、面、片联动的工作格局。32 个联系点已发展立法信息员（立法联络员）24950 多人、立法联系单位 4790 多个，联系群众几十万人，覆盖区域人口 7210 万余人。江苏昆山联系点依托全市 1654 个社会治理网格设立立法信息采集点，用“网格化+铁脚板”实现立法意见征询工作全覆盖。甘肃临洮联系点依托 18 个“人大代表之家”、97 个“人大代表工作室”平台、20 个立法联络点、100 个信息采集点、104 个立法联络员开展信息采集工作，打通立法征集意见最后关节。2021 年初，在新冠肺炎疫情防控形势极为严峻的情况下，河北省正定县正定镇“人大代表之家”基层立法联系点为办理好 8 部法律草案的征集意见工作，采取网络、微信等多种措施征集意见，做到了疫情防控与意见征集两不误、两促进。55 岁的人大代表李红，既是立法信息员又是疫情防控志愿者，白天奋战在小区防疫第一线，晚上加班加点整理征集到的意见，她自己也对 6 部法律草案提出意见建议 11 条，敬业精神令人动容。

四是创新工作方式，把群众参与立法做得更细更实。虹桥联系点立法信息员傅永辉创办“阿傅故事会”，用本地方言演绎法治

“脱口秀”，她常对居民说：“意见征询时你们尽管讲，不讲白不讲，讲了不白讲!”襄阳联系点确定17个基层单位为“联系点的联系点”，推动收集意见“触角”向基层延伸。昆山联系点开通“立法民意征集点智慧平台”，通过“吃讲茶”（在茶馆里评判是非）、“讲讲张”（聊天）等形式收集群众意见建议。江门市江海区联系点借助“侨梦苑”平台，发挥本地港澳同胞、侨胞侨眷作用。小白楼联系点采取“和平夜话”、三江联系点采取“鼓楼议事”等民俗传统与联系点工作相结合的方式，让普通群众融入立法意见征询工作。立法民主不仅仅体现在征询意见的过程中，也体现在国家立法吸纳民意的反馈方面。各联系点都建立了自己的台账，有的联系点通过设置“法条墙”等形式，及时将国家立法吸纳情况逐一上墙公布，向全社会展示人民民主的生动实践成果，让群众更加直观地感受到自己的意见有人听、有回音。

五是尊重人民主体地位，增强人民群众民主参与、民主决策的获得感。国家立法工作通过基层立法联系点“集中民智”，极大地发挥了基层人民群众在国家治理和社会治理中的聪明才智和“主人翁”精神。截至2023年11月，全国人大常委会基层立法联系点先后就172部法律草案、年度立法计划等征求基层群众意见，获得建议22000余条。这些意见建议都得到国家立法机关的尊重和认真研究，其中3100余条意见建议被不同程度采纳吸收。退役军人刘旭在参加虹桥基层立法联系点征询退役军人保障法草案意见时提出，取消退役军人相关退役待遇应当十分慎重，草案规定由县级人民政府退役军人工作主管部门处理，在层级上略显低了，建议改为由省级人民政府退役军人工作主管部门处理，还建议单列一条对退役军人自主择业作出规定。退役军人保障法通过后，这些建议在法律第七十九条、第八十四条中得到了体现。刘旭专门写信给基层立法联系点表示，“自己切切实实感受到我国的人民民主是有获得感的，全国人大常委会尊重和采纳大家的意见是‘获得感’最好的证明”。人人享有民主，未成年人也不例外。2020 年，华东政法大学附属中学的同学们在虹桥基层立法联系点和学校组织对未成年人保护法修订草案征求意见时提出，草案规定公安机关发现未成年人的监护人对未成年人实施家庭暴力等行为的，“应该予以训诫、责令其缴纳保证金并接受家庭教育指导。对于拒不接受家庭教育指导的，可以没收保证金”，鉴于每个未成年人家庭经济条件不一样，建议修改为对发生此类情况的监护人以教育为主。自 2021 年 6 月 1 日起施行的新修订的未成年人保护法第一百一十八条吸纳了该校学生们的建议，删除了草案中的缴纳和没收保证金的相关内容。同学们表示：“自己的意见不但能得到学校重视，还能得到国家重视，深感自豪、备受鼓舞。在接受法治教育的同时，也经历了一次人生重要的成长。”2022 年 10 月，无障碍环境建设法草案初次审议后向全社会公开征求意见，广东江海联系点居民吴腾信作为身患残疾的人，积极参加法律草案意见征询活动，提出修改完善意见建议，还表示将积极参与法律实施和宣传，让更多残疾人朋友感受国家对特殊群体的关爱。山东黄岛联系点反映，退休教师秦四海长期关注残疾人、老年人群体的社会保障问题，在立法意见征询活动中提出不少建设性意见，有的被采纳。基层立法联系点让更多基层群众直接参与国家立法活动，有了更多当家作主的国家主人感。全国人大代表朱国萍被习近平总书记誉为“小巷总理”，她曾形象地说，“基层立法联系点架起百姓与国家最高立法机关之间的‘连心桥’，高大上的立法已经从人民大会堂走进了寻常百姓家”。

基层立法联系点作为对外宣传展示的重要窗口，鲜活展示了我国全过程人民民主丰富多彩的形式，客观展现了我国全过程人民民主不仅有完整的制度程序而且有完整的参与实践，生动宣示了我国全过程人民民主是全链条、全方位、全覆盖的民主，是最广泛、最真实、最管用的社会主义民主。基层立法联系点自设立以来，就担负着讲好中国人大故事、中国民主故事、中国立法故事的重任，类似虹桥、义乌等联系点所在地的外国客商、在华定居的外籍人士很多都有参与联系点征求法律草案意见建议的经历。在虹桥基层立法联系点，土耳其籍居民诺扬·罗拿针对个人所得税法修正案草案，提出的在个人所得税计税扣除项目里增加扣除赡养老人的相关费用等意见被采纳，他骄傲地表示：“没想到一个‘老外’也能参与中国立法，这让我真切感受到中国民主的优越性。”作为立法信息员的德国人戴蕾也表示，外国人能够直接参与法律草案的反馈，这是中国进一步对外开放和自信的表现。非洲英语国家议员研讨班、我国香港特别行政区全国人大代表团在江海基层立法联系点考察后，高度评价了全国人大常委会基层立法联系点的全过程人民民主实践探索，有力增进了对民主立法的认同。

三、推动基层立法联系点工作在发展全过程人民民主中不断创新发展

党的二十大明确指出，发展全过程人民民主是中国式现代化的本质要求，强调全过程人民民主是社会主义民主政治的本质属性，

对发展全过程人民民主作出具体部署。习近平总书记在中央人大工作会议上强调，要继续推进全过程人民民主建设，把人民当家作主具体地、现实地体现到党治国理政的政策措施上来，具体地、现实地体现到党和国家机关各个方面各个层级工作上来，具体地、现实地体现到实现人民对美好生活向往的工作上来。基层立法联系点的蓬勃发展，生动诠释了习近平总书记关于全过程人民民主重大理念的深邃内涵。新时代新征程上，要继续发挥好基层立法联系点作用，倾听人民声音，凝聚人民智慧，回应人民期待，将人民群众所思所想所盼体现在法律的制度设计中，以全过程人民民主的制度优势不断增强人民群众获得感、幸福感、安全感。

一是坚持党的全面领导，坚持以习近平新时代中国特色社会主义思想为指导，把党的大政方针贯彻落实到基层立法联系点工作全过程各环节各方面。立法要坚持党中央对立法工作的集中统一领导，确保立法工作正确的政治方向，确保发展社会主义民主政治的政策举措落到实处，确保人民当家作主。加强法律制度的顶层设计，要充分听取基层人民群众的声音，广泛凝聚社会共识，确保党的路线方针政策实施拥有广泛的群众基础。在 31 个省区市全覆盖的基础上，要与时俱进建设好基层立法联系点，继续增加基层立法联系点数量，丰富联系点形式，科学合理布局，不断提高基层立法联系点工作的质量和效率，推动基层立法联系点在国家立法和国家治理中发挥更大的独特优势和作用。

二是坚持和完善人民当家作主制度体系，为发展全过程人民民主提供更加完备的制度机制保障。全国人大常委会法工委近年来制定和完善了 5 项基层立法联系点制度机制，各地基层立法联系点相继出台 215 件规范性文件，强化联系点组织建设、功能拓展和作用发挥，为基层群众有序政治参与提供了更加务实有效的制度机制保障。2021 年 3 月，十三届全国人大四次会议审议通过新修改的全国人大组织法明确规定全国人大及其常委会坚持全过程民主，从国家层面为发展全过程人民民主提供了法治支撑。2022 年 3 月，十三届全国人大五次会议审议通过新修改的地方组织法，明确规定地方各级人大、县级以上的地方各级人大常委会和地方各级人民政府坚持全过程人民民主，地方各级人大代表要充分发挥在发展全过程人民民主中的作用；还首次将基层联系点写入法律，进一步密切县级以上地方各级人大常委会同人民群众的联系。2023 年 3 月，十四届全国人大一次会议审议通过新修改的立法法，其中第七十条和第九十条，分别规定了全国人大常委会工作机构、省级和设区的市级人大常委会根据实际需要设立基层立法联系点，深入听取基层群众和有关方面对法律法规草案和立法工作的意见。这些制度机制，为建设好基层立法联系点、发展全过程人民民主提供了有力法治保障，使之有了更加广阔的光明前景和发展潜能。

三是坚持尊重群众首创精神，创新发展基层立法联系点工作，以更加有为的进取精神实现人民对美好生活的向往。要更加注重发挥基层立法联系点在法律草案征求基层群众意见建议中的作用，聚焦提高立法质量和效率，将基层立法联系点工作与人大代表之家、代表联络站等民主民意表达平台和载体有机结合起来，与地方党群服务阵地建设和创新实践结合起来，尊重群众的首创精神，鼓励各基层立法联系点主动探索符合地方实际的工作方法，积极拓展群众有序参与治理的渠道；通过邀请基层立法联系点的代表参加立法座谈、调研，视频连线等多种形式，听取基层群众“原汁原味”的声音，关注群众“急难愁盼”的现实问题，确保法律解决实际问题。今后，要继续总结好基层立法联系点的创新经验，不断拓展基层立法联系点在立法、执法、司法、普法、守法等多方面的功能，推动基层立法联系点工作不断创新发展，推动全过程人民民主实践提质增效。

四是及时总结基层立法联系点建设经验，完善制度规范，推进基层立法点实现更高质量发展。2023 年，全国人大常委会法工委召开基层立法联系点工作交流会，密切全国人大常委会法工委与地方人大和各基层立法联系点的联系指导，加强基层立法联系点之间的业务交流和学习研讨，总结各联系点单位行之有效的实践经验，有针对性地推动解决发展中的突出问题，修订完善全国人大常委会法工委基层立法联系点工作制度，推动基层立法联系点建设有序、规范、高质量发展，奋力谱写我国全过程人民民主发展实践新篇章。

第十四章　加强立法宣传解读发展全过程人民民主

党的十八大以来，以习近平同志为核心的党中央不断深化对社会主义民主政治发展规律的认识，提出全过程人民民主重大理念。党的二十大报告把发展全过程人民民主确定为中国式现代化的本质要求，对“发展全过程人民民主，保障人民当家作主”作出全面部署、提出明确要求。习近平总书记明确指出，“人民代表大会制度是实现我国全过程人民民主的重要制度载体”，强调“要加强对中国特色社会主义民主、对人民代表大会制度的研究宣传工作，讲清楚我国政治制度的特点和优势，讲好中国民主故事”。这是对全国人大常委会提出的新的工作要求，也是全国人大常委会的一项重要职责。全国人大常委会法工委发言人机制的建立运行，是加强立法理论研究和宣传工作、讲好中国民主故事的重要举措，是保障公民知情权和立法公开的重要途径，是国家立法机关与媒体、公众沟通的重要渠道，是准确阐释国家立法精神、开展立法宣传的重要阵地，肩负着宣传好、阐释好、发展好全过程人民民主的重要使命，是新时代践行发展全过程人民民主的重要平台。做好法工委发言人工作，讲好中国立法故事、民主故事，必须深刻领会和把握全过程人民民主重大理念的核心要义和实践要求，充分发挥法工委发言人机制在发展全过程人民民主中架通国家立法与人民意愿表达桥梁的作用，积极践行以人民为中心的发展思想，将全过程人民民主贯彻到立法宣传工作的各环节各方面。

一、法工委发言人机制开辟了立法领域发展全过程人民民主新渠道

全过程人民民主是社会主义民主政治的本质属性，是最广泛、最真实、最管用的民主。全过程人民民主重大理念的提出与人大工作、立法工作密切相关，是坚持和完善人民代表大会制度应有之义。习近平总书记强调，要把“保证人民的知情权、参与权、表达权、监督权落实到人大工作各方面各环节全过程，确保党和国家在决策、执行、监督落实各个环节都能听到来自人民的声音”。贯彻落实习近平总书记的指示要求，全国人大常委会法工委在立法工作中不断探索完善民主民意表达平台和载体，健全吸纳民意、汇集民智工作机制，不断扩大人民有序政治参与，扎实践行和推进发展全过程人民民主。

2019 年 7 月，在全国人大常委会领导关心支持和亲自指导下，经中央宣传部批准，法工委建立发言人机制。该机制主要通过定期和不定期发布的方式，积极稳妥开展立法宣传和人大对外发声工作。11 月，习近平总书记在视察上海虹桥街道全国人大常委会法工委基层立法联系点时，明确提出：“我们走的是一条中国特色社会主义政治发展道路，人民民主是一种全过程的民主，所有的重大立法决策都是依照程序、经过民主酝酿，通过科学决策、民主决策产生的。”

习近平总书记在基层立法联系点提出全过程人民民主重大理念，充分彰显了对我国人民代表大会制度的制度自信，全国人大常委会法工委倍受鼓舞和鞭策，以实际行动迅速贯彻习近平总书记讲话精神，加速推进完善发言人工作机制，于当月成立了法工委发言人办公室，12 月印发《法工委发言人工作办法》，规定了总体要求、基本原则、工作任务等，明确法工委发言人工作实行统一领导、各室共同参与、发言人办公室具体承办的工作机制，正式对外发声，开始宣讲中国立法故事、人大故事、民主故事。法工委发言人机制的建立运行，开辟了人大立法领域践行和发展全过程人民民主的新渠道，以实际行动承担起宣传好、阐释好、发展好全过程人民民主的历史使命。

（一）法工委发言人机制是立法领域宣讲民主、吸纳民意的新平台

立法是国家的重要政治活动，是使党的主张和人民的意志通过法定程序成为国家意志的过程。在立法工作中坚持和发展全过程人民民主，意味着立法项目的确定，法律草案的起草、审议、通过等各个环节，都要听取民声，共同商量、充分酝酿，吸纳民意、汇集民智，寻求符合全社会最大公约数的广泛共识，为国家发展聚集最广泛的智慧和力量，确保立法反映人民群众的共同意志和要求。其实质和真谛就是保障国家的权力掌握在人民手中，保证人民在重大立法和重大决策的整个过程和每个环节上都能充分行使民主权利，真正彰显人民是国家的主人。

建立法工委发言人机制，将立法信息向社会公开，并将社会公众提出的意见建议以及研究处理情况向社会反馈，回应社会关切，是法工委在“完善人大民主民意表达平台”“健全吸纳民意、汇集

民智工作机制”方面又一创新举措。它与已建立的吸纳代表立法意见建议、法律草案向社会公开征求意见、基层立法联系点等方面的工作机制相契合，共同构筑起立法工作发展全过程人民民主的立体网络，丰富和创新了立法践行全过程人民民主的新平台。《法工委发言人工作办法》规定，发言人的职责主要包括：发布立法信息，介绍立法工作安排和立法进展、拟审议的法律案和新出台法律的有关情况；根据立法法的有关规定，向社会通报法律草案公开征求意见情况；回应社会对有关法律规定、涉立法有关问题的关切；就境外对我涉法问题作出的抹黑、歪曲、干扰等予以反击，阐明立场，以正视听。从制度设计的功能来看，发言人履职的过程，既可增强立法工作公开度和透明度，回应民意关切，满足公众知情权的需要，又可了解公众的立法诉求，将民主立法的有关要求落到实处，促进立法工作的完善，让立法更好体现民意，保障人民民主。从传播学的角度来看，发言人履职的过程体现了发布权威立法信息、满足媒体信息传播需求、实现与社会公众交流互动和正确引导舆论的多重传播功能，同时可以有效落实习近平总书记关于开展国际舆论斗争、提升国际影响力和话语权的有关指示精神，对外讲好中国民主法治故事。可以说，法工委发言人机制创新了立法领域民主民意表达平台和吸纳民意工作机制，开辟了立法领域发展全过程人民民主、讲好中国民主法治故事的新渠道。

（二）法工委发言人机制是推进国家立法工作公开透明、展现我国民主政治制度发展的重要“窗口”

发言人制度是推进实现信息公开的有效机制，是提升国家公信力的重大举措，是彰显国家民主政治进程的重要“窗口”。我国适应加强中国特色社会主义民主政治建设、推进建设服务型政府和现代化政党的要求，分别于2004年和2010年建立起规模化规范化的政府发言人制度和党委发言人制度，推进政务公开和党务公开。人大系统的新闻发言人制度虽然建立较早，但通常是在代表大会会议期间发布信息。大会闭会期间，近20年来主要通过常委会会议闭幕后召开新闻发布会，就新制定法律的宣传解读和贯彻实施发布信息。

立法是为国家定方圆、为社会立规矩的一项神圣工作，关系每一个公民的切身利益。立法工作和立法信息的公开透明，是推进民主立法、确保人民有序参与立法的前提基础和重要环节。建立法工委发言人机制，不仅拓展了人大及其常委会闭会期间的信息公开渠道，而且发布内容高度集中于立法议题，全面介绍审议过程中的法律案的主要内容和立法工作安排及进展情况，及时回应人民群众对涉立法问题的关切，彰显了这一机制在推进立法公开、发展全过程人民民主中的独特价值。全国人大常委会法工委作为国家立法机关的工作机构，是立法工作各个环节的具体“施工者”“操盘手”，是全国人大及其常委会行使国家立法权不可或缺的参谋助手。法工委发言人机制作为国家立法机关权威的立法信息发布平台，更加及时、全面、准确地公开发布专业的立法信息，有助于推进国家权力在阳光下运行，最大限度满足公民的立法知情权，更好实现社会主义民主政治的本质要求。

（三）法工委发言人机制是履行普法职能、推进全过程人民民主融入公民法治信仰的有效途径

民主与法治息息相关，现代政治文明的发展就在于民主与法治

的珠联璧合。不同国家的社会制度不同，也决定了其民主与法治关系的本质区别。我国社会主义制度保证了人民当家作主的主体地位，也保证了人民在全面推进依法治国中的主体地位。这是我们的制度优势，也是中国特色社会主义法治区别于资本主义法治的根本所在。坚持人民主体地位，必须坚持法治为了人民、依靠人民、造福人民、保护人民，要把体现人民利益、反映人民愿望、维护人民权益、增进人民福祉落实到依法治国全过程，使法律及其实施充分体现人民意志。新时代新征程上，全国人大及其常委会坚持党的领导、人民当家作主、依法治国有机统一，把不断完善坚持和发展全过程人民民主的法律制度与法治建设有机统一起来，不仅在立法中自觉坚持和发展全过程人民民主，在法律制度规范中也及时把坚持和发展全过程人民民主的要求写入相关法律，在全国人大组织法、全国人大议事规则、地方组织法、代表法、立法法等法律中提出坚持和发展全过程人民民主的基本原则或要求，健全人民当家作主制度体系，切实把坚持和发展全过程人民民主的要求贯彻到立法工作的全过程。习近平总书记强调，法律要发挥作用，需要全社会信仰法律。习近平总书记曾引用卢梭的名言“一切法律中最重要的法律，既不是刻在大理石上，也不是刻在铜表上，而是铭刻在公民的内心里”来说明这个道理。只有推动法律法规为人民群众所了解、所熟知、所掌握，人民群众才会自觉尊崇、信仰和遵守法律。因此，通过立法将全过程人民民主法律化、制度化的同时，积极加强立法宣传、解读、阐释，引导全社会树立法治意识，对于深入推进全面依法治国，以法治引领和护航全过程人民民主具有重大意义。

习近平总书记强调，把立法工作同普法工作有机结合起来，生动讲好法治中国故事，要同步考虑法律的宣传工作，法律出台后，加强正面宣传解读，做好舆论引导。法工委发言人机制自觉承担起将立法过程变成普法过程的重要责任，将立法宣传与普法相结合，紧盯重大立法项目和重要时间节点，通过举办记者会、接受采访、组织专题报道、集体采访、发表署名文章等多种方式，开展普法宣传，在立法践行全过程人民民主过程中同步做好普法宣传工作，切实把法律宣传好、解读好、阐释好，增强全社会法治观念，增强全民族的法治信仰，也为使全过程人民民主重大理念成为全体人民法治信仰的重要组成部分、自觉融入人民的生活发挥了重要作用。2021 年底，法工委发言人办公室被中宣部、司法部、全国普法办评为“全国普法工作先进单位”。

二、法工委发言人机制践行发展全过程人民民主的新实践新探索

法工委发言人机制建立并运行 4 年来，厚植全过程人民民主重大理念，将我国立法坚持人民主体地位，坚持依靠人民、植根人民、造福人民的人民民主指导思想和民主实践贯穿立法宣传和对外发声全过程，围绕宣传国家立法践行和发展全过程人民民主进行了积极有益的探索和实践。

（一）及时、准确、权威发布相关立法信息，充分保障公众的知情权、参与权、表达权、监督权

知情权是公民的基本政治权利，是现代民主政治的基石和保障，也是公民主张其他政治权利、参政议政的根本前提，是行使参与权、表达权、监督权的基础。尊重公众的知情权是尊重人民主体地位的

重要方面，保证人民群众通过公开途径获取充分的立法信息，是我国民主立法的重要内容。立法机关以人民需求为导向，及时准确发布国家立法信息，有利于人民群众及时了解国家立法情况，有针对性地发表意见、表达利益诉求、有序参与民主立法，保证国家立法工作各个环节都能听到来自人民的声音，自觉接受人民监督，保证人民当家作主具体地、现实地体现到国家法律的形成过程中，确保立法具有坚实的民主基础，真正得到人民拥护，这是立法领域践行全过程人民民主的应有之义。

法工委发言人机制的首要功能，就是发布立法信息、向社会通报法律草案公开征求意见情况。其中，立法信息包括立法工作安排和立法进展、拟审议的法律案及新出台法律的主要内容和有关情况等。通过发布立法信息，及时准确权威传递国家立法信息，不断增强立法工作的公开度和透明度，满足公众知情权、参与权、表达权、监督权的需要，成为公众了解国家立法工作的重要信息平台。

法工委发言人机制建立以来，常态化开展立法信息发布工作，截至 2023 年底，已在每次常委会会议召开前定期发布立法信息 25 次，向社会通报 183 件次常委会拟审议的法律案情况；适时介绍立法规划制定情况、立法工作进展情况；定期集中向社会通报法律草案公开征求意见情况和研究采纳情况，几年来共通报了 128 件次法律草案公开征求意见情况，并将社会公众意见采纳情况反馈工作做深做实，不断优化反馈内容。2022 年底以来的法工委发言人例行发布会，开始对提出意见的全国人大代表、公民和基层立法联系点进行具名介绍，并对吸收采纳的具体情况作了反馈，包括谁提了意见、提了什么意见、如何研究的、吸收采纳情况如何，将尊重民意贯穿到通报信息的全过程，充分保障了公众对国家立法信息的知情权，对于保障公民有序参与国家立法活动、促进提高国家立法工作质量发挥了重要作用。经过 4 年的努力，我国立法公开性和透明度显著提升，更好满足和保障了人民群众对立法工作的知情权、参与权、表达权、监督权。

（二）积极回应社会关切，加强对重要法律的宣传阐释，将立法过程变成普法过程

随着我国社会主义民主政治制度的发展完善，公众的民主法治意识逐渐增强，公众对国家立法的政治参与诉求明显上升，对国家立法的民主化水平提出了更高要求。法工委发言人机制不仅实现了国家立法主动向社会公开信息的单向传输，而且在这个过程中能听到社会各方面关注的立法重点热点问题，促进完善国家立法。法工委发言人机制通过积极回应社会关切、释疑解惑，形成国家与人民群众的双向互动，成为国家立法机关与社会公众之间互动交流的桥梁和纽带，满足公众日益增长的立法信息需求，将立法宣传贯穿立法全过程，将听取民意、汇集民智贯穿立法全过程，使立法过程变为反映人民意愿、普及宣传法律的过程。

法工委高度重视民声民意，广泛听取媒体记者、社会各界的意见建议，密切关注网络舆情，注意选取社会普遍关注、与人民群众切身利益息息相关的热点问题对外发声，解疑释惑，回应社会对有关法律规定、涉立法有关问题的关切，确保对外发声符合客观实际，促进立法符合民意要求、民心所向。截至 2023 年底，法工委发言人公开回应涉立法热点问题 168 个，就夫妻共同财产、离婚冷静期、

高空抛物法律责任、严惩冒名顶替上大学、未成年人刑事责任年龄调整、加强个人信息保护、制止餐饮浪费、规范人脸识别、维护餐桌上的安全、青藏高原垃圾处理、规范野生动物放生、野生动物致害补偿等热点问题进行回应，相关报道引发社会广泛关注，也使国家立法机关及时了解了社会普遍关注的热点和重点问题，为法律进一步修改完善和通过后的实施发挥了很好的促进作用。

主动做好重要法律、重大主题宣传报道，是发挥法工委发言人机制作用、做好立法宣传工作的客观要求和重要方面。《法工委发言人工作办法》明确规定，发言人可以邀请各室负责同志出席发布会，介绍相关立法工作情况，回应有关立法热点问题。根据这一规定，法工委发言人机制创新工作思维，除固定发布立法信息机制外，还开创性地推进工作，紧盯重大立法项目和重要时间节点，通过组织集体采访、专题报道等多种方式，持续深入开展宪法、民法典普法宣传，重点宣传能够满足人民群众对美好生活向往和国家治理需要的法律，多次就未成年人保护法和预防未成年人犯罪法、行政处罚法、国防军事立法、职业教育法、反电信网络诈骗法和农产品质量安全法、英雄烈士保护法、生态环境保护立法等组织集体采访、专题报道，邀请立法业务部门、相关部委、司法部门有关负责同志参加，形成一条从立法到执法、司法比较完整的宣传普及法律、促进法律实施的宣传链条，为在全社会形成法治共识作出了积极贡献。

（三）就重大涉法问题不定期对外发声，正确引导社会舆论，阐明立场、以正视听

信息发布是国家机关宣传党和国家方针政策的重要政治活动，

是贯彻落实党中央有关精神、重要决策部署，引导社会舆论、维护社会稳定的中间环节。习近平总书记指出，在新的时代条件下，党的新闻舆论工作的职责和使命是：高举旗帜、引领导向，围绕中心、服务大局，团结人民、鼓舞士气，成风化人、凝心聚力，澄清谬误、明辨是非，联接中外、沟通世界。法工委发言人机制的信息发布工作，同样承担着这个职责与使命。在推进立法公开、保障公众知情权的同时，法工委发言人机制的信息发布工作也在对涉法社会舆论的引导方面发挥着重要作用，可以有效纾解社会矛盾，推动实现社会和谐稳定。

新冠肺炎疫情发生后，习近平总书记强调，“疫情防控越是到最吃劲的时候，越要坚持依法防控”，要求“加强舆论引导，加强有关政策措施宣传解读工作”。全国人大常委会法工委第一时间部署落实党中央和常委会领导指示精神，加强对疫情防控有关法律问题的研究。法工委发言人机制以发布权威信息的方式引导舆论，先后 7 次对外发声，及时权威发布立法修法信息，深入细致解读相关法律制度，积极回应关于违反疫情防控措施的法律责任、设卡断路等硬隔离措施是否合法、规范公益慈善捐赠活动、禁食野生动物、打击哄抬防疫物资价格、暴力执法、保障湖北籍劳动者合法权益等 30 多个人民群众关注的与疫情相关的涉法问题，引导各方面正确理解、严格执行、切实遵守相关法律，维护人民群众合法权益，推动疫情防控工作在法治轨道上有序进行，取得良好政治效果、法律效果和社会效果。

就境外对我涉法问题作出的抹黑、歪曲、干扰等，予以及时反击，阐明立场，以正视听，是法工委发言人的一项重要职能。如何做好这项工作，对法工委发言人机制是一种智慧考验。党的二十大报告对全党提出了“敢于斗争、善于斗争”的要求。注重发扬斗争精神，对境内外涉立法、涉民主的曲解、抹黑敢于斗争、善于斗争，是新闻舆论战线肩负的开展对外舆论斗争的重要使命。法工委发言人机制运行4年来，坚持依宪依法亮剑说理，先后以法工委负责人或法工委发言人名义就涉外、涉港、涉国家安全等重大立法活动对外发声50多次，对境内外的涉立法的曲解、抹黑予以回应反击，收到良好效果。特别是2019年我国香港特别行政区发生“修例风波”，香港法治和社会秩序受到严重冲击，“一国两制”受到严重挑战。在党中央坚强领导下，全国人大及其常委会作出有关决定并开展一系列立法、修法、释法工作，健全香港特别行政区法律制度，维护宪法和基本法确定的特别行政区宪制秩序，解疑释惑、息纷止争，同步开展对外舆论斗争，牢牢掌握舆论主导权，形成舆论声势、广泛凝聚共识，确保“一国两制”事业行稳致远。

（四）对外讲好中国立法故事、民主故事，传递好中国声音，提升全过程人民民主的国际传播效能

近年来，习近平总书记先后3次对人大宣传工作应当讲好故事、讲好哪些故事、怎么讲好故事提出明确要求。2021年10月，习近平总书记在中央人大工作会议上明确提出，“要加强对中国特色社会主义民主、对人民代表大会制度的研究宣传工作，讲清楚我国政治制度的特点和优势，讲好中国民主故事”；2021年12月，在十九届中央政治局第三十五次集体学习时的讲话中，习近平总书记指出，“加强法治理论研究和宣传……讲好中国法治故事，提升我国法治体系

和法治理论的国际影响力和话语权”；2022 年 12 月，习近平总书记在《谱写新时代中国宪法实践新篇章——纪念现行宪法公布施行 40 周年》署名文章中提出，“加强宪法理论研究和宣传教育，不断提升中国宪法理论和实践的说服力、影响力……要讲好中国宪法故事……同一切歪曲、抹黑、攻击中国宪法的错误言行作斗争”。立法工作是深度挖掘“中国民主故事、法治故事、宪法故事”的“富矿”。围绕我国发展全过程人民民主的政治制度优势，充分发挥法工委发言人机制的作用，选取人民代表大会制度建设、基层立法联系点建设、备案审查工作等与扩大公众有序参与立法、保障公民民主权利密切相关的立法工作，组织系列专题宣传对外发声，可以有效提升我国全过程人民民主故事的国际传播效能。

法工委发言人机制建立以来，在对外讲好中国立法故事、民主故事、传递好中国声音方面，突出了以下几个重点：一是持续开展人民代表大会制度建设专题宣传。结合人民代表大会制度重要法律的制定实施，加强对全国人大组织法、全国人大议事规则、地方组织法、立法法等重要法律的预热宣传和法律解读。抓住重要时间节点，联合有关部门组织开展人民代表大会制度建设成就集体采访，加强对立法、预算审查监督、代表工作践行全过程人民民主的舆论宣传。会同央视拍摄《走进国家最高权力机关　探询我国根本政治制度》专题片，有效宣传了我国完善人民当家作主制度体系的成就和经验。二是充分利用基层立法联系点这一宣传展示发展全过程人民民主的重要题材和实践载体。通过发表文章、接受采访、制作专题节目以及参与外事活动等多种形式，展示发展全过程人民民主的生动实践和精彩故事。组织推荐多个基层立法联系点参加立法法颁布施行20周年、现行宪法公布施行40周年等重大主题宣传，会同中央广播电视总台、法治日报等中央媒体，对基层立法联系点在发展和践行全过程人民民主中的作用开展宣传报道，实现了对基层立法联系点专题宣传报道的全覆盖。三是加强对通过备案审查维护公民权利生动实践的宣传。结合每年12月全国人大常委会会议审议备案审查工作情况报告，通过组织专题采访、集体采访、发表署名文章等多种形式，宣传备案审查工作在践行发展全过程人民民主、保障公民民主权利、合法权益方面的重要作用，充分彰显了国家立法机关紧紧依靠人民群众推进备案审查工作的民主作风。四是加强宣传立法践行发展全过程人民民主、促进实现民生福祉的有益探索。积极回应人民群众所急所忧所盼所想，重点宣传民法典、反食品浪费法、个人信息保护法、职业教育法、法律援助法、家庭教育促进法、妇女权益保障法、反电信网络诈骗法、农产品质量安全法、无障碍环境建设法等法律中与民生保障、社会治理等密切相关的法律问题，展现立法保障人民安居乐业、增进民生福祉的新进展。五是加强提升我国全过程人民民主的外宣工作，不断提高我国民主政治发展的国际传播效能。积极发挥外宣媒体优势，从小故事切入，讲述全过程人民民主在中国立法、基层治理中的生动实践，用鲜活的方式讲好中国民主故事、中国法治故事。

2023年新修改的立法法，总结全国人大常委会近年来践行和发展全过程人民民主的有益实践经验，把立法宣传工作的实践创新制度成果上升为法律规范，明确规定“全国人民代表大会常务委员会工作机构加强立法宣传工作，通过多种形式发布立法信息、介绍情况、回应关切”，赋予立法宣传工作包括法工委发言人机制以法定职能，为健全法工委发言人机制、发展全过程人民民主带来新的契机。在新的历史征程上，法工委发言人机制将切实贯彻中央宣传工作部署，落实好立法法的有关规定，进一步做好立法公开和民主立法信息发布工作，更好保障和实现人民群众对立法工作的知情权、参与权、表达权和监督权，更好展示新时代立法工作在发展全过程人民民主方面取得的新进展新成就，更好讲述中国立法故事、人大故事、民主法治故事，更好肩负起宣传、践行和发展全过程人民民主的重要使命。

第十五章　数字赋能新时代发展全过程人民民主

习近平总书记指出，“当今世界，信息技术创新日新月异，数字化、网络化、智能化深入发展，在推动经济社会发展、促进国家治理体系和治理能力现代化、满足人民日益增长的美好生活需要方面发挥着越来越重要的作用”〔1〕，“过不了互联网这一关，就过不了长期执政这一关”〔2〕。党的二十大提出要加快建设“数字中国”，对数字赋能政治经济文化社会等各方面创新发展提出了新要求。面对新形势，如何通过数字赋能更好发挥我国社会主义制度优势，坚持和发展全过程人民民主，推进全过程人民民主理论、实践和制度创新，既是学习贯彻好党的二十大精神的重要理论课题，也是发展和完善我国社会主义民主制度优势的重要实践课题。

一、数字赋能发展全过程人民民主的实践

数字赋能发展全过程人民民主，在充分发挥我国社会主义民主

---

〔1〕 习近平：《习近平致首届数字中国建设峰会的贺信》，载《人民日报》2018年4月23日，第1版。

〔2〕《习近平著作选读》（第2卷），人民出版社2023年版，第147页。

政治优势、推进人民代表大会制度理论和实践创新、推进国家治理体系和治理能力现代化等方面体现出显著的实践成效。

（一）数字赋能发展全过程人民民主，有利于更好实现我国民主价值和理念的制度安排效能，将民主价值和理念转化为具体现实的民主实践，把我国社会主义民主政治的特点和优势充分发挥出来

习近平总书记在中央人大工作会议上强调："民主是全人类的共同价值，是中国共产党和中国人民始终不渝坚持的重要理念。如何把民主价值和理念转化为科学有效的制度安排，转化为具体现实的民主实践，需要注重历史和现实、理论和实践、形式和内容有机统一，找到正确的体制机制和方式方法。"[1] 我国的全过程人民民主，就是党领导人民在革命、建设和改革实践中，探索把民主价值和理念转化为科学有效的制度安排和具体实践，形成的"正确的体制机制和方式方法"。它体现在中国共产党治国理政全部活动之中，贯通于政治、经济、社会、文化等诸多领域，落实在民主选举、民主协商、民主决策、民主管理、民主监督等国家制度和法律制度中，最大限度地保障了人民依法行使选举权、知情权、参与权、表达权、监督权，有力彰显了中国特色社会主义民主政治的制度特点和优势。

数字赋能发展全过程人民民主，通过搭建起互联互通的数字化民主民意表达平台和载体，能够更加及时便利地把各方面的社情民意统一起来，确保党和国家的重大决策、法律制度充分反映和保障最广大人民根本利益，保证人民当家作主。比如，全国人大常委会

---

〔1〕 习近平：《在中央人大工作会议上的讲话》（2021年10月13日），载《求是》2022年第5期。

法工委在中国人大网设置专栏公开征求社会公众对法律草案的意见建议，10 年来，有超过 119 万人次参与 205 件次法律草案公开征求意见，提出 350 多万条意见。[1] 又如，在浙江省人大的统一部署下，绍兴市人大在微信公众号推出“局长·代表面对面”服务系统，使人大代表随时随地听取群众意见、反映群众诉求，市县两级职能部门及时解决群众急事难事，形成民情民意处理的闭环机制，进一步拓展了人大联系代表、服务群众的渠道；衢州市衢江区人大推出了“智慧督政”数字平台并与“村情通”微信公众号等平台实现互联互通，将大数据技术分析提炼的群众高频意见作为人大监督议题，开辟网上监督专栏实现跟踪监督和评价反馈，切实解决人大监督工作中议题选择不够精准、群众参与不够广泛、政府落实不够到位等问题。再如，山东省胶州市人大建立了集信息化办公、电子表决、代表履职服务管理等功能于一体的数字化平台，搭建信息公开栏、代表信箱、民声畅谈室、民情留言板等参与模块，用信息化手段保障公民的知情权、参与权、表达权和监督权，不断深化全过程人民民主实践。

这些实践做法，打破数据孤岛，联通线上线下，有效实现了各级人大及其常委会之间以及人大代表、群众和政府之间的信息互通、互联互动，发挥出数字技术对民主政治建设的放大、叠加、倍增作用，更加广泛、充分、便利地保障了人民监督代表履职和政府工作，保障了各方面重大决策作出之前在人民内部的充分协商，有利于就共同性问题取得一致意见，形成“最大公约数”，更好地将我国全过

[1] 参见《十年来有 205 件次法律草案在网上征求意见 参与人次逾 119 万》，载新华网，http：//www.xinhuanet.com/2022-04/25/c_1128593683.htm。

程人民民主价值和理念的制度安排转化为生动多彩的民主实践，把我国社会主义民主政治的特点、优势和治理效能充分发挥出来。

（二）数字赋能发展全过程人民民主，有利于推进人民代表大会制度理论和实践创新，助力人民代表大会制度焕发出新的生机活力

习近平总书记指出：“人民代表大会制度是实现我国全过程人民民主的重要制度载体。”[1]“在新的奋斗征程上，必须充分发挥人民代表大会制度的根本政治制度作用，继续通过人民代表大会制度牢牢把国家和民族前途命运掌握在人民手中。”[2] 我们要深刻认识全过程人民民主与人民代表大会制度的内在关系，深刻认识推动人民代表大会制度与时俱进的重要意义，深刻洞察时代发展大势、准确把握人民共同愿望、大胆探索改革创新举措，持续推进人民代表大会制度理论和实践创新，坚持好、完善好、运行好这一根本政治制度。

适应数字中国建设的时代新要求，积极推进数字赋能发展全过程人民民主，有利于发挥数字技术优势拓展人民民主效能空间，创新人大及其常委会的立法体制机制、监督工作机制、代表联系群众机制，充分发挥人民代表大会制度推进实现全过程人民民主、保障人民当家作主的显著政治优势和制度优势，助力人民代表大会制度焕发新的生机活力。比如，全国人大常委会法工委建立了全国统一的备案审查信息平台，2019 年在中国人大网上开通了公民、组织审

---

〔1〕 习近平：《在中央人大工作会议上的讲话》（2021 年 10 月 13 日），载《求是》2022 年第 5 期。

〔2〕 习近平：《在庆祝全国人民代表大会成立六十周年大会上的讲话》（2014 年 9 月 5 日），载《求是》2019 年第 18 期。

查建议在线提交平台，实现审查建议“一键提交”，3 年共收到公民、组织网上提出的审查建议 11800 余件，约占十三届全国人大常委会接受审查建议总数的 66.4%，[1] 有力提升了人民对法规合法性的民主监督实效。又如，江西省人大常委会通过“数字人大”微信小程序向社会公开征求对《江西省水路交通条例（草案）》的意见建议，及时公开法规草案审议、表决等情况，充分保障了人民群众对立法工作的知情权、表达权、监督权，有力落实了民主立法理念。再如，辽宁省大连市人大推出人大代表履职网上平台，建立了代表建议网上工作系统，坚持每部法规草案都同步上网征求人大代表和社会公众意见，实现了代表随时上网提出意见建议并跟踪办理过程，将“互联网+”技术融入代表联系人民群众全过程；湖北省黄冈市人大推出“智慧人大”系统，覆盖人大立法、监督、代表工作等各领域各环节，实现了法规文本在线编辑、智能搜索、对比分析，同时使人大监督从事后监督转向过程监督，使代表工作可量化、可考核、可评价，助力市县乡三级人大代表及机关工作人员高效履职尽责。

这些实践做法，使民主渠道更加多元，民主形式更加丰富，有效推动了人大立法工作、监督工作、代表工作等从现实物理空间延伸至数字网络空间，从社情民意的独立分散表达转化为大数据集中统一共享，从单向民主活动转化为多向民主互动，充分彰显了数字赋能全过程人民民主全方位、宽领域、多层次发展的特点和优势，把各级人大及其常委会的主要职能全方位地展现到每个人面前，让

---

〔1〕 参见沈春耀：《全国人民代表大会常务委员会法制工作委员会关于十三届全国人大以来暨 2022 年备案审查工作情况的报告——2022 年 12 月 28 日在第十三届全国人民代表大会常务委员会第三十八次会议上》，载中国人大网，http：//www. npc. gov. cn/npc/c2/c30834/202212/t20221230_321013. html。

每个人都有机会充分享有宪法和法律赋予的各项民主权益，让每个人都更加真切地感受到人民代表大会制度保证人民当家作主的制度功效，有力推动了我国人民代表大会制度理论和实践创新。

（三）数字赋能全过程人民民主，有利于实现人民群众监督国家机关更好依法办事，更好把我国政治制度优势转化为治理效能，推进国家治理体系和治理能力现代化

推进国家治理体系和治理能力现代化，必然要求全过程人民民主的制度化、法治化，[1] 需要全过程人民民主内在地实现民主价值与治理效能的高度统一。数字化时代，利用新理念、新技术、新方法塑造公开透明、规范有序、公平高效的民主法治空间，是增强国家治理效能的重要途径，可有力促进我国社会主义民主制度优势更好转化为社会治理效能。

数字赋能发展全过程人民民主，是要让人民群众有更加便捷的渠道，监督国家机关依法履职，更好发挥我国社会主义民主政治制度优势、推进国家治理体系和治理能力现代化。比如，全国人大常委会办公厅在中国人大网上开通“网上信访”平台，实现了群众信访网上受理、网上办理、网上答复，更加方便了群众向全国人大机关反映问题，提出意见建议，监督国家机关办理情况，提升了全国人大机关有关部门和有关国家机关办理群众意见建议的实效。又如，浙江省人大推出“人大代表履职”综合应用平台，在“代表选举”模块设置了选区划分、候选人管理、选民登记等项目，与全省人口库（含流动人口）、社保库打通，有效解决选民错登、重登、漏登问

---

〔1〕 参见许安标：《深刻认识、切实推进全过程人民民主》，载《行政管理改革》2022年第6期。

题，助力全省县乡人大代表换届选举工作；在“联系群众”模块，公开了人大代表信息，群众可以通过手机扫描“代表码”“联络站码”等反映问题，平台将一般事项转交政府职能部门处理，将共性事项研判后启动人大监督，开展专题督办，基本实现了“小事不出村、大事不出乡、矛盾不上交、服务不缺位”的社会治理目标。再如，河北省沙河市人大推出“数字人大”综合管理服务系统，集成代表履职、预算监督、重点工作监督、规范性文件审查、人大办公、人事任免等六大功能，群众通过手机微信 App 扫一扫“民意直通”二维码，可以随时找到身边的人大代表，形成了代表即时发现问题、人大及时交办问题、政府限时解决问题、部门定时反馈结果、人大随时督办成效的“连环”工作机制。

这些实践做法，将各地人大代表、人民群众和党政机构工作人员更加紧密地联系起来，打破了传统社会治理格局条块化的局限，推动社会治理方式体现出扁平化、网点化特征，有利于推进人民群众直接参与社会治理，有利于各级国家机关更加广泛而直接地了解到最基层群众的意见建议，针对群众反映的“真问题”对症下药，更加高效地解决人民群众反映的急难愁盼问题，实现药到病除，自觉接受群众监督，使全过程人民民主在数字时代的社会治理中能更好发挥作用，促进共建共治共享，切实改善人民生活品质，全面提高我国社会治理能力和水平。

二、数字赋能发展全过程人民民主实践的主要问题

数字赋能发展全过程人民民主，发挥了我国社会主义民主制度的政治优势和治理效能，有效保障了人民当家作主。同时我们也要

看到，推进数字赋能发展全过程人民民主工作实践还存在一些需要研究改进的地方，为发展全过程人民民主留下了完善提升的空间。

一是技术性问题。数字平台算法设计的复杂性和算法本身的不透明性、不可解释性以及设计是否符合实践理性等因素，可能会影响数字技术的公正性，导致民主民意表达平台反映大多数群众心声的真实性受损。同时，人们对数字技术的过度依赖会弱化“面对面”式民主互动时情感交流的基础作用，容易导致对群众反映的问题只知其然而不知其所以然，对社情民意的了解犹如“隔雾看花”，甚至滋生数字平台上的形式主义。

二是平等性问题。我国各地区经济社会发展不平衡，人民群众的文化程度、接受新事物的能力水平差异等造成的“数字鸿沟”问题，会直接影响人民平等享受数字技术发展的红利，使数字赋能全过程人民民主的效果减弱。比如，中国互联网络信息中心 2023 年 8 月发布的第 52 次《中国互联网络发展状况统计报告》显示，截至 2023 年 6 月，我国网民规模为 10.79 亿，手机网民规模为 10.76 亿，网民中使用手机上网的比例约为 99.8%。非网民规模为 3.33 亿，从地区来看，非网民以农村地区为主，占比约为 59.0%；从年龄来看，60 岁及以上老年群体是非网民的主要群体，使用技能缺乏、文化程度限制、年龄因素和设备不足是非网民不上网的主要原因。[1] 这种状况，在一定程度上减弱了数字赋能全过程人民民主的实际效果。

三是充分性问题。数字赋能全过程人民民主实践的充分性还有待挖掘。从目前数字赋能全过程人民民主的情况看，各地数字平台

---

〔1〕 参见《第 52 次〈中国互联网络发展状况统计报告〉发布》，载中国互联网络信息中心网，https：//cnnic.cn/n4/2023/0828/c199-10830.html。

尤其是手机移动端平台的主要功能聚焦在人大监督工作、代表工作，围绕立法工作、人大机关自身建设的数字化创新举措不够突出，没有充分体现出数字化创新在促进民主立法、全方位提高人大机关工作效率等方面的应有作用。同时，数字平台主要服务对象是各地方人大代表，缺少以基层群众尤其是广大乡村群众为服务对象的功能配置，未能充分实现数字技术助力全过程人民民主制度广泛直接惠及基层群众的独特优势。

四是安全性问题。数字赋能全过程人民民主必然会产生各种数据信息。这些数据在推进民主的同时，也是维系党和国家机构、人大代表和人民群众的基础性要素和纽带，其中有些信息既涉及公民个人信息安全，也事关国家政治、经济以及社会治理等各方面数据安全乃至国家安全，需要引起格外重视，尤其需要对数据基础设施本身、数据库管理、数字平台运营方的安全责任和党政机关工作人员的数据安全责任问题加强管理，切实维护国家安全和利益。

三、完善数字赋能发展全过程人民民主的制度机制

全面贯彻落实党的二十大精神，统筹推进数字赋能发展全过程人民民主，必须坚持以习近平新时代中国特色社会主义思想为指导，将其纳入数字中国建设整体布局中来认识、谋划和推进，将数字中国建设要求与全过程人民民主实践需求紧密结合起来，坚定不移走中国特色社会主义政治发展道路，坚持党的领导、人民当家作主、依法治国有机统一，坚持人民主体地位，以更高站位、更大决心、更强力度统筹完善数字赋能发展全过程人民民主的制度机制，更好保障人民当家作主。

（一）完善人民平等、充分参与保障机制

保障人民群众平等、充分参与民主政治活动，是发展全过程人民民主的内在要求。推进数字赋能全过程人民民主，既要利用数字技术优势实现民主参与的广泛性、即时性，也要深化数字技术在实现民主参与平等性、充分性方面的效能。具体而言，可以从以下三个方面完善数字平台的平等、充分参与保障机制：一是加强对老年人群体的关心帮助，促进解决“数字鸿沟”问题。要综合考虑老年人的民主参与需求和身心健康特点，优化数字平台的“适老”功能配置，让老年人看得清、听得见、找得到、能上手；同时要充分发挥人大代表联络站、代表之家以及社区服务站的宣传引导作用，加强对老年人使用数字平台的指导帮助。二是加大数字平台在农村地区的宣传普及力度，调动农村群众通过数字平台参与民主政治活动的积极性。三是完善线上问题建议、线下解决反馈的程序机制，完善线上与线下相结合的民主意见听取机制，保障人民群众的呼声期盼不仅有人听，而且有反馈，着力推动人民群众的参与权落地见效，将数字平台的民主民意表达效能更好转化为民生保障机能。

（二）建立健全数据公开与共享机制

作为新型生产要素，数据价值能否充分释放在于数据整合、流通的范围与程度。从现阶段推进数字赋能全过程人民民主的实践情况看，各地的数据利用工作具有明显的局限性，还需要从数据采集、存储、分析进一步扩展至数据整合、流通、共享，在确保数据安全的前提下最大限度激活数据要素潜能。一是探索建立符合党委、政

府、人大、政协等不同场景的数据确权使用规则，为数据流通奠定基础。比如，鉴于“数字人大”平台主要聚焦人大立法、监督、代表工作以及人大机关自身建设，除了公民个人信息外，所采集数据的政务属性较为明显，可以按照个人数据和公共政务数据进行分类分级管理。二是通过全国统筹，自上而下逐步打通各级各地不同应用场景下数字平台的数据共享通道，助力中央和各省、市地方更加全面地了解有关工作推进情况。比如，在人大立法、预算监督工作等方面，结合实际需要，在“数字人大”平台中建立内部工作子系统，助力于全国人大常委会和省、市人大常委会及时了解立法、预算监督数据，把握有关工作动态。三是推动非涉密的公共数据公开，促进数据流通。对数字平台收集、存储的公共数据进行保密工作审查，确定可以向社会公开的数据并定期予以公开发布，允许社会公众自主查阅、使用已公开数据，保证人民群众对数据的平等使用权。

（三）建立健全数字效能评估制度

科学评估不同场景下数字平台运行的实践效果，推动提升数字赋能全过程人民民主的制度机制效能。比如，为了切实避免在推进“数字人大”建设工作中出现“建而不管”的形式主义问题，有必要同步建立健全数字效能评估制度，系统评估“数字人大”平台的运行效果，扎实推进数字赋能全过程人民民主制度创新。一是从底层技术逻辑层面，组织对数字平台应用的各种算法进行审查评估，确保算法运行的基础逻辑遵循人大工作规律，符合人大实践要求，能够全面而真实地汇集、分析、反映人民群众的意见建议。二是科学量化评估指标。要根据人大工作内容和特点，明确数字平台应当实现的具体功能，定期对各项工作中接收意见建议的办理、督办情况以及人民群众对反馈情况的满意度等信息进行统计分析，形成量化评估报告。三是定期召开线下评估座谈会，加强人大机关工作人员与人大代表、群众代表的沟通交流，面对面听取数字平台使用人、受益人对完善“数字人大”建设工作的意见建议，促进数字效能评估工作更加科学化、民主化。

（四）建立健全网络与数据安全保障制度

数字技术大幅度提高了生产生活效率，也带来了网络安全风险，公共数据平台一旦发生数据泄露事件，后果不堪设想。我们要高度重视安全发展，切实把网络安全、数据安全贯彻落实到数字赋能全过程人民民主各环节和各方面，不断建立健全数字安全制度机制，守住安全底线。一是加强网络、数据基础设施设备安全检查、评估工作。严格开展有关设施设备供应商准入资格的安全审查，定期开展对设施设备安全运行情况的检查评估，确保基础设施设备在保障网络安全、数据安全方面绝对可靠。二是加强各级各地不同应用场景下数字平台之间数据流通的安全保障工作。比如，按照“数据可用不可见”原则，通过多方安全计算等隐私计算技术，在数据分析时仅提炼指定的高价值信息，以密文的形式呈现数据规律，平衡数据共享与安全，促进数据资源的创新利用和数据价值的充分实现。[1] 三是加强各级各地党政机关工作人员、数字平台第三方运营商等参与主体的网络安全、数据安全教育，建立责任清单；督促数

---

〔1〕 参见余茜：《促进数据资源有序流通和创新利用》，载《学习时报》2022 年 9 月 30 日，第 3 版。

字平台相关的数据服务企业建立健全数据合规责任制度，压实企业数据安全责任。

新时代赋予新使命，新征程呼唤新作为。在新的历史条件下，推进数字赋能发展全过程人民民主，对于更好坚持党的领导、人民当家作主、依法治国有机统一，更好发挥我国民主政治优势、推进人民代表大会制度理论和实践创新、推进国家治理体系和治理能力现代化，具有重要意义。在新时代新征程上，我们要始终坚持问题意识、系统观念，不断建立健全数字赋能全过程人民民主的制度机制，加强和改进新时代人大工作，坚持好、完善好、运行好人民代表大会制度，推动党的二十大确定的战略部署落实见效，为推进强国建设、民族复兴作出新的更大贡献。

第四编

完 善 发 展

第十六章　发展全过程人民民主必须坚持的重要原则

民主是全人类的共同价值，是中国共产党和中国人民始终不渝坚持的重要理念。把民主价值和理念转化为科学有效的制度安排、转化为具体现实的民主实践，需要一切从实际出发，注重历史和现实、理论和实践、形式和内容有机统一，不能拘泥于刻板的模式。我们党自诞生之日起，就将人民当家作主镌刻在自己的旗帜上。党在领导中国革命、建设和改革的进程中，经过艰苦卓绝的艰辛探索、不懈奋斗，走出了一条具有鲜明中国特色的民主政治发展道路。全过程人民民主，就是中国共产党团结带领人民追求民主、发展民主、实现民主的伟大创造，是党不断推进中国民主理论创新、制度创新、实践创新的经验结晶。总结历史，结合中国实际，在我国发展全过程人民民主必须坚持以下重要原则。

一、必须坚持中国共产党领导

中国共产党的领导是中国特色社会主义最本质的特征，是发展全过程人民民主的根本保证。1954 年 9 月 15 日，毛泽东同志在一届全国人大会一次会议开幕式作《为建设一个伟大的社会主义国家而奋斗》讲话中明确指出：“领导我们事业的核心力量是中国共产党。”[1]改革开放新时期，邓小平同志指出，“是否坚持社会主义道路和党的领导是个要害”[2]。进入中国特色社会主义新时代后，习近平总书记多次强调要坚持和加强党的全面领导，明确指出：“办好中国的事情，关键在党。中国特色社会主义最本质的特征是中国共产党领导，中国特色社会主义制度的最大优势是中国共产党领导。坚持和完善党的领导，是党和国家的根本所在、命脉所在，是全国各族人民的利益所在、幸福所在。”[3]

中国国情复杂，是个有960多万平方公里土地、14亿人口、56个民族的大国，幅员辽阔，人口众多，城乡之间、地区之间发展不平衡，自然地理条件复杂多样，治理难度世所罕见。在这样的国情下，保证政权稳定和社会稳定，维护国家统一，把亿万人民团结凝聚起来共同建设美好未来，对中国和世界的意义都非同寻常。建设中国特色社会主义事业必然要求有坚强的领导核心，只有坚持中国共产党的领导，才能实现这些目标，顺利推进社会主义现代化建设和实现中华民族伟大复兴。如果中国出现了各自为政、一盘散沙的局面，不仅我们确定的目标不能实现，而且必定会产生灾难性后果。历史是最好的老师。我国是四大文明古国之一，中华文明是世界上唯一没有中断、传承至今的文明，文献典籍著述丰富，在历史上有很多治国理政的经验教训，值得我们认真学习借鉴，从中获得启迪，吸取教训。历史反复证明，中央权威的衰弱甚至散失，往往会导致

〔1〕 中共中央文献研究室编：《毛泽东文集》（第6卷），人民出版社1999年版，第350页。

〔2〕《邓小平文选》（第3卷），人民出版社1993年版，第311页。

〔3〕 习近平：《论坚持党对一切工作的领导》，中央文献出版社2019年版，第59页。

国家的崩溃或者衰败，这方面我们的先人是吃过大苦头的。在中国历史上，凡是政权不稳定导致长期战乱的时期，都是人民生灵涂炭、国家人口急剧减少的时代。即使进入近代以后，四分五裂，一盘散沙，仍是旧中国社会的真实写照，中国人民对此有着切肤之痛。以1912年至1928年的北洋政府时期为例，这一时期是军阀割据混战的时代，袁世凯称帝、张勋复辟等政治闹剧频频上演，总统、内阁更换如走马灯，短短16年产生了15任国家元首，组建了46届内阁，29人担任或代理内阁总理，真是“城头变幻大王旗”，民不聊生，社会凋敝。当时，全国出现了300多个政党组织，各种版本的宪法文件先后推出，“贿选总统”“贿选宪法”都是那时候的产物，成为历史上的笑柄。这些表面上看很热闹，西式的选举、议会、政党乃至宪法都齐全了，但都只是以军阀为代表的政治势力操控局面的“提线木偶”，人民说话依旧“不算数”。殷鉴不远，历史教训不可谓不深刻。

再从世界范围来看，现代化和政治发展的有关研究表明：一个强大的政党对于后发现代化国家的稳定和发展至关重要。很多发展中国家软弱涣散、发展缓慢，甚至动荡不安、战乱不断，很重要的一个原因就是缺乏一个强大政党的坚强领导。习近平总书记深刻指出，“搞了西方的那套东西就更自由、更民主、更稳定了吗？一些发展中国家照搬西方政治制度和政党制度模式，结果如何呢？很多国家陷入政治动荡、社会动乱，人民流离失所。活生生的例子就在眼前。‘往者不可谏，来者犹可追。’我们头脑一定要清醒、一定要坚定”[1]。

---

〔1〕 中共中央文献研究室编：《习近平关于社会主义政治建设论述摘编》，中央文献出版社2017年版，第19页。

习近平总书记强调："我们党是按照马克思主义建党原则建立起来的，形成了包括党的中央组织、地方组织、基层组织在内的严密组织体系。这是世界上任何其他政党都不具有的强大优势。"[1] 党领导人民进行革命推翻旧的政治体系，将"一盘散沙"的旧中国变成高度统一的新中国，建立和巩固了工人阶级领导的、以工农联盟为基础的人民民主专政的国家政权，为国家迅速发展创造了条件。只要深入了解中国近代史、中国现代史、中国革命史，就不难发现，如果没有这样一个强大的党的领导，我们就不可能取得今天这样的成就。社会主义民主政治发展史、新中国法治发展史充分证明，只有在党的领导下依法治国、厉行法治，人民当家作主才能充分实现，国家和社会生活法治化才能有序推进。

党的领导是发展全过程人民民主、推进社会主义法治建设的最大政治优势和最根本保证。党的二十大报告明确强调全党必须牢记的"五个必由之路"，第一条就是"坚持党的全面领导是坚持和发展中国特色社会主义的必由之路"，凸显了坚持党的领导的重要性。在新时代，我们要在中国特色社会主义道路上继续推进中华民族伟大复兴事业，必须坚持党总揽全局、协调各方的领导核心作用，坚持和加强党的全面领导，深刻领会"两个确立"的决定性意义，增强"四个意识"、坚定"四个自信"、做到"两个维护"，自觉在思想上政治上行动上同党中央保持高度一致，保证党的理论、路线、方针政策和决策部署在国家工作中得到全面贯彻和有效执行，支持和保证国家政权机关依照宪法法律积极主动、独立负责、协调一致

[1] 习近平：《在全国组织工作会议上的讲话（2018 年 7 月 3 日）》，人民出版社 2018 年版，第 12 页。

开展工作。

二、必须坚持人民主体地位

人民性是马克思主义的本质属性。江山就是人民，人民就是江山，一个政党，一个政权，其前途和命运最终取决于人心向背。全过程人民民主的精髓在于这个“全”字，更在于“人民”二字。人民是历史的创造者，是决定党和国家前途命运的根本力量，是党执政兴国的最大底气。中国的民主是人民民主，人民当家作主是中国民主的本质和核心。中国共产党执政，就是领导、支持、保证人民当家作主，维护和实现最广大人民的根本利益。实现和发展人民民主始终贯穿党百年奋斗的全过程。从党一成立，人民民主就是中国共产党始终高举的旗帜，党领导人民进行革命的目的就是实现大多数人的民主，而不是少数人的民主。1945 年 4 月，毛泽东同志在《论联合政府》中明确指出：“那末，我们的主张是什么呢？我们主张在彻底地打败日本侵略者之后，建立一个以全国绝对大多数人民为基础而在工人阶级领导之下的统一战线的民主联盟的国家制度，我们把这样的国家制度称之为新民主主义的国家制度。”〔1〕 100 多年来，党高举人民民主旗帜，领导人民彻底改变了中国的社会制度，将一个有几千年封建社会历史、近代成为半殖民地半封建社会的国家改变成一个实现了人民当家作主的社会主义国家，中国人民真正成为国家、社会和自己命运的主人。

我国宪法明确规定：“中华人民共和国是工人阶级领导的、以工农联盟为基础的人民民主专政的社会主义国家。”“中华人民共和国

〔1〕《毛泽东选集》（第 3 卷），人民出版社 1991 年版，第 1056 页。

的一切权力属于人民。”“中华人民共和国年满十八周岁的公民，不分民族、种族、性别、职业、家庭出身、宗教信仰、教育程度、财产状况、居住期限，都有选举权和被选举权；但是依照法律被剥夺政治权利的人除外。”在中国，政治权利不是依据地位、财富、关系分配的，而是全体人民平等享有的，国家权力不是为资本服务的，而是为人民服务的。党的十九届四中全会指出，坚持人民当家作主，发展人民民主，密切联系群众，紧紧依靠人民推动国家发展，是我国国家制度和国家治理体系具有的一个显著优势。对于中国这样一个人口多、体量大、人均资源禀赋处于世界较低水平的最大发展中国家，没有人民的主人翁地位和主人翁精神，没有亿万人民的团结奋斗，实现这样的发展是不可能的。中国的人民民主真正把发展为了人民、发展依靠人民、发展成果由人民共享落到实处，充分调动起人民的主观能动性，这是中国之治的“密码”，是中国民主的力量。

党领导人民发展全过程人民民主，就是支持和保证人民当家作主，把体现人民利益、反映人民愿望、维护人民权益、增进人民福祉贯彻落实到党治国理政的各领域全过程。必须坚持以人民为中心，坚持国家一切权力属于人民，支持和保证人民通过人民代表大会行使国家权力，健全民主制度，丰富民主形式，拓宽民主渠道，保证人民平等参与、平等发展权利，发展更加广泛、更加充分、更加健全的全过程人民民主。

三、必须坚持全面依法治国

民主和法治紧密联系、相辅相成。实践证明，要实现人民当家作主，仅有良好的愿望是不够的，还必须有制度化、法律化的手段为保障，积极推进社会主义民主政治的制度化、规范化、程序化。制度是关系党和国家事业发展的根本性、全局性、稳定性、长期性问题，制度优势是一个国家的最大优势。邓小平同志指出："为了保障人民民主，必须加强法制。必须使民主制度化、法律化，使这种制度和法律不因领导人的改变而改变，不因领导人的看法和注意力的改变而改变。"[1] 从制度上保障和发展人民民主，这是我们党对社会主义民主政治建设规律认识的一个重大转变，对于发展社会主义民主政治具有十分重要的意义。习近平总书记在中央人大工作会议上强调，必须坚持用制度体系保障人民当家作主。

制度化的关键是法治化，制度建设的重点是法治建设。法治兴则国兴，法治强则国强。依法治国是党领导人民治理国家的基本方式，是坚持党的领导和人民当家作主的坚强保障。在我们党提出的"四个全面"战略布局中，全面依法治国是保障全面建设社会主义现代化国家的重大战略举措，具有基础性、长远性、保障性作用。在新征程上发展全过程人民民主，必须更好发挥法治固根本、稳预期、利长远的保障作用，在法治轨道上全面建设社会主义现代化国家。要坚持走中国特色社会主义法治道路，建设中国特色社会主义法治体系，建设社会主义法治国家，弘扬社会主义法治精神，依照宪法法律推进国家各项事业和各项工作，维护社会公平正义，尊重和保障人权，实现国家各项工作法治化。要坚定不移地把体现人民利益、反映人民愿望、维护人民权益、增进人民福祉落实到依法治国全过程，保证人民在党的领导下通过各种途径和形式管理国家事务，管

---

[1] 《邓小平文选》（第2卷），人民出版社1994年版，第146页。

理经济和文化事业，管理社会事务。要深化法治领域改革，使全过程人民民主重大理念在立法、执法、司法、守法上实现全覆盖和全贯通。

四、必须坚持中国道路

民主是人类政治文明发展的成果，也是世界各国人民的共同价值追求。同时，民主是历史的、具体的、发展的，各国民主植根于本国的历史文化传统，成长于本国人民的实践探索和智慧创造，民主道路不同，民主形态各异。“物之不齐，物之情也。”人类几千年政治文明史，反复印证了一个道理：一个国家实行什么样的政治制度，走什么样的民主道路，要与一国的国情相适应。各国应根据自身特点选择符合自身现代化发展的民主形态。只有扎根本国土壤、汲取充沛本土养分的民主才能不断发展完善，照搬照抄其他国家的民主模式，必然导致水土不服、弊病丛生，甚至陷入政治动荡、社会动乱、人民流离失所的局面。

对中国这样一个大国来说，选择什么样的民主发展道路至关重要。习近平总书记指出：“走自己的路，是党的全部理论和实践立足点，更是党百年奋斗得出的历史结论。”[1] 中国注重吸收借鉴人类政治文明一切有益成果，但绝不照抄照搬别国民主模式。必须坚持中国的民主按照中国的特点、中国的实际来设计和发展，坚定不移走符合国情的民主发展之路，这是中国民主发展的一条基本原则和基本经验。

---

〔1〕 习近平：《在庆祝中国共产党成立 100 周年大会上的讲话》，人民出版社 2021 年版，第 13 页。

习近平总书记多次强调，鞋子合不合脚，只有穿的人才知道。中国特色社会主义制度好不好、优越不优越，中国人民最清楚，也最有发言权。中国有5000年文明史，为人类发展和进步作出了重大贡献。在5000多年历史长河中，中国人民探索形成的民本思想蕴含着丰富的民主因素，体现了中国人民对民主的朴素认知和不懈追求。但是，在封建专制之下，广大劳动人民始终处于受压迫受剥削的最底层。近代以后，中国逐步成为半殖民地半封建社会，国家将倾，民族将亡，人民毫无民主可言。为救亡图存，中国人民奋起抗争，各种革命变革接连而起，各种救国方案轮番出台，但都未能取得成功。1911年中国民主革命的先行者孙中山先生领导的辛亥革命，终结了统治中国2000多年的君主专制制度。但是，辛亥革命后试图模仿西方民主制度模式建立的资产阶级共和国，包括议会制、多党制、总统制等，并没有实现中国人民要求独立、民主的迫切愿望，很快就在中外各种反动势力的冲击下归于失败。中国人民仍然处于被压迫、被奴役、被剥削的悲惨境地。

中国人民从艰难曲折的探索和斗争中认识到，在中国，照搬西方资本主义政治制度是一条走不通的路。1921年中国共产党成立，才真正点亮了中国的民主之光。中国共产党创造性地把马克思主义普遍真理与中国革命的具体实际相结合，先后提出了“工农民主”“人民民主”“新民主主义”等民主概念，不断丰富和发展马克思主义的民主政治理论，并先后以罢工工人代表大会、农民协会、工农兵代表苏维埃、参议会、各界人民代表会议等实践和组织形式，创造适合中国国情、能够保证人民当家作主的民主政治实现形式。1949年新中国成立，实现了中国从几千年封建专制政治向人民民主的伟大飞跃，中国人民从此站起来了，人民民主发展进入新纪元，人民当家作主从梦想变为现实。社会主义革命和建设时期，党领导人民建立和巩固国家政权，对生产资料进行社会主义改造，制定颁布新中国第一部宪法，确立人民代表大会制度、中国共产党领导的多党合作和政治协商制度、民族区域自治制度，人民当家作主的政治架构、经济基础、法律原则、制度框架基本确立并不断发展，中国的民主大厦巍然耸立起来。尽管从20世纪50年代后期开始，由于党在指导思想上逐步发生“左”的偏差，我国的民主政治建设在探索中也走过弯路，经历了严重挫折，留下了沉痛教训。但是，“我们每一次都依靠党而不是离开党纠正了自己的错误”[1]。党的十一届三中全会开启改革开放和社会主义现代化建设新时期，中国共产党深刻总结正反两方面历史经验，领导人民坚定不移推进社会主义民主法治建设，坚持中国特色社会主义政治发展道路，坚持党的领导、人民当家作主、依法治国有机统一，积极稳妥推进政治体制改革，巩固和发展人民代表大会制度，进一步完善中国共产党领导的多党合作和政治协商制度、民族区域自治制度、基层群众自治制度等基本政治制度，发展人民民主的政治制度保障和社会物质基础更加坚实。党的十八大以来，中国特色社会主义进入新时代。以习近平同志为核心的党中央，立足新的历史方位，深刻把握中国社会主要矛盾发生的新变化，积极回应人民对民主的新要求新期盼，深刻吸取古今中外治乱兴衰的经验教训，全面总结中国民主发展取得的显著成就，团结带领人民发展全过程人民民主，社会主义民主政治制度化、规范化、程序化全面推进，中国的民主发展进

---

〔1〕《邓小平文选》（第2卷），人民出版社1994年版，第170页。

入历史新时期。

历史和实践充分证明，中国的社会主义民主政治，植根于中华民族几千年来赖以生存和发展的广阔沃土，产生于中国共产党和中国人民为争取民族独立、人民解放和国家富强而进行的伟大实践，是适合中国国情和社会进步要求的选择，实现了各方面意志和利益的协调统一，实现了各方面在共同思想、共同利益、共同目标基础上的团结一致，人民安居乐业、心情舒畅，社会和谐稳定、生机勃勃。走中国人民自己选择的这条民主政治发展道路，中国人民不仅实现了当家作主的愿望，而且正在逐步实现把国家全面建设成为社会主义现代化强国的共同理想。在党的坚强领导下，中国用几十年时间走过了西方发达国家几百年走过的工业化历程，在剧烈的社会变革中，没有发生后发国家在现代化进程中容易出现的社会动荡，不仅创造了经济快速发展奇迹，也创造了社会长期稳定奇迹。

新时代新征程上发展全过程人民民主，既要把握长期形成的历史传承，又要把握走过的发展道路、积累的政治经验、形成的政治原则，还要把握现实要求、着眼解决现实问题，不能割断历史，不能想象突然就搬来一座政治制度上的“飞来峰”。要坚定中国特色社会主义制度自信，坚定不移走中国特色社会主义政治发展道路，坚持把我国社会主义民主政治的特点和优势充分发挥出来，注重吸收借鉴人类政治文明一切有益成果，但决不照抄照搬别国政治制度模式，决不走西方所谓“宪政”、“三权鼎立”、多党轮流执政的路子。要立足我国人口多、发展不平衡等基本国情，正确把握民主与发展的关系和我国所处的历史阶段，始终把发展作为第一要务，紧密结合经济社会发展水平推进民主，积极稳妥，稳中求进，不好高骛远，不急于求成，不犯颠覆性错误，以民主促进国家发展，在国家发展基础上推进民主。要坚守中华文化立场，始终传承5000年中华文明，注重从中华优秀传统文化中汲取智慧和养分。要坚持问题导向，不断发现问题、善于解决问题，每解决一个问题就把民主建设向前推进一步，不断推动民主制度体系更加成熟、更加完备、更加定型。

第十七章　健全完善发展全过程人民民主的制度体系

党的二十大报告指出，人民民主是社会主义的生命，是全面建设社会主义现代化国家的应有之义。历史和实践充分证明，我国社会主义民主是维护人民根本利益的最广泛、最真实、最管用的民主，它具有强大生命力，能够有效保证人民享有更加广泛、更加充实的权利和自由，保证人民广泛参加国家治理和社会治理；能够有效调节国家政治关系，发展充满活力的政党关系、民族关系、宗教关系、阶层关系、海内外同胞关系，增强民族凝聚力，形成安定团结的政治局面；能够有效促进社会生产力解放和发展，促进现代化建设各项事业，促进人民生活质量和水平不断提高；能够有效维护国家独立自主，有力维护国家主权、安全、发展利益，维护中国人民和中华民族的福祉。当然，这并不是说我国的民主政治建设就完美无缺了，就不需要完善和发展了。习近平总书记指出，“我们一直认为，我们的民主法治建设同扩大人民民主和经济社会发展的要求还不完全适应，社会主义民主政治的体制、机制、程序、规范以及具体运行上还存在不完善的地方，在保障人民民主权利、发挥人民创造精神方面也还存在一些不足，必须继续加以完善”[1]。

治国理政实践中，制度更具根本性、全局性、长期性、稳定性，制度稳则国家稳，制度强则国家强。在全面建设社会主义现代化国家的新征程上，积极发展全过程人民民主，让制度功能在规范高效运行中得到充分释放，把制度优势转化为治理效能，对于推进国家治理体系和治理能力现代化具有重大意义。同时，我国有 960 多万平方公里土地、14 亿多人口、56 个民族，支持和保证人民当家作主，需要建造一个能够将全体人民都容纳进来的民主体系。因此，发展全过程人民民主，必须坚持用制度体系保证人民当家作主，坚持人民主体地位，坚定不移走中国特色社会主义政治发展道路，确保人民依法通过各种途径和形式管理国家事务，管理经济文化事业和社会事务。党的十九届六中全会通过的《中共中央关于党的百年奋斗重大成就和历史经验的决议》和党的二十大报告都对发展全过程人民民主、健全人民当家作主制度体系提出了明确要求。党在团结带领人民进行革命、建设、改革的伟大奋斗中，在我国建立了中国特色社会主义制度，确立了工人阶级领导的、以工农联盟为基础的人民民主专政的国体，实行人民代表大会制度的政体，实行中国共产党领导的多党合作和政治协商制度、民族区域自治制度、基层群众自治制度等基本政治制度，巩固和发展最广泛的爱国统一战线，形成了全面、广泛、有机衔接的人民当家作主制度体系，构建了多样、畅通、有序的民主渠道。发展全过程人民民主、健全人民当家作主制度体系，就是要推动这些具体制度适应人民当家作主的新形势新需求，取得新的发展和完善。

---

[1] 《习近平谈治国理政》（第 2 卷），外文出版社 2017 年版，第 289 页。

一、坚持和加强党的全面领导

党的领导制度是我国的根本领导制度。在我国的政治生活中，党是居于领导地位的，是最高政治领导力量。我们治国理政的本根，就是中国共产党的领导和我国社会主义制度。坚持和加强党的全面领导，关系党和国家前途命运，我们的全部事业都建立在这个基础之上，都根植于这个最本质特征和最大优势。中国人民和中华民族之所以能够扭转近代以后的历史命运、取得今天的伟大成就，最根本的是有中国共产党的坚强领导。在坚持党的领导这个重大原则问题上，我们要始终保持高度的历史自觉、思想自觉、政治自觉、行动自觉，任何时候任何情况下都不能含糊、不能动摇，确保党总揽全局、协调各方的领导地位坚如磐石、稳如泰山，确保党始终成为中国特色社会主义事业的坚强领导核心，始终走在时代前列，引领当代中国发展进步。

党的领导是人民当家作主、发展全过程人民民主的根本保证。我们党没有任何自己特殊的利益，从来不代表任何利益集团、任何权势团体、任何特权阶层的利益，始终代表最广大人民根本利益。中国共产党的领导，就是支持和保证人民实现当家作主。全过程人民民主是在党的领导下形成、发展和实现的，只有始终坚持党的领导、全面落实党的领导，全过程人民民主才能有序推进，人民当家作主才能充分实现。离开了党的领导，全过程人民民主就失去了“根”和“魂”。发展全过程人民民主，建设社会主义民主政治，必须旗帜鲜明、坚定不移贯彻落实坚持党中央集中统一领导这一最高政治原则，必须坚持党的全面领导，将党的领导贯彻到人民民主的各领域，确保人民民主的理念、方针、政策贯彻到国家政治生活和社会生活的方方面面，凝聚起最广大人民的智慧和力量，有效维护和发展人民根本利益。

一是坚定维护党中央权威和集中统一领导。中国共产党领导是中国特色社会主义最本质的特征，是中国特色社会主义制度的最大优势。这个最本质特征和最大优势的核心就在于坚定维护党中央权威和集中统一领导。毛泽东同志指出："为了建设一个强大的社会主义国家，必须有中央的强有力的统一领导，必须有全国的统一计划和统一纪律，破坏这种必要的统一，是不允许的。"[1] 在党的八大上，邓小平同志指出："党是一个战斗的组织，没有集中统一的指挥，是不可能取得任何战斗胜利的，一切发展党内民主的措施都不是为了削弱党的必需的集中，而是为了给它以强大的生气勃勃的基础，这是我们大家都充分明了的。"[2] 习近平总书记强调："党中央是大脑和中枢，党中央必须有定于一尊、一锤定音的权威，这样才能'如身使臂，如臂使指，叱咤变化，无有留难，则天下之势一矣'。"[3] 我们党的历史经验充分证明：什么时候坚定维护党中央集中统一领导，党的领导就得到加强，党的事业就不断胜利；反之，党的领导就受到削弱，党的事业就遭受挫折。当今世界正经历百年未有之大变局，中国特色社会主义进入新时代，我们比历史上任何时期都更接近、更有信心和能力实现中华民族伟大复兴。同时面临的环境更复杂，不确定性更大、风险挑战更多，改革发展稳定任务艰巨繁重，各种"黑天鹅""灰犀牛"事件随时可能发生。越是形

[1] 中共中央文献研究室编：《毛泽东文集》（第7卷），人民出版社1999年版，第32页。

[2] 《邓小平文选》（第1卷），人民出版社1994年版，第233、234页。

[3] 习近平：《论坚持党对一切工作的领导》，中央文献出版社2019年版，第259页。

势复杂、任务艰巨，就越是要毫不动摇坚持和加强党中央集中统一领导，巩固党的团结统一，把全国各族人民紧密团结起来，汇聚起同心共圆中国梦的磅礴伟力。要从事关党和国家前途命运的战略高度出发，深刻领悟“两个确立”的决定性意义，不断增强“四个意识”、坚定“四个自信”、做到“两个维护”，自觉在思想上政治上行动上同以习近平同志为核心的党中央保持高度一致。

坚定维护党中央权威和集中统一领导，需要全党同志有高度的思想自觉和政治自觉，也需要有健全完善的制度机制做保障。我们党在不同历史时期，多次强调要以制度保证全党在重大问题上的统一行动，形成了一系列维护党中央权威和集中统一领导的制度和规矩。这些在长期实践中形成的维护党中央权威和集中统一领导的一系列制度机制，是坚持和加强党的全面领导的重要制度安排，必须长期坚持、不断完善发展。党的十九届四中全会通过的《中共中央关于坚持和完善中国特色社会主义制度、推进国家治理体系和治理能力现代化若干重大问题的决定》强调，要“坚决维护党中央权威，健全总揽全局、协调各方的党的领导制度体系”，就包括要完善落实“两个维护”的制度，健全党中央对重大工作的领导体制，完善推动党中央重大决策落实机制，严格执行向党中央请示报告制度，健全维护党的集中统一的组织制度等。要通过完善坚定维护党中央权威和集中统一领导的各项主要制度，更好坚持和加强党的全面领导，更好发挥党的领导这一最大优势。

二是完善党的全面领导制度。党的领导必须是全面的、系统的、整体的，必须体现到经济建设、政治建设、文化建设、社会建设、生态文明建设和国防军队、祖国统一、外交工作、党的建设等各方面，着力从制度安排上发挥党的领导这个最大的体制优势。要建立健全坚持和加强党的全面领导的制度体系，为把党的领导落实到改革发展稳定、内政外交国防、治党治国治军各领域各方面各环节提供坚实制度保障。要完善党领导人大、政府、政协、监察机关、审判机关、检察机关、武装力量、人民团体、企事业单位、基层群众自治组织、社会组织等制度，健全各级党委（党组）工作制度，确保党在各种组织中发挥领导作用，确保各级各方面在党的统一领导下，各就其位、各司其职、各尽其责、有序协同，保证中央和地方各级政令统一、运行顺畅、执行高效、充满活力。要健全党领导经济社会各方面重要工作的制度规定，确保党管干部、党管人才、党管意识形态、党对经济工作的领导、党对政法工作的领导、党管农村工作、党管办学方向等落到实处。要完善党和国家机构职能体系，把党的领导贯彻到党和国家所有机构履行职责全过程，推动各方面协调行动、增强合力。要全面落实宪法关于党的领导的规定，大力推进党的领导入法入规，旗帜鲜明地通过立法坚持和完善党的领导制度体系和党对各方面事业的全面领导，切实把党的主张依照法定程序转化为国家意志，成为全社会一体遵循的行为规范和活动准则，从法律制度上保证党的理论和路线方针政策的贯彻实施。

三是落实党内民主制度。党内民主是党的生命，是党内政治生活积极健康的重要基础。要坚持不忘初心、牢记使命，立党为公，执政为民，健全提高党的执政能力和领导水平的各项制度，改进党的领导方式和执政方式，积极发展党内民主，围绕提高党内民主质量、健全党内政治生活目标要求，完善发展党内民主各项制度，使党内决策、执行、监督等各项工作符合党章党规确定的民主原则和程序。要建立健全充分反映党员和党组织意愿的党内民主制度，尊重党员主体地位、保障党员民主权利，落实党员知情权、参与权、选举权、监督权，保障全体党员平等享有党章规定的党员权利、履行党章规定的党员义务，激励党员发挥先锋模范作用。要以党内民主的价值理念、权利实施、创新实践、制度体系等，积极带动、推进人民民主的民主选举、民主决策、民主协商、民主管理、民主监督的有效运转和实现，将党领导建立发展的人民民主制度体系贯彻落实到社会治理的方方面面，凝聚人民群众的共识和力量，推动全过程人民民主实现新发展。

四是健全全面从严治党体系。打铁还须自身硬。我们党作为长期执政的马克思主义政党和世界上第一大政党，立志于中华民族千秋伟业，致力于人类和平与发展崇高事业，奋斗之路还很长，要探索解决的课题还很多，管党治党任务繁重，全面从严治党既是政治保障，也是政治引领。发展全过程人民民主必须坚持党的群众路线，始终保持和发扬党密切联系群众的优良传统作风，始终保持党与人民的鱼水之情，始终保持自我革命精神，健全完善全面从严治党制度体系。党的十八大以来，经过全面从严治党，严肃惩治腐败，我们解决了党内许多突出问题，但党面临的执政考验、改革开放考验、市场经济考验、外部环境考验将长期存在，精神懈怠危险、能力不足危险、脱离群众危险、消极腐败危险将长期存在，前进道路上随时可能遇到难以想象的狂风暴雨甚至惊涛骇浪。要坚持党要管党、全面从严治党，贯彻新时代党的建设总要求，深化党的建设制度改革，建立健全以党的政治建设为统领，全面推进党的各方面建设的体制机制，包括完善党的政治建设制度机制、思想建设制度机制、组织建设制度机制、作风建设制度机制、纪律建设制度体制和反腐败斗争制度机制，立好全面从严治党制度体系的“四梁八柱”，不断增强党的创造力、凝聚力、战斗力，永葆党的先进性和纯洁性。要贯彻落实新时代党的组织路线，健全党管干部、选贤任能制度，树立鲜明正确的用人导向。要完善和落实党内政治生活制度规定，把党内政治生活加强和规范起来，把政治纪律和政治规矩严明起来，发展积极健康的党内政治文化，全面净化党内政治生态。要健全解决党自身问题的长效机制，完善党的自我革命制度规范体系，形成坚持真理、修正错误，发现问题、纠正偏差的机制。要完善和落实全面从严治党责任制度，推动各责任主体把管党治党责任记在心上、扛在肩上、落实到行动上，用好问责利器。

二、坚持好、完善好、运行好人民代表大会制度

习近平总书记强调：“人民代表大会制度是实现我国全过程人民民主的重要制度载体。”[1] 这为发挥好人民代表大会制度在发展全过程人民民主中的重要作用指明了方向。人民代表大会制度是党领导人民在人类政治制度史上的伟大创造，是符合我国国情和实际、体现社会主义国家性质、保证人民当家作主、保障中华民族伟大复兴的好制度，是在我国政治发展史乃至世界政治发展史上具有重大意义的全新政治制度，是我国的根本政治制度。正如毛泽东同志指出的，“新民主主义的政权组织，应该采取民主集中制，由各级人民代表大会决定大政方针，选举政府。它是民主的，又是集中的，就是说，在民主基础上的集中，在集中指导下的民主。只有这个制度，

---

[1] 《习近平谈治国理政》（第4卷），外文出版社2022年版，第261页。

才既能表现广泛的民主，使各级人民代表大会有高度的权力；又能集中处理国事，使各级政府能集中地处理被各级人民代表大会所委托的一切事务，并保障人民的一切必要的民主活动”[1]。我国实行人民代表大会制度已经近 70 年，为党领导人民在古老的东方大国建立起保证亿万人民当家作主的社会主义国家、创造经济快速发展和社会长期稳定两大奇迹，提供了重要制度保障。

坚定不移走中国特色社会主义政治发展道路，发展全过程人民民主，必须坚持党的领导、人民当家作主、依法治国有机统一，坚持宪法确立的人民民主专政的国体和人民代表大会制度的政体不动摇，不断推进社会主义民主政治制度化、规范化、程序化，把我国社会主义民主政治的特点和优势充分发挥出来。要坚定人民代表大会制度自信，坚持民主集中制，发挥好人民代表大会制度功效，把人民当家作主全面体现和落实到国家政治生活和社会生活之中，积极推进人民在人民代表大会制度平台上真实、广泛、有效地享有民主选举、民主协商、民主决策、民主管理、民主监督的权利。

一是加快完善以宪法为核心的中国特色社会主义法律体系，为发展全过程人民民主提供有力法治保障。宪法是国家一切法律法规的总依据、总源头，具有最高的法律地位、法律权威、法律效力。发展全过程人民民主、实现人民当家作主，是我国宪法具有根本性质的宗旨、原则和价值。宪法以国家根本法的形式，确立了工人阶级领导的、以工农联盟为基础的人民民主专政的国体和人民代表大会制度的政体，确立了中国共产党领导的多党合作和政治协商制度等基本政治制度，规定了民主集中制等重要原则，构建了保证和实

[1] 《毛泽东选集》（第 3 卷），人民出版社 1991 年版，第 1057 页。

现人民当家作主的制度体系。这些都为发展全过程人民民主提供了系统有效的制度载体和运行机制。宪法体现的原则、精神与全过程人民民主的理念相通，全过程人民民主的主体内容、基本要求都在宪法中得到了确认和体现。要贯彻落实党中央的决策部署，深入学习贯彻习近平总书记纪念现行宪法公布施行40周年署名文章，全面贯彻实施宪法，维护宪法权威和尊严，完善宪法相关法律制度，健全保证宪法全面实施的制度体系，保证宪法确立的制度、原则、规则得到全面实施，加强对宪法法律实施情况的监督检查，更好发挥宪法在治国理政中的重要作用。地方各级人大及其常委会要依法行使职权，保证宪法法律在本行政区域内得到遵守和执行，自觉维护国家法治统一。

加快完善中国特色社会主义法律体系，就是要通过完备的法律制度和规范体系，推动和保证宪法确立的制度、原则和规则得到全面实施，推动和保证全过程人民民主的重大理念和实践要求得到充分贯彻，推动和保证宪法规定的公民各方面的权利和自由不断落到实处。要加强党对立法工作的集中统一领导，抓住高质量立法这个关键，发挥好人大及其常委会在立法工作中的主导作用，把立法决策同改革发展决策更好结合起来，统筹推进国内法治和涉外法治，统筹立改废释纂，加强重点领域、新兴领域、涉外领域立法，在各项法律制度规范中贯彻和体现发展全过程人民民主的重大理念和实践要求。要完善人大的民主民意表达平台和载体，健全吸纳民意、汇集民智的工作机制，建设好基层立法联系点，积极凝聚立法共识，深入推进科学立法、民主立法、依法立法，增强立法系统性、整体性、协同性、时效性，努力做到民有所呼、我有所应，发挥好立法在表达、平衡、调整社会利益方面的重要作用。要全面贯彻落实宪法关于“国家尊重和保障人权”的规定，加强人权立法和法治保障，保证人民依法享有广泛权利和自由，不断扩大人民有序政治参与，保证人民依法实行民主选举、民主协商、民主决策、民主管理、民主监督，保障和促进社会公平正义。要围绕贯彻“有件必备、有备必审、有错必究”的总要求，完善和加强备案审查制度，扩大备案范围，加大审查力度，丰富审查方式，增强纠错刚性，坚决维护国家法治统一和尊严权威。

二是依法履行监督职责，确保人民赋予的权力始终用来为人民谋幸福。各级人大及其常委会要聚焦党中央重大决策部署，聚焦人民群众所思所盼所愿，推动解决制约经济社会发展的突出矛盾和问题，坚持正确监督、有效监督、依法监督相统一，不断拓宽人民监督的渠道。要增强人大监督的刚性和实效，让法律成为人大监督的利剑，让权力在阳光下运行，用制度的笼子管住权力，用法治的缰绳驾驭权力，确保行政权、监察权、审判权、检察权依法正确行使，保证公民、法人和其他组织合法权益得到切实保障。要紧扣法律规定开展执法检查，聚焦突出问题进行跟踪监督，打出监督“组合拳”，增强监督实效。要认真承担起党中央赋予人大的新的监督职责，包括国有资产管理情况监督、预算审查监督重点拓展改革和地方政府债务审查监督等。各级“一府一委两院”要严格执行人大及其常委会制定的法律法规和作出的决议决定，依法报告工作，自觉接受人大监督。

三是充分认识把握人大代表法定职责定位，发挥人大代表主体作用。从人民通过民主选举产生人大代表到人大代表代表人民履职行权，再到人民对人大代表的履职监督，我国选举制度全流程、全方位贯彻了全过程人民民主重大理念的原则和要求。要完善人大代表联系人民群众、联系各级国家机关的体制机制，进一步畅通拓宽听取人民群众意见建议、反映社情民意、积极回应社会关切的体制机制，充分发挥人大代表来自人民、扎根人民的特点优势，丰富人大代表联系人民群众的内容和形式，广泛通过调研、视察、走访、代表之家、代表活动室、代表接待日、网络平台等方式和渠道，了解社情民意，反映群众诉求，宣传国家法律法规和方针政策，使发挥各级人大代表作用成为人民当家作主的重要体现。各级国家机关及其工作人员要把加强同人大代表和人民群众的联系作为对人民负责、受人民监督、为人民服务的重要内容，通过各种形式和渠道听取人大代表和人民群众的意见建议，提高代表议案建议办理质量。要加强代表工作能力建设，健全代表联络机制，支持和保障代表更好依法履职。要进一步拓展代表参与常委会工作的广度和深度，丰富代表联系群众的内容和形式，发挥好人大代表在党和国家事业发展中联系人民群众的桥梁纽带作用，做到民有所呼、我有所应，确保人大常委会的各项工作能够反映人民意愿，体现人民意志。

四是以政治建设为统领，全面加强人大自身建设。要不断完善人大及其常委会的组织制度、会议制度、议事程序和工作机制，保证党和国家在决策、执行、监督落实各个环节都能听到来自人民的声音。人大常委会党组和机关党组要切实履行职责，发挥好把方向、管大局、保落实作用。加强制度机制建设，不断完善人大及其常委会的组织制度、工作程序和议事规则，努力打造自觉坚持中国共产党领导的政治机关、保证人民当家作主的国家权力机关、全面担负宪法法律赋予的各项职责的工作机关、始终同人民群众保持密切联系的代表机关。要坚持以政治建设为统领，全面加强人大机关的思想建设、组织建设、作风建设、纪律建设，把制度建设贯穿其中，不断提升参谋助手和服务保障工作水平，努力打造政治坚定、服务人民、尊崇法治、发扬民主、勤勉尽责的人大工作队伍。

三、坚持和完善中国共产党领导的多党合作和政治协商制度

中国共产党领导的多党合作和政治协商制度是我国的一项基本政治制度，是具有中国特色的社会主义政党制度。政治协商制度所体现的协商民主是全过程人民民主的重要形式，是党领导人民有效治理国家、保证人民当家作主的重要制度设计，同选举民主相互补充、相得益彰。在人民民主的共同愿景下，中国共产党与各民主党派长期共存、互相监督、肝胆相照、荣辱与共，共同发展和促进全过程人民民主。习近平总书记指出：“中国共产党领导的多党合作和政治协商制度，既强调中国共产党的领导，也强调发扬社会主义民主。政治协商、民主监督、参政议政，就是这种民主最基本的体现。”〔1〕我们要牢牢把握这些要求，切实把我国新型政党制度坚持好、发展好、完善好，更好发挥其发展全过程人民民主的重要制度载体作用。

一是建立健全政党协商的机制程序。政党协商是社会主义协商民主的重要组成部分和重要渠道，是实现国家治理体系和治理能力现代化的重要途径。要完善会议协商、约谈协商、书面协商等政党

〔1〕《习近平在看望参加政协会议的民盟致公党无党派人士侨联界委员时强调　坚持多党合作发展社会主义民主政治　为决胜全面建成小康社会而团结奋斗》，载《人民日报》2018年3月5日，第1版。

协商形式，细化实施步骤和工作流程。进一步完善民主党派中央直接向中共中央提出建议制度，包括民主党派中央每年以调研报告、建议等形式直接向中共中央提出意见和建议，民主党派中央负责同志以个人名义向中共中央和国务院直接反映情况、提出建议等。

二是发挥人民政协专门协商机构作用。中国人民政治协商会议是实行中国共产党领导的多党合作和政治协商制度的重要政治形式和组织形式。要完善落实党对人民政协工作全面领导的制度，坚持党的领导、统一战线、协商民主有机结合，坚持发扬民主和增进团结相互贯通、建言资政和凝聚共识双向发力，充分发挥人民政协专门协商机构作用，加强专门协商机构制度化、规范化、程序化等功能建设，把协商民主贯穿履行职能全过程。要坚持党委会同政府、政协制定年度协商计划制度，完善协商于决策之前和决策实施之中的落实机制，对明确规定需要政协协商的事项必须经协商后提交决策实施，对协商的参加范围、讨论原则、基本程序、交流方式等作出规定。要发扬“团结—批评—团结”的优良传统，广开言路，集思广益，拓展不同意见观点交流交融的平台和渠道，提高深度协商互动、意见充分表达、广泛凝聚共识水平，形成既畅所欲言、各抒己见，又理性有度、合法依章的良好协商氛围。

三是完善人民政协民主监督机制。中国共产党与民主党派之间互相监督，是多党合作的重要制度安排。中国共产党处于领导和执政地位，更加需要自觉接受监督。要从制度上保障和完善民主监督，健全相互监督特别是中国共产党自觉接受监督、对重大决策部署贯彻落实情况实施专项监督等机制。中国共产党以及中国共产党领导下的各级行政机关、监察机关、审判机关、检察机关等都要自觉接受各民主党派、无党派人士的民主监督。要认真总结实践经验，规范民主监督性质、对象、职责、内容、形式和程序，真正使民主监督的过程成为推动责任落实、政策落实和工作落实的过程，成为实现人民民主、保障人民当家作主的过程。

四是健全发挥民主党派和无党派人士在政协有效履职的机制。各级党委（党组）要搭建知政知情平台，建立党政部门定期围绕重大问题举行通报会等制度机制；政府有关部门、司法机关要加强与民主党派的联系，视情邀请民主党派列席有关会议、参加专项调研和检查督导工作。要支持民主党派培养高水平的参政议政人才，提高协商能力；协助民主党派优化调研选题、整合人才资源，开展专题调研、联合调研、委托调研，提高分析问题、解决问题的能力和议政建言的水平。要建立委员联系界别群众的制度机制，及时反映群众意见和建议，深入宣传党和国家方针政策，协助党和政府协调关系、理顺情绪、化解矛盾。要让保证民主党派、无党派人士履职的各种制度机制成为推进和发展全过程人民民主的有效制度机制，让群众能够从中得到享有民主权利的尊崇感。

四、坚持和完善民族区域自治制度

中国是统一的多民族国家，在我国5000多年文明发展史上，各民族共同开拓了中国的辽阔疆域，共同书写了悠久的中国历史，共同创造了灿烂的中华文化，共同培育了伟大的中华民族精神。人民当家作主的新中国成立后，用什么样的制度很好地处理民族关系、解决民族问题、凝聚起各民族智慧和力量来实现中华民族伟大复兴，是摆在党和人民面前的一大政治课题。我们党坚持把马克思主义民族理论同中国民族问题具体实际相结合，创造性地制定出并不断完善了民族区域自治制度。这个制度的基本内涵是，在国家统一领导下，各少数民族聚居的地方实行区域自治，设立自治机关，行使自治权。民族区域自治制度是我国的一项基本政治制度，是中国特色解决民族问题的正确道路的重要内容和制度保障，它在充分考虑民族与地区差异的同时，保障少数民族公民享有平等自由权利以及经济、社会、文化权利，体现了统一与自治的结合、民族因素与区域因素的结合，是符合中国国情的民主政治制度。在新的历史条件下，我们要加深对民族区域自治制度历史必然性的认识，以铸牢中华民族共同体意识为主线，不断提高坚持和完善民族区域自治制度的思想自觉和行动自觉。

一是以铸牢中华民族共同体意识为主线，坚定不移走中国特色解决民族问题的正确道路。铸牢中华民族共同体意识就是要引导各族人民牢固树立休戚与共、荣辱与共、生死与共、命运与共的共同理念，这是维护各民族根本利益的必然要求。党的十九届四中全会指出，我国国家制度和国家治理体系具有多方面的显著优势，其中一个就是“坚持各民族一律平等，铸牢中华民族共同体意识，实现共同团结奋斗、共同繁荣发展的显著优势”。坚定不移走中国特色解决民族问题的正确道路，就是要坚持在中国共产党领导下，坚持中国特色社会主义道路，坚持维护祖国统一，坚持各民族一律平等，坚持和完善民族区域自治制度，坚持各民族共同团结奋斗、共同繁荣发展，坚持打牢中华民族共同体的思想基础，坚持依法治国，加强各民族交往交流交融，促进各民族和睦相处、和衷共济、和谐发展，巩固和发展平等团结互助和谐的社会主义民族关系，共同推进实现中华民族伟大复兴。

二是全面贯彻落实民族区域自治法。民族区域自治法等法律规定是保障民族区域自治法治化的重要依托，对发挥各族人民当家作主的积极性，发展平等团结互助和谐的社会主义民族关系，巩固国家的统一，促进民族自治地方和全国社会主义建设事业的发展，都起了巨大的作用，要全面贯彻落实。要健全民族工作法律法规制度体系，依法妥善处理涉民族因素的案事件，保证各族公民平等享有权利、平等履行义务，确保民族事务治理在法治轨道上运行。

三是支持和帮助民族地区加快发展。新中国成立 70 多年来，我们党一直把发展作为解决民族问题的“总钥匙”，采取一系列政策措施和制度性安排，支持民族地区加快经济社会发展。民族地区举世瞩目的发展成就，是我国民族团结进步事业成功的最为显著表现。新征程上，要把政策动力和内生潜力有机结合起来，发挥好中央、发达地区、民族地区三个积极性，对边疆地区、贫困地区、生态保护区实行差别化的区域政策，优化转移支付和对口支援体制机制，实施落实好促进民族地区和人口较少民族发展、兴边富民行动等规划确定的各项目标任务，有力推进民族地区加快经济社会发展，不断提高各族群众生活水平，实现共同发展、共同富裕。

五、坚持和完善基层群众自治制度

党的二十大指出，基层民主是全过程人民民主的重要体现。在我国，实行以村民自治制度、居民自治制度和职工代表大会制度为主要内容的基层群众自治制度，人民群众在基层党组织的领导和支持下，依法直接行使民主权利，实现自我管理、自我服务、自我教育、自我监督，是社会主义民主最广泛的实践，是社会主义民主政治建设的基础性工作。基层群众自治制度和人民代表大会制度、中国共产党领导的多党合作和政治协商制度、民族区域自治制度等，共同构成了人民当家作主制度体系，使我国人民当家作主不仅体现在国家事务层面、体现在经济和文化事业层面，也体现在社会事务层面，使我国全过程人民民主制度链条更加完整。新时代新征程，全面贯彻落实党的二十大关于积极发展基层民主建设的新要求，必须进一步完善基层民主制度，让全过程人民民主扎根群众、扎根基层，让每个基层群众都能成为全过程人民民主的实践主体，积极参与其中。

一是健全基层党组织领导的基层群众自治机制，加强基层组织建设，完善基层直接民主制度体系和工作体系。要把基层党组织的领导作用体现到基层选举、基层重大事务民主决策、基层事务日常管理和民主监督等各个方面和环节。积极建设基层民主完整的制度程序和完整的参与实践，把完善的基层民主制度形态转化为城乡村（居）民自治效能，增强城乡社区群众自我管理、自我服务、自我教育、自我监督的实效。

二是完善办事公开制度，拓宽基层各类群体有序参与基层治理渠道。要尊重和夯实人民群众在基层群众自治中的主体地位，推进基层直接民主制度化、规范化、程序化，保障人民依法管理基层公共事务和公益事业。健全基层党组织领导的自治、法治、德治相结合的城乡基层治理体系，健全社区管理和服务机制，推进网格化管理和服务，实现政府治理和社会调节、居民自治良性互动，夯实基层社会治理基础。要推动社会治理和服务中心向基层下移，保障人民依法直接行使民主权利。要保证村（居）民群众的选人用人权，建立健全议事协商决策制度机制和村务公开、民主评议、问责制度机制，认真落实民主选举、民主决策、民主协商、民主管理、民主监督等。

三是健全以职工代表大会为基本形式的企事业单位民主管理制度，维护职工合法权益。企业民主管理是工人阶级当家作主最直接的体现形式，要探索职工参与管理的有效方式，保障职工群众的知情权、参与权、表达权、监督权，更好维护职工合法权益。要推动企业民主管理各种制度之间的有效衔接，以及企业民主管理制度和企业管理制度的有效对接，不断提高企业民主管理制度效能。

同时，我们要不断完善中国特色社会主义法律体系，健全保障人民当家作主的其他重要制度，使全过程人民民主贯彻落实到党和国家事业发展的各领域各环节，确保人民当家作主具体地、现实地体现到党治国理政的政策措施上来，具体地、现实地体现到党和国家机关各个方面各个层级工作上来，具体地、现实地体现到实现人民对美好生活向往的工作上来。

第十八章　进一步完善发展全过程人民民主的法治保障

民主和法治是人类文明进步的重要成果与标志。民主和法治的关系属于政治文明建设具有根本性、全局性的问题。

一、民主是法治的基础，法治是民主的保障

1. 法治的含义

法治是相对人治而言的。在人类社会治理中，法律规则和社会管理者的主观意志、能动性、积极性是并存的，提出要法治并不是说就不重视人的意志的作用、不发挥人的积极性、主动性、能动性；而人治也并不是说就没有法律规定或者完全忽视法律规定。人治和法治的区别不在于国家有没有法律，而在于法律在国家中的地位和作用是不是最高权威。也就是说，在法律规定和管理者的意志相冲突时，人治强调法依人，推崇个人权威，理由是法是“僵化的”，完全依法办事条条框框多、束缚手脚，而社会生活千变万化，主张“为政在人”，由“圣人”“贤人”灵活把握，以个人意志的判断决策为准则，已有的法律规定则作为参考。法治强调的是人依法，以法为准，不以管理者个人意志为准则，即“以法律为准则统治或治

理国家。又称法律的统治”，“法律是国王”；管理者主观能动性需在法律规定范围内发挥作用，即使法律规定已不适应经济社会发展也需要经过一定的程序修改、废止等。形象地说，用法律的准绳去衡量、规范、引导社会生活，这就是法治。强调法治的理由是法是集体智慧的结晶，具有稳定性、可预期等特征。当然，这里的“法”在近现代以来特别强调应当是良法，即亚里士多德指出的，大家所服从的法律应该本身是制定得良好的法律。概括而言，实行人治的国家，将国家兴旺发达的关键性和决定性因素寄托在“圣主”或“贤君”身上；实行法治的国家，则将国家兴旺发达的关键性和决定性因素寄托在良好的法律制度上。

经过人类几千年的政治发展实践，法治和人治的问题已经基本解决，普遍共识是：法治是人类文明的重要成果，法治优于人治，法治的精髓和要旨对于各国国家治理和社会治理具有普遍意义。习近平总书记指出，“法治和人治问题是人类政治文明史上的一个基本问题，也是各国在实现现代化过程中必须面对和解决的一个重大问题。综观世界近现代史，凡是顺利实现现代化的国家，没有一个不是较好解决了法治和人治问题的。相反，一些国家虽然也一度实现快速发展，但并没有顺利迈进现代化的门槛，而是陷入这样或那样的‘陷阱’，出现经济社会发展停滞甚至倒退的局面。后一种情况很大程度上与法治不彰有关”〔1〕。

2. 民主的含义

相比较于对法治的理解，“民主”这个词更是一个令人见仁见智

〔1〕 中共中央文献研究室编：《习近平关于社会主义政治建设论述摘编》，中央文献出版社 2017 年版，第 84、85 页。

且经常引起争议的概念。从“民主”这个词在古希腊产生时的原义看，民主意味着人民统治或多数人统治。古希腊著名政治家伯里克利曾讲过，古雅典的制度之所以被称为民主制度，是因为政权在多数公民手中，而不是在少数人手中。然而，古希腊城邦毕竟是个相对较小的地理疆域，大的城邦也就几万公民能直接参与政治实践，行使民主权利。近代资产阶级革命后，面对几百万、上千万人口的国家，古希腊的直接民主显然不适应，这种情况下产生和发展了代议制政府理论和实践。人民的民主权利更多地转化成了投票选举产生社会管理者等。这也就是西方民主观将民主主要看作选举民主的重要体现。这种西方民主观实质上掩盖了它的阶级本质。在本质上，包括西方民主在内的剥削阶级民主都是少数人的民主，是资产阶级民主。正如列宁所指出的，这不过是每隔几年决定一次由统治阶级中什么人在议会里镇压人民、压迫人民，这就是资产阶级议会制的真正本质，不仅在议会制的立宪君主国内是这样，而且在最民主的共和国内也是这样。

马克思主义民主观强调，社会主义民主就是要彻底消灭少数剥削者统治大多数劳动人民的这种人类最不民主的现象，让占人口绝大多数的工人阶级和其他劳动群众掌握国家政权，真正实现主权在民和人民当家作主，实现绝大多数人的统治。在《共产党宣言》中，马克思、恩格斯明确指出：工人革命的第一步就是使无产阶级上升为统治阶级，争得民主。列宁还指出：“民主意味着在形式上承认公民一律平等，承认大家都有决定国家制度和管理国家的平等权利。”[1]

---

〔1〕中共中央马克思恩格斯列宁斯大林著作编译局编：《列宁选集》（第3卷），人民出版社1972年版，第257页。

而只有在社会主义社会，才能真正使广大人民群众享有宪法和法律赋予的广泛民主权利，通过多种途径和形式管理国家和社会事务，成为国家、社会和自己的主人。作为社会主义大国，中国式民主的关键是人民主权。党的二十大报告强调，人民民主是社会主义的生命，是全面建设社会主义现代化国家的应有之义。中国的民主是人民民主，人民当家作主是中国民主的本质和核心，广大人民群众通过直接或者间接民主形式，通过选举、决策、参与、管理、监督等途径，依法享有管理国家和社会、管理经济和文化事业的一切权利。

3. 民主和法治相辅相成，两手都要硬

一方面，民主是法治的基础。人民只有在争得民主、掌握国家政权之后，才能把自己的意志通过国家政权上升为宪法法律，才能使宪法和法律真正成为最广大人民群众根本利益和意志的集中体现，才能够长期而稳定地实行法治。另一方面，法治是民主的保障。法治具有固根本、稳预期、利长远的保障作用，有了法治，民主才更加成熟、更加稳定。人民当家作主的政治地位需要宪法法律加以确认和维护，公民行使政治权利和自由、管理国家和公共事务需要法律确认、保障，并且这些权利必须在法治的轨道上行使。

在我国，社会主义民主是和社会主义法治紧密联系在一起的，这是党在认真总结社会主义民主法治建设正反两方面经验教训的基础上得出的重要结论。党的十一届三中全会公报指出，为了保障人民民主，必须加强社会主义法制，使民主制度化、法律化，使这种制度和法律具有稳定性、连续性和极大的权威，做到有法可依，有法必依，执法必严，违法必究。改革开放初期，邓小平同志强调："民主和法制，这两个方面都应该加强，过去我们都不足。要加强民主就要加强法制。没有广泛的民主是不行的，没有健全的法制也是不行的。”[1] 1992年，邓小平同志南方谈话再次强调“还是要靠法制，搞法制靠得住些”[2]。中国特色社会主义进入新时代后，习近平总书记在庆祝全国人民代表大会成立60周年大会上指出：“发展人民民主必须坚持依法治国、维护宪法法律权威，使民主制度化、法律化，使这种制度和法律不因领导人的改变而改变，不因领导人的看法和注意力的改变而改变。”[3]

在我国，依法治国也是和人民民主紧密联系在一起的。推进全面依法治国，根本目的是要依法保障人民权益，发展和实现人民民主。党的十五大首次提出了依法治国基本方略，深刻阐明了法治与民主的关系，强调“发展民主必须同健全法制紧密结合，实行依法治国。依法治国，就是广大人民群众在党的领导下，依照宪法和法律规定，通过各种途径和形式管理国家事务，管理经济文化事业，管理社会事务，保证国家各项工作都依法进行，逐步实现社会主义民主的制度化、法律化，使这种制度和法律不因领导人的改变而改变，不因领导人看法和注意力的改变而改变”。

党的二十大指出，全过程人民民主是社会主义民主政治的本质属性，是最广泛、最真实、最管用的民主。发展和实现全过程人民民主，保障人民当家作主并非一句政治口号，而是要实实在在落实到国家政治生活和社会生活之中，需要有体系化的制度作为载体，这显然离不开法治的保障。改革开放以来，我国通过完备的法律制度和规范体系，推动和保证宪法确立的制度、原则和规则得到全面

---

〔1〕《邓小平文选》(第2卷)，人民出版社1994年版，第189页。

〔2〕《邓小平文选》(第3卷)，人民出版社1993年版，第379页。

〔3〕习近平：《论坚持人民当家作主》，中央文献出版社2021年版，第75页。

实施，推动和保证全过程人民民主的重大理念和实践要求得到充分贯彻，为发展全过程人民民主提供了坚强法治保障。随着我国经济社会持续发展和人民生活水平不断提高，人民群众对民主、法治、公平、正义等方面的要求日益增长。习近平总书记强调，“要始终坚持以人民为中心，坚持法治为了人民、依靠人民、造福人民、保护人民，把体现人民利益、反映人民愿望、维护人民权益、增进人民福祉落实到法治体系建设全过程”[1]。通过加强法治保障民主，把以人民为中心的发展思想贯穿立法、执法、司法、守法各个环节，加快完善体现权利公平、机会公平、规则公平的法律制度，保障公民人身权、财产权、人格权和基本政治权利不受侵犯，保障公民经济、文化、社会等各方面权利得到落实，始终是我国推进全过程人民民主、完善民主制度的基本方略。

二、加快完善坚持和发展全过程人民民主的法律制度

完备的法律制度是法治的前提和基础。建设中国特色社会主义法治体系，必须坚持立法先行，发挥立法的引领和推动作用，抓住提高立法质量这个关键，恪守以民为本、立法为民理念，贯彻社会主义核心价值观，使每一项立法都符合宪法精神、反映人民意志、得到人民拥护。

1. 全面贯彻实施宪法，维护宪法权威和尊严

宪法是党和人民意志的集中体现，实现了党的主张和人民意志高度统一，是通过科学民主程序形成的根本法，具有最高的法律地位和法律权威。我国宪法中体现的原则、精神与全过程人民民主的

---

〔1〕《习近平谈治国理政》（第 4 卷），外文出版社 2022 年版，第 301 页。

理念相通，全过程人民民主的主体内容、基本要求都在宪法中得到了确认和体现。宪法以国家根本法的形式，明确了国家的一切权力属于人民，人民依照法律规定，通过各种途径和形式，管理国家事务，管理经济和文化事业，管理社会事务；确立了工人阶级领导的、以工农联盟为基础的人民民主专政的国体和人民代表大会制度的政体，确立了中国共产党领导的多党合作和政治协商制度、民族区域自治制度、基层群众自治制度等基本政治制度，规定了民主集中制、尊重和保障人权等重要原则，构建了保证和实现人民当家作主的制度体系，为发展全过程人民民主提供了系统有效的制度载体和运行机制；规定了人民享有广泛权利和自由，享有选举权和被选举权，享有对国家和社会事务的知情权、参与权、表达权、监督权，享有对任何国家机关和国家工作人员提出批评和建议的权利，享有言论、出版、集会、结社、游行、示威、宗教信仰等自由，享有社会经济权与文化教育权，有力保障了人民行使民主权利。

宪法的生命在于实施，宪法的权威也在于实施。发展全过程人民民主，必须更好发挥宪法在治国理政中的重要作用，全面贯彻实施宪法，维护宪法权威和尊严，保证宪法确立的制度、原则、规则、精神得到全面贯彻。要完善宪法监督制度，推进宪法监督的规范化、程序化建设，任何组织和个人都不得有超越宪法法律的特权，一切违反宪法法律的行为都必须予以追究。要提高合宪性审查、备案审查能力和质量，积极推进合宪性审查工作，对一切违反宪法法律的法规、规范性文件必须坚决予以纠正和撤销，确保在法治轨道上推进国家治理体系和治理能力现代化、建设社会主义现代化国家。

2. 加快完善以宪法为核心的中国特色社会主义法律体系，用制度体系保证人民当家作主、坚持和发展全过程人民民主

改革开放40多年来，在党中央坚强领导下，经过各方面共同努力，一个以宪法为核心，以宪法相关法、民法商法、行政法、经济法、社会法、刑法、诉讼与非诉讼程序法等多个法律部门的法律为主干，由法律、行政法规、监察法规、地方性法规等多个层级的法律规范构成的中国特色社会主义法律体系已经形成并不断完善发展，我国立法工作取得显著成绩。这些法律规范中有许多是和直接贯彻社会主义民主紧密相关的，比如一系列组织法以及选举法、代表法、监督法、立法法等法律，都从不同的侧重点为民主制度的建立与发展、为民主实践的开展提供了坚实的保障。特别是近年来，国家制定并推动实施一系列推进全过程人民民主建设的法律制度，将全过程人民民主直接明确地写入有关法律制度中，保证人民知情权、参与权、表达权、监督权，为发展全过程人民民主提供了稳定、可靠的法治保障。比如，2021年3月，十三届全国人大四次会议修改了全国人大组织法，修改后的该法明确规定，“全国人民代表大会及其常务委员会坚持全过程民主，始终同人民保持密切联系，倾听人民的意见和建议，体现人民意志，保障人民权益”，还对全国人大代表“充分发挥在全过程民主中的作用”提出要求，为在更高层次上加强和改进新时代立法工作提供了法律依据和法治保障。又如，地方组织法是关于地方人大、地方政府的组织和工作制度的基本法律。2022年3月，十三届全国人大五次会议修改地方各级人民代表大会和地方各级人民政府组织法，将“坚持和发展全过程人民民主”写入总则，明确地方各级人民代表大会、政府“坚持以人民为中心，

坚持和发展全过程人民民主”的原则，凸显了党和国家从法制建设的高度，坚定推进全过程人民民主的决心。2023 年 3 月，十四届全国人大一次会议修改立法法，明确在总则中规定“立法应当坚持和发展全过程人民民主”，这就要求把全过程人民民主贯彻到立法工作的全链条、全方位，使立法过程成为实现和体现最广泛、最真实、最管用民主的典范。

新时代新征程的立法工作，要坚持以人民为中心，进一步加快完善体现权利公平、机会公平、规则公平的法律制度，制定和完善一系列保障人权的法律制度，保障公民人身权、财产权、基本政治权利等各项权利不受侵犯，保障公民经济、文化、社会等各方面权利得到落实，实现公民权利保障法治化。要以保障人民当家作主为核心，坚持和完善人民代表大会制度，坚持和完善中国共产党领导的多党合作和政治协商制度、民族区域自治制度以及基层群众自治制度，推进社会主义民主政治法治化，并完善国家机构组织法，完善选举制度和工作机制等。

3. 立法工作中要认真践行和发展全过程人民民主

人民代表大会制度是实现我国全过程人民民主的重要制度载体。立法作为人大的一项重要职能，是为国家定规矩、为社会定方圆的神圣工作，在发展全过程人民民主中承担着重要职责和光荣使命。特别是习近平总书记提出的全过程人民民主的重大理念和立法工作有紧密联系，始于立法工作，始于全国人大常委会法工委的基层立法联系点。在立法工作中不断践行和发展全过程人民民主，推动社会主义民主不断发展完善，保证人民通过有序政治参与真正实现当家作主是天经地义的。

具体来说，就是要充分发挥人大代表全过程参与立法工作的重要作用，积极通过人大代表参加大会审议与表决，直接参与行使国家立法权，保障人民当家作主。要深入研究代表议案建议，对其中反映人民群众关心关切、关系人民群众切身利益的重要立法项目，及时纳入立法规划和立法工作计划，充分听取和吸收代表在法律案起草、论证、调研等各环节提出的意见建议。要通过一系列法律规范、制度安排和体制机制设计，把全过程人民民主贯彻到立项、起草、审议、论证、评估、监督和宣传等立法工作的全链条、全方位。要落实宪法赋予人大及其常委会的职责，积极发挥在立法工作中的主导作用，坚持立良善之法、管用之法，增强立法系统性、整体性、协同性、时效性。要深入推进科学立法、民主立法、依法立法，完善人大的民主民意表达平台和载体，健全吸纳民意、汇集民智的工作机制，建设好基层立法联系点，努力做到民有所呼、我有所应，积极凝聚立法共识，充分发挥立法在平衡、调整、规范各种利益关系方面的重要作用，努力让人民群众在每一项法律制度中都感受到公平正义。

三、在执法、司法、守法等法治环节践行和发展全过程人民民主

全面依法治国是一项长期的系统工程。全过程人民民主不仅强调立法过程的人民民主，也强调执法、司法、守法过程的人民民主；不仅要通过民主程序将人民的意志上升为国家法律，更要通过行政机关严格执法、司法机关公正司法、全体人民守法用法，将国家法律所凝聚的人民意志落到实处。

1. 积极推进法治政府建设，在严格执法中践行和发展全过程人民民主

习近平总书记指出，“推进全面依法治国，法治政府建设是重点任务和主体工程，对法治国家、法治社会建设具有示范带动作用，要率先突破”[1]。法治政府建设直接关系到法治国家建设的进程和成效，影响着人民群众对法治实施的获得感、幸福感、安全感。要坚持以人民为中心，加快推进政府职能深刻转变，加快建设服务型政府，着力实现政府治理信息化与法治化深度融合，提升法治政府建设数字化水平，提高政务服务效能和水平，完善首问负责、一次告知、一窗受理、自助办理等各项便民制度。要围绕提高人民群众满意度，着力实现行政执法水平普遍提升，深入推进依法行政，加大食品药品、公共卫生、自然资源、生态环境、安全生产、劳动保障、城市管理、交通运输、金融服务、教育培训等关系群众切身利益的重点领域执法力度，坚决做到严格规范公正文明执法，确保法律公正、有效实施，努力让人民群众在每一个执法行为中都能看到风清气正、从每一项执法决定中都能感受到公平正义。要推动政务公开，完善行政执法程序，严格落实行政执法公示、执法全过程记录、重大执法决定法制审核制度、告知制度等，不断扩大公开范围、优化公开方式，依法保障行政相对人陈述、申辩、提出听证申请等权利，在公开中强化人民监督、维护群众权益、纠正执法偏差。要健全社会矛盾纠纷行政预防调处化解体系，坚持将矛盾纠纷化解在萌芽状态、化解在基层，着力实现人民群众权益受到公平对待、尊严获得应有尊重，推动完善信访、调解、仲裁、行政裁决、行政复

---

〔1〕《习近平谈治国理政》（第 4 卷），外文出版社 2022 年版，第 294 页。

议、诉讼等社会矛盾纠纷多元预防调处化解综合机制，不断促进社会公平正义。

2. 深入推进司法民主，在司法工作中践行和发展全过程人民民主

司法机关是维护社会公平正义的最后一道防线。司法民主是全过程人民民主在司法工作中的具体体现，是推进社会主义民主政治的内在要求。发展全过程人民民主必然要求将保障人民的知情权、参与权、表达权、监督权始终贯穿于司法工作全过程。要坚持以人民为中心，进一步规范司法权运行、深化司法责任制综合配套改革，加快构建规范高效的法律监督体系，完善人权司法保障机制，健全防范冤假错案机制，认真做好人民陪审员和人民监督员的选任、培训、管理、考核工作，推动人民群众在有序参与司法实践中实现人民民主，努力让人民群众真正感受到公平正义就在身边。人民法院要严格执行人大及其常委会制定的法律法规和作出的决议决定，配合立法部门做好立法工作，依法报告工作，丰富和发扬司法民主，主动听取代表意见建议，自觉接受人大监督，坚持严格公正司法，加强对公民权益的司法保护，立足司法促进共同富裕，把体现人民利益、反映人民愿望、维护人民权益、增进人民福祉落实到人民法院工作方方面面。人民检察院要在检察履职中深化落实全过程人民民主，把人民当家作主具体地、现实地落实到检察工作各个方面和监督办案的每一个环节，持续办好群众信访"件件有回复"、行政争议实质性化解、未成年人综合司法保护、公开听证等检察为民实事，用心用情办好群众身边的"小案"，拓宽人民群众有序参与和监督检察工作的渠道，推动检察工作创新发展。

3. 大力弘扬民主法治精神，在全民普法宣传教育中践行和发展全过程人民民主

全民守法是法治社会的基础工程。发展全过程人民民主需要广大人民群众民主法治意识及精神的充分培育和发展。要全面贯彻实施《法治社会建设实施纲要（2020—2025年）》，认真组织实施“八五”普法规划，提高人民群众对民主权利法律常识的知晓率，不断提高全体人民的宪法意识和法治观念。要认真落实“谁执法谁普法”普法责任制，增强法治宣传教育针对性实效性，培育全社会法治信仰，充分发挥法治文化的引领、熏陶作用，形成守法光荣、违法可耻的浓厚社会氛围。要充分发挥领导干部带头尊法学法守法用法对全社会的示范带动作用，进一步落实国家工作人员学法用法制度，不断增强国家工作人员特别是各级领导干部依法办事的意识和能力。注重加强对社会热点案（事）件的法治解读评论，充分运用新媒体新技术普法，增强实效性和普及性，努力传播法治正能量。要不断探索有效机制，拓宽人民群众有序参与法治实施的渠道，扩大人民群众知情权、参与权、表达权、监督权，充分调动人民群众投身全面依法治国实践的积极性、主动性、创造性，依法保证人民通过各种途径和形式广泛持续深入参与国家治理和社会治理，经受民主法治实践锻炼，激发蕴藏在人民群众中的创造伟力，形成全面依法治国和全过程人民民主建设的强大合力。

结　语

社会在发展，时代在前进。中国式现代化为我们描绘了全面建成社会主义现代化强国的壮丽画卷，提出了未来 15 年乃至 30 年的努力奋斗目标。实现强国建设、民族复兴的伟大目标，必须坚持党的领导，必须紧紧依靠人民，充分调动最广大人民的积极性、主动性、创造性。发展全过程人民民主，根本目的就是要坚持人民主体地位，不断健全保障人民当家作主制度体系，扩大人民有序政治参与，使党和国家的各项工作，都能充分体现人民意志、保障人民权益、激发人民创造活力。

推进中国式现代化建设，发展全过程人民民主，必须坚定不移走中国特色社会主义政治发展道路，坚持党的领导、人民当家作主、依法治国有机统一，不断完善以宪法为核心的中国特色社会主义法律体系，加快中国特色社会主义法治体系建设，推进实现国家治理体系和治理能力现代化，不断谱写保障人民当家作主人类文明新形态的新篇章。我们坚信，随着强国建设、民族复兴伟大目标的实现，我国全过程人民民主制度将更加健全，人民当家作主将更有保障，中国特色社会主义民主政治必将成为人类文明的一座耀眼闪亮的灯塔，屹立于世界文明之林。